manual de direito penal policial aplicado: repressão imediata

O selo DIALÓGICA da Editora InterSaberes faz referência às publicações que privilegiam uma linguagem na qual o autor dialoga com o leitor por meio de recursos textuais e visuais, o que torna o conteúdo muito mais dinâmico. São livros que criam um ambiente de interação com o leitor – seu universo cultural, social e de elaboração de conhecimentos –, possibilitando um real processo de interlocução para que a comunicação se efetive.

manual de direito penal policial aplicado: repressão imediata

Alessandro José Fernandes
de Oliveira

EDITORA intersaberes

Rua Clara Vendramin, 58
Mossunguê. CEP 81200-170
Curitiba . PR . Brasil
Fone: (41) 2106-4170
www.intersaberes.com
editora@editoraintersaberes.com.br

■ Conselho editorial
Dr. Ivo José Both (presidente)
Dr.ª Elena Godoy
Dr. Neri dos Santos
Dr. Ulf Gregor Baranow

■ Editora-chefe
Lindsay Azambuja

■ Gerente editorial
Ariadne Nunes Wenger

■ Analista editorial
Ariel Martins

■ Edição de texto
Fabia Mariela De Biasi
Floresval Nunes Moreira Junior

■ Projeto gráfico
Raphael Bernadelli

■ Capa
Débora Gipiela (*design*)
zef art/Shutterstock (imagem)

■ Diagramação
Jakline Dall Pozzo dos Santos

■ Equipe de *design*
Luana Machado Amaro
Mayra Yoshizawa

■ Iconografia
Celia Kikue Suzuki
Regina Claudia Cruz Prestes

Dados Internacionais de Catalogação na Publicação (CIP)
(Câmara Brasileira do Livro, SP, Brasil)

Oliveira, Alessandro José Fernandes de
    Manual de direito penal policial aplicado: repressão imediata/Alessandro José Fernandes de Oliveira. Curitiba: InterSaberes, 2020.

    Bibliografia.
    ISBN 978-85-227-0260-2

1. Ação penal 2. Crimes (Direito penal) 3. Direito penal 4. Inquérito policial 5. Polícia – Brasil 6. Processo penal I. Título.

19-31749   CDU-343.1(81)

Índices para catálogo sistemático:
1. Brasil: Processo penal: Direito penal policial   343.1(81)

Cibele Maria Dias – Bibliotecária – CRB-8/9425

EDITORA AFILIADA

1ª edição, 2020.

Foi feito o depósito legal.

Informamos que é de inteira responsabilidade do autor a emissão de conceitos.

Nenhuma parte desta publicação poderá ser reproduzida por qualquer meio ou forma sem a prévia autorização da Editora InterSaberes.

A violação dos direitos autorais é crime estabelecido na Lei n. 9.610/1998 e punido pelo art. 184 do Código Penal.

introdução 7

Capítulo 1 **Conceitos operacionais: prolegômenos - 15**

1.1 Funções de defesa social na ordem constitucional brasileira - 16
1.2 Repressão imediata: flagrante delito - 42

Capítulo 2 **Noções preliminares de Direito Penal - 91**

2.1 Direito Penal e atividade policial - 92
2.2 Fontes, finalidade e esboço histórico do Direito Penal - 127

Capítulo 3 **Teoria da norma penal - 147**

3.1 Dicotomia entre lei e norma penal - 148
3.2 Classificação das normas penais - 149

sumário

3.3 Concurso (conflito) aparente de normas penais incriminadoras - 157
3.4 Hermenêutica penal - 175
3.5 Lei penal no tempo e no espaço - 197

Capítulo 4 **Teoria do crime - 219**

4.1 Noções introdutórias sobre a teoria do crime - 221
4.2 Conduta típica - 249
4.3 Ilicitude (antijuridicidade) - 346
4.4 Culpabilidade - 363

Capítulo 5 **Conclusões e as regras de ouro da atividade policial - 377**

referências 383

sobre o autor 393

O dilema do agente policial na realidade jurídica nacional

As profissões ligadas à segurança pública, como teremos a oportunidade de desenvolver, são tão importantes como complexas.

O cotidiano das agências policiais é permeado por condutas de intenso conteúdo jurídico, *a latere* do aspecto técnico policial em sentido estrito.

Essenciais para qualquer grupo organizado, ascendente importância nas sociedades contemporâneas, a atividade policial tem vertical potencial de influência na vida social.

Para além do necessário preparo técnico, tão essencial quanto é o aspecto jurídico da atividade policial, não menos complexo, não menos importante.

As atitudes e as decisões dos agentes de segurança pública, nos diversos campos de atuação, são carregadas de conteúdo jurídico. Uma voz de prisão, uma opção por uso de equipamento letal, decidir por adentrar em domicílio ou por uma abordagem policial são singelos exemplos de práticas cotidianas envoltas em questões jurídicas que exigem um preparo técnico jurídico na tênue barreira entre o legítimo e o abuso de autoridade.

Porém, algumas características da atividade jurídica policial a diferenciam das demais atividades de Estado, que lhe dão uma roupagem toda própria, que talvez separem o cotidiano policial de todas as profissões conhecidas, especialmente das chamadas *carreiras de Estado*.

Em suma, a atividade policial é sobremaneira uma atividade jurídica, isto é, há uma destacada **carga jurídica na atividade policial**, mas com peculiaridades e atributos que a distinguem e a tornam única a ponto de estabelecer um estranho dilema, um dilema jurídico, máxime na conformação constitucional e legal brasileira.

Ao lado da intensa carga jurídica, outra característica atribui peculiaridade à aproximação da atividade policial: o **vazio doutrinário**.

Apesar do significativo aspecto jurídico da atividade policial, há uma proporção inversamente proporcional entre o que se escreve, o que se desenvolve no cenário doutrinário e a perspectiva jurídica da atividade policial em sentido estrito.

Embora não se possa caracterizar o agente de segurança pública como um "operador do direito", por não se lhe exigir formação jurídica como requisito profissional, a conformação jurídica e a dificuldade prática da atividade exigem maior atenção doutrinária ou, pelo menos, deveriam exigir.

Enquanto abundam os manuais dos diversos ramos jurídicos, especialmente nos campos penal e processual penal, poucos se detêm em enfrentar os aspectos jurídicos da atividade policial em sentido estrito, salvo ao que se convencionou chamar de *polícia judiciária*, no Brasil, basicamente exercida por autoridade policiais bacharéis em Direito.

Também pouco se desenvolve acerca dos diversos outros aspectos da atividade policial, especialmente sobre o dia a dia do chamado *policiamento ostensivo*, campo fértil da "repressão policial imediata", conforme teremos a oportunidade abordar.

Some-se o fato de que muitas das decisões dos agentes policiais de segurança pública envolvem o manuseio de complexos conceitos e categorias jurídicas, muitas delas permeadas de polêmicas, discussões e dinâmicas jurisprudencial e doutrinária.

Sem alongar nos exemplos, fiquemos na difícil caracterização de uma situação de culpa consciente ou dolo eventual, no difícil estabelecimento da fronteira entre atos preparatórios (impuníveis) e de execução (punível), na vagueza dos elementos caracterizadores do flagrante ficto ou presumido, e assim por diante.

Mas não é só. Ao lado da vertical carga jurídica, acompanhada, ou melhor, desacompanhada de estudos acadêmicos proporcionais, outra característica soma para alimentar o dilema policial no cenário nacional, a **compressão temporal**. De fato, boa parte das decisões policiais necessitam ser imediatas, mesmo que, por vezes, envoltas em complexas e polêmicas questões jurídicas de fôlego.

Boa parte dos profissionais do Direito, em parcela significativa das decisões diárias, embora não menos importantes, não está premida pela urgência como sói ser comum na atividade policial.

No processo penal, por exemplo, ao lado dos prazos peremptórios, o sistema convive naturalmente com os chamados *prazos impróprios*, é dizer, prazos legalmente estipulados que, se descumpridos, não acarretam relevantes consequências jurídicas nem a impossibilidade de realização do ato.

É o que ocorre, *verbia gratia*, com os prazos para a conclusão dos inquéritos policiais pela autoridade policial, para oferecimento de denúncia ou promoção de arquivamento por membro do Ministério Público, para prolação de sentença pela autoridade judicial competente, apenas para citar em alguns casos.

As decisões dos agentes de segurança pública, ao contrário, costumam estar premidas no tempo, necessitam ser tomadas imediatamente.

Uma voz de prisão, um disparo de arma de fogo, a escolha do meio necessário e adequado para repelir uma agressão injusta, adentrar ou não em domicílio, realizar uma abordagem policial, efetuar um disparo letal por atirador *sniper*, invadir um local com refém por grupo de assalto etc. são decisões que não convivem com a ideia de prazo impróprio, são decisões que, apesar de carregadas de vertical e complexo contorno jurídico (além da complexidade técnica), necessitam de uma tomada de posição imediata, por vezes, instantânea.

Mas o dilema do agente de segurança pública não se esgota aqui. Apesar do vazio doutrinário, da intensa carga jurídica, da compressão temporal, ainda há de se agregar outro atributo atrelado à atividade de segurança pública na tomada de decisões: a **irreversibilidade**.

Muitas profissões convivem com a irreversibilidade de suas atitudes, mas, nas agências de segurança pública, esse carácter assume contornos aflitivos.

Boa parte das decisões adotadas pelos agentes policiais de segurança pública é irreversível, no sentido literal do termo.

Ao dar uma voz de prisão em flagrantes delito, salvo hipóteses quase que folclóricas, o agente policial não poderá "desdizer" a voz de prisão proferida. Ao decidir adentrar em um domicílio por entender que estão presentes os requisitos constitucionais para tanto, se inexistentes, já estará caracterizada a violação de domicílio. Ao decidir por uma reação potencialmente letal diante de uma aparente agressão injusta, não haverá mais retorno, o projétil não retornará para a alma do cano da arma de fogo. E assim por diante.

Já estamos no final das características que deixam a atividade das agências de segurança pública em um dilema jurídico, mas talvez a última categoria seja aquela que diferencia a atividade policial de todas as outras atividades de Estado, ao menos na conformação prática. Referimo-nos aos **desvios criminais**.

É dizer, as principais decisões adotadas e a serem adotadas pelos agentes policiais de segurança pública são potencialmente caracterizadoras de ilícitos penais que podem sujeitar o agente que decidiu.

Em outras palavras, assim como na imagem sugestiva de uma "corda bamba", as atividades policiais estão rotineiramente em tênue limite entre a licitude e a ilicitude, sempre com potencial caracterização de ilícitos penais.

Parte significativa das decisões adotadas pelos agentes policiais de segurança pública, quando equivocadas, pode caracterizar ilícitos penais. Essa conformação é uma característica peculiar das forças de segurança pública. Isso porque tanto a ação quanto a omissão, quando equivocadas, podem dar azo à responsabilidade penal.

No âmbito comissivo (conduta positiva, ação), a atividade dos agentes de segurança pública, além de outros tipos penais específicos, pode caracterizar o crime de abuso de autoridade em alguma de suas diversas modalidades.

No aspecto omissivo (conduta negativa, omissão), considerando que o agente policial de segurança pública tem o dever de agir, eventual resultado lesivo que poderia ser por ele evitado pode ser imputado ao agente policial pela figura da omissão penalmente relevante, considerando que os agentes policiais estarão fatalmente vestidos sob o manto da figura do garante ou, melhor dizendo, garantidores da não superveniência do resultado*.

É a figura dos crimes omissivos impróprios que somente podem praticá-los aqueles para quem há um dever especial de proteção, como é o caso dos agentes policiais de segurança pública, os quais têm, por lei, obrigação de agir, assumindo *ipso facto*, a posição de garante, ou seja, de garantidor da não superveniência do resultado.

É claro que não estamos defendendo a impunidade para os agentes policiais que cometam ilícitos penais, que abusem de sua autoridade ou que se omitam no cumprimento do dever. Todos devem estar sujeitos à lei, sem qualquer distinção.

Chamamos a atenção para a conformação do regime de responsabilidades dos agentes de segurança pública, cujo equívoco não raramente tem potencial caracterizador do cometimento de um crime, diversamente do que ocorre em outras atividades, especialmente atividades de Estado.

Pela importância social e política da atividade das agências de segurança pública, o erro não é admitido, é criminalizado, de forma peculiar se comparada às demais carreiras profissionais.

---

* Código Penal (BRASIL, 1940, grifo do original): "**Relação de causalidade** Art. 13. O resultado, de que depende a existência do crime, somente é imputável a quem lhe deu causa. Considera-se causa a ação ou omissão sem a qual o resultado não teria ocorrido. [...] **Relevância da omissão** § 2º A omissão é penalmente relevante quando o omitente devia e podia agir para evitar o resultado. O dever de agir incumbe a quem: a) tenha por lei obrigação de cuidado, proteção ou vigilância; [...]".

Somem-se às demais características apresentadas, vale dizer, pouco material com aprofundamento dos temas relacionados à segurança pública, intensa e complexa carga jurídica nas decisões cotidianas, compressão temporal e, no caso de equívoco, a real possibilidade de responsabilização criminal por sua conduta, omissiva ou comissiva.

Não há dúvidas, portanto, de que a atividade policial de segurança pública envolve um dilema essencial no exercício da atividade, dificuldades e conformações que a diferenciam das demais atividades, o que a torna "especial" em diversos aspetos e importância, conforme teremos a oportunidade de desenvolver cientificamente em breve.

Ser agente de segurança pública exige a consciência da importância e da essencialidade da função, ao lado das dificuldades, incluindo os aspectos jurídicos de seu exercício, a ausência de material de estudo, a perplexa complexidade das atividades, a compressão temporal decisória, a irreversibilidade dos resultados produzidos e a possibilidade próxima de desvios criminais.

Contudo, existe um antídoto para esse dilema, uma forma de dar completude ao vazio doutrinário, de entender progressivamente a complexidade jurídica da matéria, para que as decisões possam ser tomadas, de imediato, com segurança cognitiva e para que os erros, potencialmente criminalizados, não acarretem consequências ilegítimas irreversíveis.

Só há um caminho: o preparo técnico, técnico profissional, técnico jurídico profissional.

Aqueles que agora acessam esta obra estão, de alguma forma, convergindo na esteira do conhecimento.

Se não, pelo menos é possível estabelecer algumas "regras de ouro" para a atuação jurídica das agências policiais de segurança pública.

São basicamente três as regras de ouro para o agir dos agentes policiais bem-intencionados. É claro que essas regras, fruto de estudos, observação e experiência, estarão contempladas no decorrer do texto, e não simplesmente dadas em um simples rol.

Figura A – Dilema do agente policial na realidade jurídica nacional

Boa leitura a todos!

I

Conceitos operacionais: prolegômenos

No capítulo introdutório, apresentamos alguns conceitos operacionais, necessários ou importantes para a perfeita compreensão dos aspectos penais envolvidos naquilo que denominamos *Direito Penal Policial*, vale dizer, as categorias penais analisadas sob a ótica da atividade policial no atendimento cotidiano de ocorrências.

Iniciamos com uma visão panorâmica e constitucional das funções policiais no sistema jurídico brasileiro, abordando um amplo conceito de defesa social para, em seguida, discorrer sobre a distribuição das funções policiais nas diversas agências de segurança pública previstas na Constituição Federal. Bem por isso, tratamos de uma classificação orgânica e funcional.

Nesse sentido, uma polícia criminal a partir das atribuições no entorno do crime, ou melhor, do fenômeno criminal, seja na prevenção de ocorrências delitivas (tutela inibitória criminal), seja na apuração da infração penal (investigação policial propriamente dita), isto é, na chamada *repressão imediata*, correspondente à noção jurídica de situação flagrancial, período abrangido na situação de flagrante delito.

Em seguida, aprofundamos a análise da atuação na repressão imediata, nosso centro de preocupação, para evidenciar os aspectos relacionados ao ato prisional em flagrante delito, essência da repressão imediata, desenvolvendo a ideia da própria situação flagrancional e os diversos tipos de flagrante delito.

Por fim, neste capítulo introdutório e atendente às expectativas sobre uma das principais dúvidas dos agentes policiais no atendimento cotidiano de ocorrências, tratamos da chamada *imunidade prisional*, destacando uma série de situações jurídicas em que o agente aparentemente realizador de um delito, mesmo em circunstância flagrancional, não pode ser preso em virtude de alguma norma jurídica que impede a prisão, como é o caso de algumas autoridades políticas, diplomáticas e judiciais ou de alguma outra circunstância que impeça a prática da voz de prisão.

Esses são os conceitos operacionais que explicamos, elementos importantes para a exata compreensão de nosso principal desafio na presente obra: a interação do Direito Penal com a atividade policial, em suma, o Direito Penal Policial.

1.1 Funções de defesa social na ordem constitucional brasileira

Costuma-se dizer que corolário da vida social é a existência de um conjunto de regras disciplinadoras do comportamento humano. Essa é uma das essências da própria ideia de *direito*.

Para além do acatamento espontâneo da ordem jurídica, é mister a existência de uma estrutura capaz de fazer cumprir o ordenamento, dotado do chamado *poder de imperium*.

Na conformação política atual, o Estado é reconhecido como o detentor legítimo do uso da força, a *enforceability*, possibilidade de uso de força regulada.

O sistema jurídico brasileiro, herdeiro de uma tradição romano-germânica, dá primazia ao Direito escrito, tendo a norma escrita como principal fonte de Direito, abrangendo uma Constituição Federal escrita, códigos e leis extravagantes. É a prevalência do princípio da legalidade, no caso do Direito Penal, legalidade estrita, como veremos em breve.

Como detentor legítimo do uso da força, o Estado estrutura-se para fazer cumprir o ordenamento jurídico, distribuindo parcelas de poder (coercitivo) nas diversas entidades. É o que se chama, genericamente, de *poder de polícia*.

É dizer, na conformação política contemporânea, o Estado distribui parcelas de competências a seus servidores e a suas entidades, distribuindo, da mesma forma, parcelas de poder político para eventual exercício legítimo de força (normativa e real) para cumprir e fazer cumprir uma ordem jurídica preestabelecida.

No entanto, além da capilar distribuição de parcelas de "poder político", existe um núcleo de atividade que, por uma série de mediações e decisões discricionárias, são dotadas de especial atenção e, bem por isso, necessitam de especial proteção.

Há um conjunto de competências estatais que demandam proteção específica e cujo cumprimento afeta condições essenciais da vida social e da própria existência do Estado.

Esse conjunto de competências e atribuições, para além do ordinário poder de polícia, é distribuído aos diversos entes estatais, e tais competências e atribuições são protegidas por agentes especiais, dotados de especial poder de coerção. Essa é a essência da atividade policial em sentido estrito.

Portanto, há um núcleo das atividades estatais que merecem, por uma série de fatores, de especial proteção e, como tal, necessitam da atuação de entidades e servidores dotados de especial poder de coerção: as agências policiais de segurança pública.

Esquematicamente:

Figura 1.1 – Atividade policial em sentido estrito

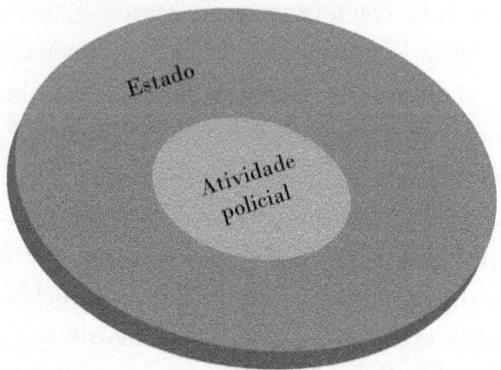

Nessa perspectiva, a atividade policial é, por essência, uma atividade especial; os agentes policiais de segurança pública, por consequência, são agentes especiais na estrutura do Estado.

Se do jargão jurídico extraímos que onde há sociedade, há o Direito (*ubi societas ibi jus*), onde há Direito, há necessariamente a polícia.

Considerando que o Direito Penal é a *ultima ratio*, o último recurso de que o Estado abre mão para o cumprimento da ordem jurídica a fim de proteger bens jurídicos essenciais para a convivência social, soa natural que as normas penais sejam tratadas em estruturas policiais, basicamente, na convergência de duas categorias que exigem especial atenção: as **normas penais** e a **atividade policial**.

Mas a atividade policial não se restringe ao âmbito penal. A Constituição da República e as demais normas atribuem e podem atribuir competências ditas *administrativas* a órgãos policiais, em virtude da sensibilidade da atividade, como ocorre, por exemplo, no policiamento de trânsito, urbano ou rodoviário.

Além disso, como entidade política, o Estado atribui a órgãos policiais missões de defesa de soberania, a que chamaremos de *atividade policial política*, como o policiamento de fronteiras, exercido pela Polícia Federal.

A esse complexo de atribuições, modernamente, costuma-se referir de *Defesa Social*, termo mais abrangente e adequado para o complexo de competências distribuído às agências policiais de segurança pública pela Constituição Federal.

Bem por isso, a classificação que veremos será uma classificação orgânica e funcional. **Orgânica** em razão dos diversos órgãos previstos na Constituição dotados de competências policiais em sentido estrito; **funcional** em virtude das funções por seus agentes desempenhadas.

De fato, a ordem constitucional brasileira, especialmente forte no art. 144 da Constituição Federal, fundamenta a atividade policial de segurança pública, distribuindo funções criminais (prevenção, repressão imediata e investigação), funções administrativas (poder de polícia) e funções políticas (defesa de soberania) (BRASIL, 1988). Vale a transcrição do dispositivo constitucional:

> *Art. 144. A segurança pública, dever do Estado, direito e responsabilidade de todos, é exercida para a preservação da ordem pública e da incolumidade das pessoas e do patrimônio, através dos seguintes órgãos:*
>
> *I – polícia federal;*
>
> *II – polícia rodoviária federal;*

III – polícia ferroviária federal;

IV – polícias civis;

V – polícias militares e corpos de bombeiros militares.

VI – polícias penais federal, estaduais e distrital.

§ 1º A polícia federal, instituída por lei como órgão permanente, organizado e mantido pela União e estruturado em carreira, destina-se a:

I – apurar infrações penais contra a ordem política e social ou em detrimento de bens, serviços e interesses da União ou de suas entidades autárquicas e empresas públicas, assim como outras infrações cuja prática tenha repercussão interestadual ou internacional e exija repressão uniforme, segundo se dispuser em lei;

II – prevenir e reprimir o tráfico ilícito de entorpecentes e drogas afins, o contrabando e o descaminho, sem prejuízo da ação fazendária e de outros órgãos públicos nas respectivas áreas de competência;

III – exercer as funções de polícia marítima, aeroportuária e de fronteiras;

IV – exercer, com exclusividade, as funções de polícia judiciária da União.

§ 2º A polícia rodoviária federal, órgão permanente, organizado e mantido pela União e estruturado em carreira, destina-se, na forma da lei, ao patrulhamento ostensivo das rodovias federais.

§ 3º A polícia ferroviária federal, órgão permanente, organizado e mantido pela União e estruturado em carreira, destina-se, na forma da lei, ao patrulhamento ostensivo das ferrovias federais.

§ 4º Às polícias civis, dirigidas por delegados de polícia de carreira, incumbem, ressalvada a competência da União, as funções de polícia judiciária e a apuração de infrações penais, exceto as militares.

§ 5º Às polícias militares cabem a polícia ostensiva e a preservação da ordem pública; aos corpos de bombeiros militares, além das atribuições definidas em lei, incumbe a execução de atividades de defesa civil.

§ 5º-A – Às polícias penais, vinculadas ao órgão administrador do sistema penal da unidade federativa a quem pertence, cabe a segurança dos estabelecimentos penais.

§ 6º As polícias militares e corpos de bombeiros militares, forças auxiliares e reserva do Exército, subordinam-se, juntamente com as polícias civis e as polícias penais estaduais e distritais, aos Governadores dos Estados, do Distrito Federal e dos Territórios.

§ 7º A lei disciplinará a organização e o funcionamento dos órgãos responsáveis pela segurança pública, de maneira a garantir a eficiência de suas atividades.

§ 8º Os Municípios poderão constituir guardas municipais destinadas à proteção de seus bens, serviços e instalações, conforme dispuser a lei.

§ 9º A remuneração dos servidores policiais integrantes dos órgãos relacionados neste artigo será fixada na forma do § 4º do art. 39.

§ 10. A segurança viária, exercida para a preservação da ordem pública e da incolumidade das pessoas e do seu patrimônio nas vias públicas:

I – compreende a educação, engenharia e fiscalização de trânsito, além de outras atividades previstas em lei, que assegurem ao cidadão o direito à mobilidade urbana eficiente; e

II – compete, no âmbito dos Estados, do Distrito Federal e dos Municípios, aos respectivos órgãos ou entidades executivos e seus agentes de trânsito, estruturados em Carreira, na forma da lei. (BRASIL, 1988)

Dessa forma, dentro do gênero *polícia de segurança pública*, variadas são as funções policiais desempenhadas pelos diversos organismos policiais definidos a partir da Constituição Federal.

Na estrutura (classificação) que ora defendemos, no gênero *polícia de segurança pública* e suas agências, estão as funções policiais criminais, as funções policiais administrativas e as funções policiais políticas, conforme desenvolveremos em seguida. Mas não sem antes uma primeira aproximação representativa:

Figura 1.2 – Polícia de segurança pública

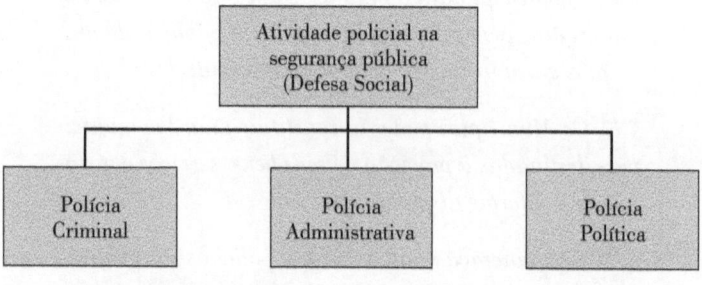

1.1.1 Polícia criminal

As funções policiais criminais ou penais são as que mais nos interessam, haja vista sua proximidade com o Direito Penal. São funções que, para além da noção geral de poder de polícia administrativo, orbitam em aspectos relacionados ao crime e a seu processamento, isto é, ao Direito Penal e ao Direito Processual Penal.

Em outras palavras, são atividades e funções desempenhadas pelas agências de segurança pública, a partir do fenômeno criminal, não se confundindo com a genérica noção de *ordem jurídica* e sua violação, características do poder de polícia espraiado pela estrutura do Estado e de suas entidades.

As funções policiais penais ou criminais estão desdobradas, basicamente, no trinômio: **prevenção, repressão imediata** e **apuração de infrações** – todas atreladas à categoria *infração penal*, *crime* ou *contravenção*, ou, como preferimos, *fenômeno criminal*.

Por fim, vale não deslembrar que a polícia criminal, aqui também chamada de *polícia penal*, não se confunde, tecnicamente, com a Polícia Penal criada pela Emenda Constitucional 104, que atribui às referidas polícias funções de segurança em estabelecimentos penais, cujos contornos não aprofundaremos na presente obra.

Esquematicamente, temos:

Figura 1.3 – Funções policiais criminais

Vejamos, ainda que brevemente, cada uma dessas vertentes.

Função preventiva/inibitória

As ditas *funções preventivas*, ou inibitórias, como o próprio nome indica, são as atribuições voltadas à prevenção da ocorrência de ilícitos penais.

Estão intimamente ligadas ao policiamento ostensivo (preventivo fardado), estruturado para a prevenção da ocorrência criminal, por isso desempenham uma tutela penal inibitória ou preventiva.

Em nossa ordem constitucional, são funções desempenhadas, basicamente, pelas polícias militares e pelas guardas municipais, na esfera de suas respectivas atribuições. Em outras palavras, são funções "tipicamente" realizadas pelas polícias militares e pelas guardas municipais na condição de polícia ostensiva.

A polícia federal, por exercer o denominado *ciclo completo de polícia*, no âmbito dos crimes de sua responsabilidade, exerce, da mesma forma, funções policiais preventivas ou inibitórias.

Contudo, outras agências policiais também desempenham funções preventivas, porém "atípicas", desde que atreladas à ideia de ostensividade e de prevenção da ocorrência delitiva.

É o que acontece, *verbia gratia*, pelo simples fato de circulação de viaturas caracterizadas das forças policiais pelo efeito visual persuasivo, ou pela atuação policial mediante uso de uniformes ou vestes identificadoras em geral, como coletes e emblemas, circunstâncias capazes e tendentes à inibição da ocorrência de ilícitos, portanto, caracterizadoras de uma polícia preventiva – mas, repetimos, não como função principal ou típica, e sim mediata, tangente, atípica da agência policial respectiva.

Enfatizamos, aqui, as funções policiais, em razão do objeto e da natureza do presente manual. Por outro lado, cumpre registrar que a tutela inibitória criminal pode ser exercida, excepcionalmente, por outros órgãos da Administração Pública ou, até mesmo, por entidades particulares.

Outros órgãos estatais não policiais também realizam a tutela inibitória penal, portanto. São funções inibitórias estatais extrapoliciais.

É o que ocorre, por exemplo, nas atividades aduaneiras desempenhadas pela Receita Federal do Brasil. Nas áreas de fronteira, a presença dos servidores da Receita Federal, além das atividades administrativas de controle aduaneiro, exerce evidente função preventiva em relação à ocorrência de ilícitos penais, especialmente os de comum ocorrência em áreas como estas, tais como o contrabando, o descaminho, o tráfico internacional de drogas e armas etc.

Não é demais lembrar o texto constitucional do art. 144, que atribui à Polícia Federal a função de prevenção ao tráfico de drogas, ao contrabando e ao descaminho, ressalvada a ação fazendária e de outros órgãos públicos nas respectivas áreas de competência.

Não há dúvidas de que a presença ostensiva da autoridade administrativa fiscal desempenha uma indireta função criminal preventiva.

Situação semelhante ocorre na área ambiental e em seus diversos órgãos de fiscalização. Isso porque muitos dos ilícitos ambientais administrativos são também ilícitos penais, assim, a atuação da autoridade ambiental, máxime ostensiva, tem capacidade, isto é, exerce uma função criminal inibitória.

Vale lembrar, ainda, a crescente atuação das Forças Armadas na segurança pública, especialmente no policiamento urbano em casos de intervenção federal, situações evidentes de exercício de um *munus* voltado à prevenção da ocorrência de ilícitos penais.

São funções estatais criminais preventivas ou inibitórias, embora não sejam funções policiais, haja vista não serem desempenhadas por órgão policial dentro da moldura constitucional da segurança pública.

Além da atividade estatal, considerando que a segurança pública é, por imperativo constitucional, direito e responsabilidade de todos, não poderíamos deixar de registrar o desempenho de atividades inibitórias (preventivas) realizadas por particulares: as atividades preventivas extraestatais. São atividades a latere das funções policiais, a latere das funções estatais, mas que também apresentam capacidade inibitória da ocorrência de crimes.

Como exemplos temos as atividades de segurança privada (pessoal ou patrimonial), a vigilância armada ou não de pessoas ou bens, o transporte de valores e a segurança pessoal.

Assim, na moldura constitucional da função inibitória criminal, poderíamos apresentar esquematicamente:

Figura 1.4 – Função criminal inibitória

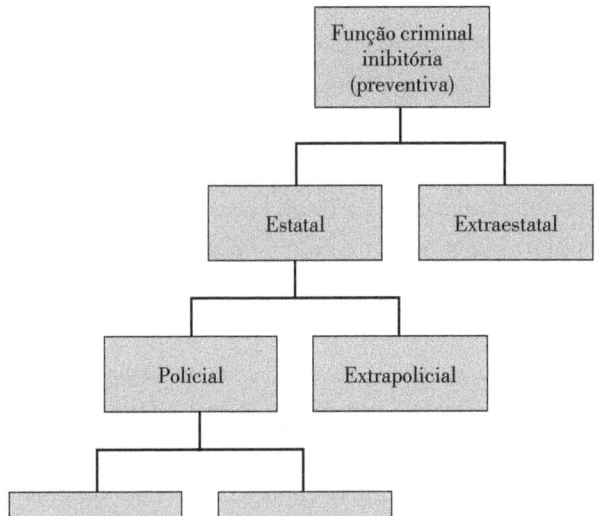

■ Repressão imediata

A *repressão penal imediata*, como o nome indica, refere-se ao primeiro atendimento de uma situação de caráter criminal. É uma das que mais nos interessa em termos de Direito Penal Policial, sob a perspectiva aqui desenvolvida.

Entre a função preventiva e a apuração da infração penal, há um intervalo impreciso em que as forças policiais de segurança pública procuram uma resposta imediata ao fenômeno criminal, preservando o local de ocorrência de ilícito, produzindo provas juridicamente perecíveis, indicando elementos essenciais de prova, arrolando as fontes de prova e, eventualmente, efetuando a prisão do infrator.

É o momento correspondente à situação jurídica do flagrante delito.

Como exercício didático, é possível estabelecer uma linha no tempo da persecução penal, de forma que, uma vez ultrapassado o limite da atuação preventiva, pela própria ocorrência do ilícito penal, mas antes da formal apuração da infração (investigação propriamente dita), há uma situação premida no tempo por ambas, com características próprias que lhe dão autonomia. É a repressão policial imediata.

Na repressão imediata, aflora sobremaneira o dilema policial que apresentamos. Na ausência de doutrina especializada, com carga jurídica vertical, premido no tempo pela necessidade de decisões instantâneas, com possibilidade de responsabilização em caso de desvio, destacamos um prévio entendimento das diversas situações jurídicas para o enfrentamento hodierno da repressão policial imediata.

Repressão policial imediata é a expressão jurídica do atendimento de ocorrências policiais, com vistas ao acautelamento das provas, à produção de provas juridicamente perecíveis e não repetíveis, à indicação das fontes, à prisão em flagrante dos agentes infratores, enfim, trata-se da genuína face institucional da resposta estatal ao fenômeno criminal.

Diversamente do que ocorre nas demais vertentes da função policial criminal, aqui, não há de se falar em funções típicas ou atípicas de repressão imediata, uma vez que, por imperativo legal, todos os agentes policiais de segurança pública são obrigados a atuar em caso de situação flagrancial, adotando as medidas correlatas.

Afinal, o art. 301 do Código de Processo Penal é muito claro ao estabelecer que "qualquer do povo poderá e as autoridades policiais e seus agentes deverão prender quem quer que seja encontrado em flagrante delito" (BRASIL, 1941b).

A *fortiori*, na obrigação de prisão em flagrante, as demais medidas relacionadas, as quais teremos a oportunidade de desenvolver em breve.

Na repressão imediata convergem, portanto, todas as agências policiais de segurança pública, obrigando seus agentes à atuação específica de aparente ocorrência delitiva.

É claro que, hodiernamente, em nosso sistema de segurança púbica, as polícias militares, no atendimento diária de ocorrências via o modal 190, são as principais encarregadas pela repressão imediata. Mas isso não desnatura, contudo, o imperativo jurídico de atuação dos agentes das demais forças policiais de segurança pública ao se depararem com situações com esse contorno.

Na esteira do que desenvolvemos no tópico anterior, na repressão imediata, também é possível falar em *repressão imediata extrapenal*, isto é, repressão de ilícitos penais realizada por entidades da Administração Pública alheia aos órgãos policiais de segurança pública perfilados na Constituição Federal.

Os agentes públicos, de maneira geral, ao se depararem com uma situação flagrancional, poderão agir para dar resposta estatal ao fenômeno criminal, embora não lhes sejam exigidas a atuação e as providências, como ocorre com os agentes policiais.

Em virtude da coincidência de infrações administrativas com tipos penais, muitas vezes, a própria atuação administrativa já se perfaz suficiente para continuidade persecutória penal. Nosso sistema não exige a atuação policial no levantamento de informações prévias. É comum, por exemplo, que a atuação administrativa no âmbito ambiental permita a persecução penal de crimes dessa natureza, assim como os chamados *crimes fiscais*, a partir da atuação administrativa da Receita Federal consubstanciada na representação fiscal para fins penais.

Da mesma forma, é possível falar em *repressão imediata extraestatal*, correspondente à atuação dos cidadãos diante da ocorrência de ilícito.

Afinal, como vimos, "qualquer do povo" poderá prender quem se encontra em situação de flagrante delito. Trata-se, portanto, de uma faculdade.

Importante consignar que nosso sistema não permite o exercício arbitrário das próprias razões, ou a prática de fazer "justiça com as próprias mãos". Práticas como linchamento, agressões a infratores, entre outras, são atitudes injurídicas, caracterizadoras de ilícitos penais. Não é possível admitir que, a pretexto de repelir a ocorrência de crimes, o cidadão (de bem) se permite praticar um crime por vezes ainda mais grave do que pretende reprimir.

O que a lei faculta é a prisão em flagrante, em seus contornos jurídicos, os quais veremos com mais vagar na sequência.

Figura 1.5 – Repressão policial imediata

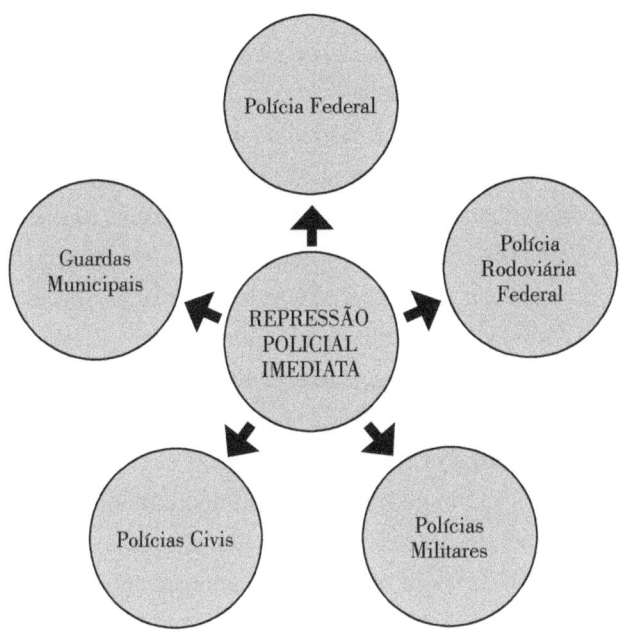

■ Apuração da infração penal

A apuração da infração penal ou investigação é a fase policial preparatória da ação penal. As funções policiais investigatórias fecham a ideia do *ciclo de polícia*, ou seja, o ciclo de atribuições no entorno do fenômeno criminal, prevenindo-o ou apurando-o, passando pela repressão imediata.

É na apuração da infração penal que a autoridade policial busca os elementos mínimos de convicção que servirão para o autor da ação penal avaliar a presença de elementos necessários ou suficientes para a propositura de uma ação penal, dando início à fase processual da persecução penal.

Como nosso objetivo é tratar dos aspectos penais da atividade policial, especialmente na repressão imediata, e considerando que a condução da investigação policial é atribuição de profissões qualificadas como jurídicas (delegado de polícia), dispensam-se maiores considerações e aprofundamentos sobre o subtema.

Já tivemos a oportunidade de definir a apuração da infração penal, investigação ou, como preferimos, *instrução extraprocessual preparatória* como o "conjunto de atividades prévias que caracterizam a busca e coleta de informações de relevância penal, pela autoridade competente, capazes e suficientes para uma cognição convergente para um juízo de probabilidade necessário à propositura da ação penal, ou arquivamento como contraponto" (OLIVEIRA, 2014).

No Brasil, costuma-se referir à apuração da infração penal como a atividade de *polícia judiciária*, um termo que é utilizado por força da tradição, mas que, tecnicamente, não corresponde à atividade voltada à investigação.

A Polícia Federal e as polícias civis não estão vinculadas ao Poder Judiciário, sendo forças policiais vinculadas ao Poder Executivo. Esse termo tem origem no *Code d'instruction Criminelle* francês, quando a Polícia Judiciária abrangia tanto os órgãos policiais quanto a estrutura do Ministério Público e do Juízo de Instrução.

Ademais, no Brasil, a autoridade policial não pratica atos processuais.

Nada obstante, não há maiores problemas em manter a designação, por força da tradição, embora, como vimos, não é uma expressão que atenda a um rigor técnico.

O processo penal pode ser entendido como um caminho da dúvida à certeza jurídica, mediante os chamados *standards probatórios*.

A investigação (policial) visa, justamente, buscar os elementos mínimos que permitam a promoção de uma ação penal, em que as provas, propriamente, serão produzidas mediante contraditório e ampla defesa.

No sistema processual brasileiro, essa instrução extraprocessual preparatória é primordialmente realizada por autoridade policial, isto é, mediante a função policial investigatória ou de apuração da infração penal.

A função policial investigatória, portanto, é desempenhada pela Polícia Federal ou pelas polícias civis, de acordo com a natureza do crime em apuração, ressalvada a atividade policial judiciária militar, tendente à apuração de crimes militares.

O instrumento no qual são documentados esses elementos iniciais é o inquérito policial (ou inquérito policial militar, no caso de crime militar).

Contudo, apesar da premência da investigação policial no sistema persecutório nacional, outras autoridades também apuram infrações penais. Realizam essa atividade com o objetivo precípuo de apuração de infrações penais (função investigatória direta ou imediata) ou de apuração de infrações penais como consequência de outra atividade (função investigatória indireta, mediata, reflexa).

Exemplo da primeira hipótese é a investigação conduzida diretamente pelo Ministério Público, mediante os chamados *procedimentos investigatórios criminais*, cuja finalidade é coincidente com a apuração de infrações penais, bem por isso trata-se de investigação direta, imediata.

O mesmo ocorre nas apurações realizadas pelas comissões parlamentares de inquérito, conduzidas pelas casas legislativas.

Na segunda hipótese, os procedimentos não apresentam a finalidade principal de apuração de uma infração penal, mas reflexamente acabam por fazê-lo. É o que ocorre nas ações fiscais relativas a eventual crime tributário, nas apurações ambientais em virtude da coincidência de infrações administrativas e de crimes dessa natureza, na apuração de condutas ímprobas ou infrações disciplinares graves que caracterizem, simultaneamente, condutas criminosas, entre outras. Em comum está o fato de acarretarem apuração de infrações penais de modo reflexo ou indireto.

Retomando nossa visão esquemática, temos:

Figura 1.6 – Apuração de infração penal

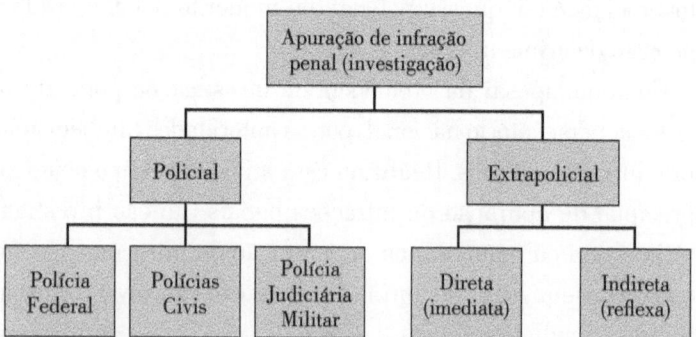

Agora que fechamos a ideia de polícia criminal, a partir do conjunto de funções circundantes do fenômeno criminal, considerando ainda uma linha temporal hipotética, é possível apresentar uma visão gráfica esquemática da fase policial da persecução penal, como segue:

Figura 1.7 – Fase policial da persecução penal

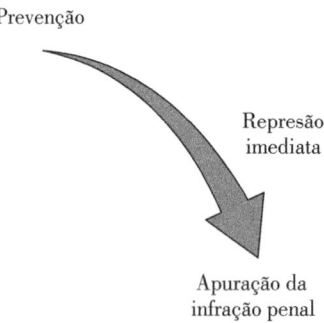

1.1.2 Polícia administrativa

A ideia de *polícia administrativa*, sob a perspectiva orgânica e funcional das agências de segurança pública, insere-se no contexto geral já visto, no sentido da capacidade que tem o Estado, na concepção contemporânea, de impor limitações às liberdades individuais, com eventual uso legítimo de força.

Para o desempenho de suas inúmeras atividades, os atos administrativos, para que possam ser autoexecutáveis, necessitam de um respaldo de poder, real ou potencial, característico do poder geral de polícia.

Quando essa atividade necessita de especial proteção, como vimos, o Estado dota órgãos policiais em seu contorno, convergindo-se as noções genéricas de poder "de" polícia e específico poder "da" polícia.

O exercício do poder de polícia, portanto, mesmo que desempenhado por agência policial na área de segurança pública, está relacionado ao desempenho do poder de polícia administrativo. Aliás, o fato de ser exercido diretamente por órgão de segurança pública, *ultima ratio* da estrutura do Estado, é sintomático da importância política dada à atividade, que, por uma série de interações e decisões discricionárias, foi incumbida a entidades dotadas de especial poder de coerção e proteção, quais sejam, os órgãos policiais.

A falta de uma exata compreensão entre o genérico poder de polícia, especialmente quando desempenhado por órgãos policiais em sentido estrito, com o específico complexo de competências e atribuições criminais (poder de polícia criminal), tem levado a algumas incompreensões e a falsos entendimentos sobre a distinção de tais funções, que, como ressaltamos, não se confundem, pois apresentam contornos jurídicos próprios.

Mais do que uma questão teórica, a exata compreensão da distinção entre a **função policial criminal** e a **função policial administrativa** tem efeitos práticos relevantes. Isso porque o complexo jurídico regulador do exercício do poder de polícia administrativo é o Direito Administrativo, ao passo que o exercício do poder de polícia criminal é disciplinado pelas normas de Direito Penal e de Direito Processual Penal, com todas as consequências práticas dessa diferenciação.

As imunidades prisionais, apenas para ficar em relevante exemplo, são aplicáveis ao exercício do poder de polícia criminal, não extensivo ao poder de polícia administrativo. É dizer, eventual prerrogativa de foro, ou impossibilidade de prisão, não se estende ao poder de polícia administrativo.

Uma autoridade que não pode ser presa, por circunstâncias jurídicas que destacaremos em breve, por exemplo, pode ser fiscalizada no âmbito administrativo, salvo, é claro, se a atividade administrativa for utilizada para violação da prerrogativa funcional, mas aí estaríamos no âmbito do desvio ou do abuso de poder.

Em uma fiscalização de trânsito, algumas autoridades não poderão ser presas em flagrante, mas poderão ser multadas normalmente, como os demais cidadãos.

Diante de todo o espectro de atribuições que o Estado contemporâneo avocou como atividade e missão próprias, há, portanto, um núcleo de atribuições a que foi dada maior relevância, a ponto de incumbir seus órgãos do mais agudo poder coercitivo na proteção de tais bens jurídicos, ou seja, trata-se de um complexo ou feixe de atribuições e competências.

O próprio texto constitucional estabelece algumas dessas competências de polícia administrativa. Assim, no capítulo específico da segurança pública, a Constituição Federal prevê como função policial administrativa:

» A uma, as atividades e as funções relativas ao policiamento de trânsito, urbano ou rodoviário. Para tanto, incumbiu a Polícia Rodoviária Federal para tal mister no âmbito das rodovias federais; as polícias militares no âmbito estadual (incluindo o policiamento das rodovias estaduais); e as agências de trânsito no âmbito municipal. São atividades relacionadas à função de polícia administrativa, desempenhadas por agências policiais de segurança pública. De fato, o agente policial de segurança pública, no exercício ordinário de suas atribuições, embora possa deparar-se com a ocorrência de crimes, lida, basicamente, com infrações e normas administrativas.

» A duas, a Constituição Federal estabeleceu como função de polícia administrativa as atividades de defesa civil, espraiando-as nos diversos órgãos de segurança pública, especialmente os Corpos de Bombeiro. As atividades de defesa civil foram erigidas, pelo texto constitucional pátrio, à matéria de segurança pública, constituindo-se em genuínos exemplos de exercício do poder de polícia (administrativo).

» A três, o texto constitucional, ao estabelecer a atribuição de proteção dos próprios municipais às guardas municipais, além das atribuições de polícia criminal, indica o exercício de funções de polícia administrativa nos contornos de que ora tratamos.

É claro que, a partir das competências administrativas da União, dos estados e dos municípios, a entidade política poderá, na esfera de suas competências administrativas e legislativas, estabelecer outras funções de polícia administrativa a órgãos policiais, segundo critérios discricionários de oportunidade e de conveniência.

É comum que atividades ligadas à fiscalização ambiental sejam atribuídas a órgãos policiais, especialmente às polícias militares. A mesma situação poderá ocorrer em policiamento portuário, entre outros.

Vale lembrar, por fim, um importante ponto relativo à função de polícia administrativa a partir do texto constitucional. Referimo-nos à expressão "preservação da ordem pública".

Repetida duas vezes no texto, a expressão parece, além de estar ligada à ideia genérica de segurança pública, atribuir às polícias militares todas as demais atividades relacionadas à segurança pública que não estejam expressamente determinadas ou conformadas.

É dizer, na ausência de disciplina sobre determinada atividade ou competência estatal, é de considerar a atribuição das polícias militares no exercício da função de polícia administrativa.

A partir desse conceito, extrai-se a atribuição de polícia administrativa desempenhada pelas polícias militares em eventos que envolvam aglomeração de pessoas, como, por exemplo, em estádios de futebol.

Note-se que as revistas pessoais realizadas na entrada dos estádios não se fundam nos ditames de processo penal (fundadas suspeitas), mas a partir da ideia de preservação da ordem pública, por consequência, de exercício de um poder de polícia administrativa. Trata-se de um exemplo prático da importância de separação cognitiva entre função policial criminal e função de polícia administrativa desempenhada por órgãos policiais.

Assim, esquematicamente, temos:

Figura 1.8 – Polícia administrativa

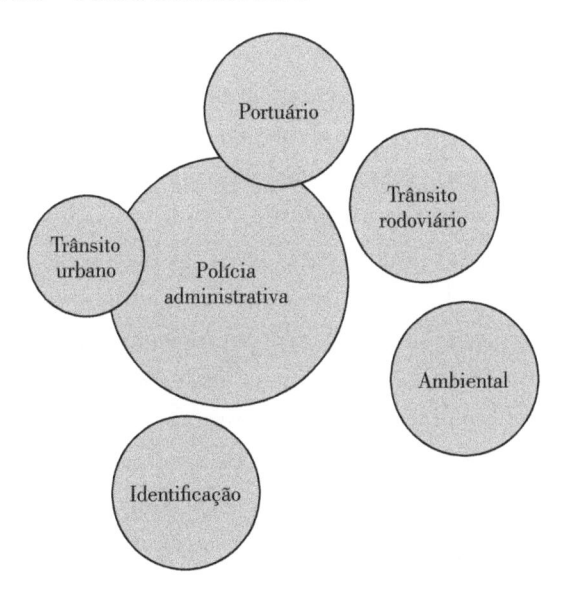

- Portuário
- Trânsito urbano
- Polícia administrativa
- Trânsito rodoviário
- Ambiental
- Identificação

1.1.3 Polícia política

Como temos insistido, nossa principal preocupação é apresentar os contornos jurídico-penais da repressão policial imediata. Por outro lado, tratando dos conceitos operacionais e a fim de fechar sistematicamente a explanação sobre as funções policiais das agências de segurança pública, cumpre tecer breves considerações acerca do que chamamos de *polícia política*, ou funções policiais políticas da segurança pública.

Antes, todavia, é pertinente uma singela observação para chamar a atenção para o termo. *Polícia política* aqui não tem qualquer vinculação, muito menos proximidade, com a ideia de policiamento ideológico característico de Estados tirânicos e ditatoriais. A ideia de polícia política está relacionada ao espectro de atribuições policiais vinculadas à defesa da soberania nacional.

Na distribuição de competências e atribuições aos diversos órgãos da segurança pública, a Constituição da República atribuiu à polícia federal o desempenho de tais atividades.

Ao passo que as demais funções policiais da segurança pública são voltadas ao interno, à ordem jurídica interna, a função policial política está ligada ao Estado na condição de soberano, voltando-se, portanto, ao externo.

A propósito, a história das forças policiais está muito atrelada à ideia de defesa de soberania. Muitas forças de segurança pública, na conformação moderna, tiveram origem histórica em instituições de defesa territorial e de soberania, com especial destaque à formação das instituições policiais setecentistas na França e, mais recentemente, à formação de cultura policial urbana e comunitária dos Estados Unidos*.

---

* Para aprofundamento da questão, confira: MONET, 2001.

Não à toa é o destaque do papel das polícias militares no campo da segurança pública, com intenso contato com as forças armadas. A estrutura militarizada dessas corporações, além das questões históricas, liga-se à forma de organização e de proximidade de natureza das missões desempenhadas por ambas as instituições.

Como é possível perceber, as funções policiais políticas estão muito próximas às funções desempenhadas pelas forças armadas, embora com estas não se confundam, até porque as forças armadas não são forças policiais e não estão disciplinadas no capítulo específico que trata da segurança pública.

Nada obstante as forças armadas tenham desempenhado importante e crescente papel no cenário da segurança pública nacional, conforme ressaltamos, desempenham-no na figura de uma polícia criminal, em apoio ao policiamento urbano, não conforme sua missão originária, ortodoxa.

As funções policiais políticas, dessarte, incluem as atividades voltadas à **salvaguarda dos interesses e território nacionais**, englobando as funções de polícia marítima, polícia aeroportuária e polícia de fronteiras (incluindo, nesse aspecto, o controle migratório).

Agora, podemos apresentar um breve esquema gráfico das funções policiais políticas:

Figura 1.9 – Polícia política

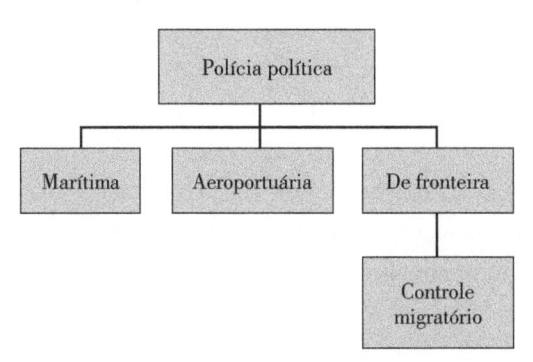

```
                    Polícia política
        ┌───────────────┼───────────────┐
     Marítima      Aeroportuária     De fronteira
                                           │
                                       Controle
                                       migratório
```

Assim, fechamos a apresentação de uma visão panorâmica das funções policiais a partir das agências policiais que integram a estrutura constitucional da segurança pública.

Antes de adentrar nas questões de Direito Penal propriamente ditas, cumpre, ainda no campo dos conceitos operacionais, tecer algumas considerações sobre a situação jurídica que melhor reflete (sob certo ângulo, coincide com) a repressão policial imediata. Referimo-nos, aqui, à situação flagrancional, ao flagrante delito, objeto de estudo da próxima seção.

1.2 Repressão imediata: flagrante delito

Nosso principal objetivo é tratar dos aspectos penais da repressão imediata. Propriamente, a categoria *flagrante delito* é matéria de Processo Penal, e não de Direito Penal.

Contudo, considerando que a repressão imediata tem por centro a situação flagrancional, não poderíamos deixar de apresentar, como conceito operacional, os contornos jurídicos básicos do ato prisional em flagrante.

Iniciaremos evidenciando algumas generalidades sobre o ato prisional em flagrante delito, ao contornos jurídicos gerais sobre o ato.

Após, seguiremos a dogmática jurídica básica para apresentar a tipologia de flagrante delito. A ideia popular de flagrante delito nem sempre corresponde ao conceito técnico jurídico da categoria, que pode ter complicações práticas dignas de interesse.

Em seguida, destacaremos um princípio de problematização, com a indicação de alguns incidentes objetivos que podem afetar o ato prisional em flagrante do ponto de vista jurídico.

Dado o contexto objetivo, analisaremos a problematização subjetiva, isto é, algumas hipóteses legais que impedem a realização do ato prisional em razão das chamadas *imunidades prisionais*. Trata-se de uma situação comum no cotidiano das agências de segurança pública ao se depararem com situações aparentemente flagrancionais, mas que, por imunidade legal, há um bloqueio de atitudes diante de previsão de lei que impede o ato prisional naquelas circunstâncias. O desenvolvimento será realizado a partir das categorias específicas, de acordo com cada situação em particular.

1.2.1 Generalidades

Como temos insistido, o ato prisional em flagrante delito é um conceito mais que operacional, trata-se de um conceito essencial para o perfeito entendimento da atividade policial de segurança pública na repressão imediata.

O sistema jurídico nacional privilegia o devido processo legal, de forma que a privação de liberdade, como regra, somente pode ocorrer após um procedimento judicial, com garantia de contraditório e de ampla defesa.

Porém, por uma série de fatores, é possível a privação imediata da liberdade pessoal, presentes os requisitos constitucionais para tal, para qualquer cidadão, sendo obrigatória para autoridades policiais e seus agentes.

De fato, diante de uma certeza visual da ocorrência delitiva, em crimes que o permitam, é possível e, em alguns casos, necessária, a imediata interrupção da atividade lesiva a bem jurídico penalmente protegido, incluindo a imediata prisão do agente infrator.

São os aspectos relacionados a esse importante ato a que nos deteremos nas próximas páginas deste manual.

Pois bem. Atualmente, é intuitivo perceber que o direito de deambulação, ou seja, o direito de ir e vir, tem garantia dos agentes de Estado, tratando-se de intrínseco direito humano. Conceitualmente, integra os chamados *direitos humanos de primeira geração*, hoje em sede constitucional.

A Constituição da República, além de anunciar o direito de ir e vir, estipulou uma séria de garantias com vistas à proteção desse direito, com especial destaque para o *habeas corpus*.

Contudo, como todo e qualquer direito, com maior ou menor garantia, o direito de locomoção admite temperamentos, não se tratando de um direito absoluto.

O ato prisional em flagrante delito, especialmente realizado por agente policial de segurança pública, é emblemático exemplo da mitigação do direito constitucional de livre locomoção. Assim, em situações excepcionais, forte em premissas constitucionais e legais, o sistema jurídico permite (no caso dos agentes policiais, obriga) que o direito de locomoção seja limitado, em razão da visível, atual ou recente violação de bens jurídicos igualmente protegidos.

São situações e circunstâncias em que o sistema jurídico possibilita que a resposta penal seja imediata, ou que o início da resposta penal seja imediato, mediante o ato prisional em flagrante delito.

Vejamos alguns aspectos desse ato, de interessantes imbricações jurídicas.

▮ Preceito constitucional

A base normativa geral para o ato prisional em flagrante delito tem sede constitucional. E não poderia ser diverso, dada a importância do ato em um Estado de Democrático de Direito. Prevê a Constituição Federal, em seu art. 5º, inciso LXI:

Art. 5º [...]

[...]

LXI – ninguém será preso senão em flagrante delito ou por ordem escrita e fundamentada de autoridade judiciária competente, salvo nos casos de transgressão militar ou crime propriamente militar, definidos em lei. (BRASIL, 1988)

O texto constitucional, em primeiro lugar, destaca a excepcionalidade do ato prisional, com a prevalência do direito de deambulação, conforme verificamos. No Estado de Direito Democrático, impera a regra da liberdade, excepcionada nas situações constitucionalmente previstas, ou seja, trata-se de uma exceção regrada.

A primeira hipótese prevista é a que mais nos interessa: a possibilidade de **prisão (imediata) decorrente de um flagrante delito.**

O estado flagrancional, caracterizado pela atualidade da prática de um crime, ou sua recém-ocorrência, é reflexo jurídico da reação social. Nesse sentido, é a materialização da repressão policial imediata, por excelência, na condição de função das agências policiais de segurança pública.

Ao lado do ato prisional em flagrante delito, a Constituição excepciona, ainda, as prisões executadas para cumprimento de mandado judicial, exigindo, para tanto, um despacho ou uma decisão fundamentada.

São as prisões decretadas por autoridade judicial, segundo as regras de distribuição de competências jurisdicionais, decorrentes de sentença penal condenatória ou de medida cautelar pessoal prisional (prisão preventiva ou prisão temporária).

Podemos dividir as **prisões cautelares**, ou, mais tecnicamente, as medidas cautelares pessoais prisionais, em: prisões (prisão preventiva, prisão temporária e, para boa parte da doutrina, a própria prisão em flagrante delito); e medidas cautelares pessoais diversas da prisão, as quais, basicamente, estão enumeradas no art. 319 do Código de Processo Penal (BRASIL, 1941b), além de outras previstas na legislação extravagante.

Podem e devem ser cumpridas pelos agentes policiais de segurança pública sempre que se depararem com pessoa alvo de mandado de prisão regularmente válido. A existência do mandado de prisão é instrumento hábil para a realização de ato prisional pelas forças de segurança pública, máxime com o advento da tecnologia da informação e a crescente tentativa de efetiva implementação de um banco nacional de dados sobre mandados de prisão.

A prisão poderá ocorrer, inclusive, em território diverso da jurisdição do juiz que a decretou, bastando que o referido mandado esteja registrado nas bases conveniadas do Conselho Nacional de Justiça*. Interessante a estrutura policial internacional para o cumprimento de mandados de prisão decretados por outro país, mediante o mecanismo conhecido como *difusão vermelha* (*red notice*), utilizado pela Interpol, mas que, no Brasil, não tem autonomia como mandado de prisão por força do entendimento do Supremo Tribunal Federal, diversamente do que ocorre na

---

* Nesse sentido foram os esforços esculpidos pela Lei n. 12.403/2011, ao adicionar os seguintes dispositivos no Código de Processo Penal: "Art. 289-A. O juiz competente providenciará o imediato registro do mandado de prisão em banco de dados mantido pelo Conselho Nacional de Justiça para essa finalidade. § 1º Qualquer agente policial poderá efetuar a prisão determinada no mandado de prisão registrado no Conselho Nacional de Justiça, ainda que fora da competência territorial do juiz que o expediu. § 2º Qualquer agente policial poderá efetuar a prisão decretada, ainda que sem registro no Conselho Nacional de Justiça, adotando as precauções necessárias para averiguar a autenticidade do mandado e comunicando ao juiz que a decretou, devendo este providenciar, em seguida, o registro do mandado na forma do caput deste artigo. § 3º A prisão será imediatamente comunicada ao juiz do local de cumprimento da medida o qual providenciará a certidão extraída do registro do Conselho Nacional de Justiça e informará ao juízo que a decretou. § 4º O preso será informado de seus direitos, nos termos do inciso LXIII do art. 5º da Constituição Federal e, caso o autuado não informe o nome de seu advogado, será comunicado à Defensoria Pública. § 5º Havendo dúvidas das autoridades locais sobre a legitimidade da pessoa do executor ou sobre a identidade do preso, aplica-se o disposto no § 2º do art. 290 deste Código. § 6º O Conselho Nacional de Justiça regulamentará o registro do mandado de prisão a que se refere o caput deste artigo" (BRASIL, 1941).

maioria dos países signatários, cujos sistemas permitem a imediata execução da ordem internacional de prisão*.

O texto constitucional, por fim, excepciona a prisão decorrente de flagrante ou a ordem escrita da autoridade judiciária competente nos casos de transgressões disciplinares e crimes propriamente militares, definidos em lei.

As organizações militares, as forças armadas e as polícias militares estão estruturadas em um sistema hierárquico e disciplinar. **Hierarquia** e **disciplina** são os pilares das organizações militares.

A Constituição Federal, atenta às peculiaridades castrenses, excepcionou a necessidade de flagrância ou de ordem escrita de autoridade judicial para os casos de graves transgressões disciplinares, que são infrações administrativas havidas na caserna. Excepciona, ainda, os crimes propriamente militares definidos em lei.

Na definição de Assis (2004), *crime propriamente militar* "é aquele que só está previsto no Código Penal Militar e que só poderá ser cometido por militar, como aqueles contra a autoridade ou disciplina militar, ou contra o serviço militar e o dever militar".

---

* Esse foi o entendimento do Supremo Tribunal Federal no HC n. 82.686/RS, com a seguinte ementa: "I – Competência originária: habeas corpus preventivo contra alegada ameaça de prisão para extradição, imputada a autoridade policial brasileira: precedente (HC80923). II – Habeas Corpus preventivo: ameaça desmentida pelas informações, nas quais a autoridade policial impetrada dá conta de que, ciente de depender a prisão preventiva para a extradição de decisão do STF, não atenderá ao pedido de detenção oriundo de órgão judiciário estrangeiro" (STF, HC n. 82.686/RS, Rel. Min. Sepúlvida Pertence, julgado em 05/02/2003).

■ Prisão para averiguações

Um tema importante relativo ao conteúdo aqui tratado diz respeito ao que se costuma chamar de *prisão para averiguações*, ainda muito presente no imaginário popular.

A partir da dicção do texto constitucional, não é difícil concluir que nosso sistema **não admite** a prisão para averiguações, na medida em que o ato prisional somente é realizado em flagrante delito ou decorrente de ordem escrita e fundamentada da autoridade judiciária competente, salvo as exceções constitucionais já vistas.

À míngua de uma proibição constitucional expressa, há notícias de que tenha sido um expediente largamente utilizado na história recente brasileira, especialmente no período conhecido como *ditadura militar* (1964-1985).

Nos tempos hodiernos, a prática, além de inconstitucional, é ilegal e caracterizadora de abuso de autoridade, especialmente quando realizada por agente policial da segurança pública.

A questão é também disciplinada na ordem internacional. A Convenção Americana dos Direitos Humanos, por exemplo, exige prévia decisão judicial para o ato prisional, além de estipular que toda pessoa presa, detida ou retida deve ser conduzida, sem demora, à presença de um juiz ou de uma autoridade autorizada por lei para exercer as funções judiciais.

Mais recentemente, a fim de fiscalizar o cumprimento de tais deveres, o sistema brasileiro passou a conviver com as audiências de custódia, realizadas pela autoridade judicial, com a presença do Ministério Público e da defesa, pública, constituída ou dativa.

Todavia, se a prisão para averiguações é proibida, a **momentânea retenção** não encontra mesma proibição. Prisão e retenção provisória são situações jurídicas que não se confundem. A *retenção* é definida como a privação momentânea da liberdade com vistas à continuidade de uma diligência instrutória, máxime a fim de verificar os elementos necessários e suficientes para a aferição de uma situação flagrancional.

É legal e legítimo que o agente policial de segurança pública, no exercício da função policial de repressão imediata, realize retenções momentâneas na estrita órbita de suas atribuições, seja diante de fundadas suspeitas para a realização de uma busca pessoal, seja para se certificar se o retido (momentaneamente) está envolvido em algum ilícito penal recém-ocorrido, ou, ainda, para certificação de eventual pendência de mandado de prisão, a partir da obtenção dos dados qualificatórios.

Não há um tempo objetivamente definido, somente os contornos fáticos do caso concreto permitem a exata compreensão e a diferenciação entre a mera retenção provisória e uma verdadeira prisão para averiguações, com base nos fluidos parâmetros da razoabilidade e da proporcionalidade.

Figura 1.10 – Prisão para averiguações versus retenção provisória

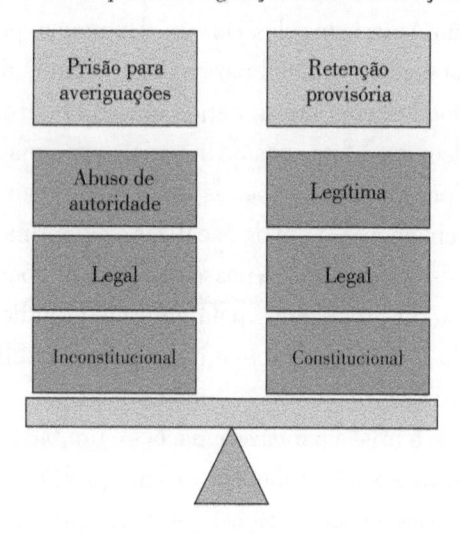

Prisão para averiguações	Retenção provisória
Abuso de autoridade	Legítima
Legal	Legal
Inconstitucional	Constitucional

Conceito de flagrante delito e seu controle

O termo *flagrante delito* dá uma ideia de uma certeza perceptível da ocorrência de um delito e de sua respectiva autoria. É a situação jurídica em que a atualidade ou a recém-ocorrência de um delito é visual ou perceptível, acompanhada da certeza jurídica quanto à autoria (eventualmente, participação).

Bem por isso, costumamos nos referir ao termo *situação flagrancional* para definir o restrito período em que o autor de um ilícito penal está proximamente vinculado ao fato delituoso e, por consequência, sujeito a medidas imediatas de resposta penal.

Flagrante vem do latim *flagrare*, aquilo que está em chamas, queimando, ardendo, pegando fogo.

É nesse restrito período (situação flagrancional) que, não coincidentemente, repousa a própria ideia de repressão imediata ou, no que nos interessa mais proximamente, de repressão policial imediata.

Flagranteado, por sua vez, é o termo técnico jurídico que define o aparente autor do ilícito penal, surpreendido enquanto o praticava ou logo após praticá-lo, sobre o qual recai a medida restritiva imediata, vale dizer, a prisão em flagrante delito.

Condutor é o responsável pelo ato prisional, normalmente uma autoridade pública, ou melhor, um agente policial de segurança pública, embora a lei processual penal não exclua a possibilidade de o particular realizar o ato prisional, conforme já verificamos.

A essência do ato prisional em flagrante delito é a possibilidade de resposta imediata ao fenômeno criminal diante de situações especialmente lesivas a bens jurídicos penalmente protegidos.

Na tensão entre o princípio da não culpabilidade, segundo o qual ninguém poderá ser considerado culpado ao menos até o trânsito em julgado de sentença penal condenatória, e a necessidade de proteção de bens jurídicos penalmente relevantes, o sistema tende à resposta imediata, fazendo cessar a conduta lesiva e, desde já, infringindo medidas em desfavor do aparente autor.

Porquanto o crime em si signifique uma ruptura da ordem social, a possibilidade do ato prisional imediato (em flagrante) pretende ser um contraestímulo à conduta, a fim de dar azo à reação social e preservar os elementos e as fontes de prova juridicamente perecíveis. Verifica-se, acima de tudo, uma tensão, uma fricção entre a necessidade e a liberdade, conforme a doutrina penal costuma se referir.

Vale lembrar, porém, que o ato prisional em flagrante delito, por ser medida excepcional, está sujeito a inúmeros controles e adstritos a restritas hipóteses de lei. Se, por um lado, tratando-se de exceção constitucional e, portanto, necessitar de uma interpretação restrita, por outro, há, de fato, um intenso controle do ato prisional em flagrante delito.

Poucos são os atos estatais mais controlados que o ato prisional em flagrante delito. Razoável que assim seja.

O ato prisional em flagrante delito está sujeito a inúmeros mecanismos de controle, mais ou menos próximos, estatais ou sociais.

O primeiro garante da lisura do ato é o próprio agente policial de segurança pública encarregado do ato, o condutor, o encarregado pela "voz de prisão", que deve estar certo das circunstâncias necessárias e suficientes para tanto.

Segundo, a autoridade policial encarregada vai elaborar o auto de prisão em flagrante delito – delegado de polícia civil ou federal ou a autoridade policial judiciária militar, conforme o caso. Ato dotado de inúmeras formalidades.

Depois disso, o ato é submetido à imediata análise do órgão do Ministério Público, que é imediatamente notificado da ocorrência e da autuação.

A advocacia, essencial para a promoção da justiça, também terá a possibilidade de acompanhar o ato e assistir o flagranteado, seja mediante a livre constituição de causídico, seja por meio da atuação da Defensoria Pública nos casos necessários. A autoridade policial, em até 24 horas após a lavratura do auto, deverá encaminhar cópia integral à Defensoria Pública quando o flagranteado não constituir ou não indicar o defensor.

Por fim, mas não menos importante, o acompanhamento judicial, que também deve ser imediatamente comunicado do ato prisional em flagrante delito, com encaminhamento dos autos em até 24 horas da lavratura. Tal obrigação ganha maior evidência com a atual necessidade de audiência de custódia.

Ainda, vale não desconsiderar o controle feito pelo próprio flagranteado, especialmente a partir da audiência de custódia, mas também por lhe ser assegurada a assistência da família, imediatamente comunicada da prisão e do local de custódia, conforme o art. 306 do Código de Processo Penal (BRASIL, 1941b). Além de inúmeros outros órgãos e entidades de controle, tais como a OAB como instituição, os conselhos penitenciários, a imprensa, as corregedorias internas das corporações policiais etc.

1.2.2 Objetivos do flagrante delito na ótica policial

A doutrina costuma atribuir alguns objetivos jurídicos do ato prisional em flagrante delito. Analisar tais objetivos do ponto de vista do agente policial de segurança pública é o propósito do presente tópico.

Além do conhecimento em si, a exata noção dos objetivos do ato prisional em flagrante delito servirá de importante instrumental para solucionar inúmeros problemas práticos que poderão surgir no cotidiano policial de segurança pública.

Entre os inúmeros objetivos ou escopos do ato prisional em flagrante delito, dois interessam mais aos os agentes policiais de segurança pública.

Primus, resposta imediata ao fenômeno criminal.

Secundus, acautelamento das fontes de prova, alternativamente, produção de elementos de prova juridicamente perecíveis.

Vejamos brevemente tais escopos, mas não sem antes uma visão gráfica panorâmica:

Figura 1.11 – Objetivos do ato prisional

```
                  ┌──────────────────┐
                  │ Escopos do ato   │
                  │    prisional     │
                  └────────┬─────────┘
              ┌────────────┴────────────┐
    ┌─────────┴─────────┐     ┌─────────┴─────────┐
    │   Resposta ao     │     │ Acautelamento das │
    │ fenômeno criminal │     │  fontes de provas │
    └───────────────────┘     └─────────┬─────────┘
                                        │
                              ┌─────────┴─────────┐
                              │ Pordução – elementos│
                              │    juridicamente    │
                              │     perecíveis      │
                              └───────────────────┘
```

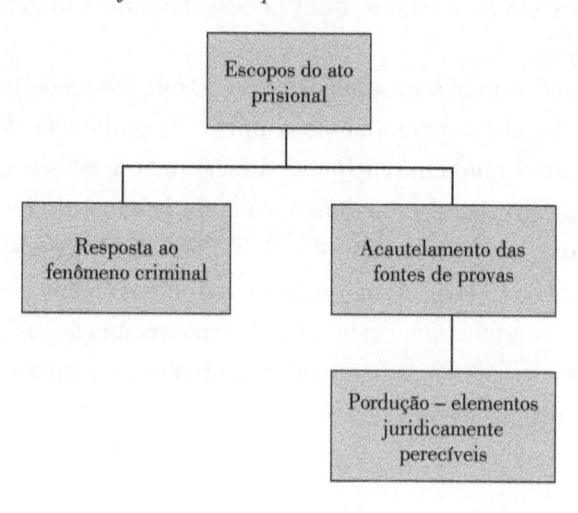

■ Resposta (imediata) ao fenômeno criminal
O primeiro dos objetivos do ato prisional em flagrante delito é a reação social diante da ocorrência de uma infração penal.

Nunca podemos perder de vista que o Direito Penal, como *ultima ratio*, protege bens jurídicos essenciais à convivência social, cuja violação significa, antes de tudo, violação às mais comezinhas regras sociais.

O sistema jurídico, por uma série de mediações, seleciona alguns bens jurídicos que merecem atenção e proteção especiais. Para tanto, abre mão do aparato mais agudo de proteção de tais bens jurídicos, o Direito Penal.

Pelo exposto, fica claro que a ocorrência do ilícito significa lesão a importantes bens jurídicos, assim erigidos pelo sistema penal. Por esse motivo, a lesão a esses bens jurídicos de especial proteção penal exige uma pronta resposta, uma resposta imediata proporcional ao grau de lesão que significa o ato criminoso.

Essa é a essência do raciocínio por meio do qual o sistema excepciona a presunção de inocência (presunção de não culpabilidade) e a necessidade da tramitação de um devido processo legal para permitir que medidas coercitivas sejam imediatamente manejadas, seja pelo cidadão, seja especialmente pelo aparato policial da segurança pública.

Trata-se de uma resposta pronta, uma resposta imediata, proporcional ao grau de lesividade da conduta criminosa. Uma reação de mesma intensidade, mas em sentido contrário, diante da ação significativa representada pelo crime.

Modernamente, mais do que mera reação ao crime, costuma-se mencionar uma *resposta* ao fenômeno criminal, termo mais adequado e abrangente. Em outras palavras, mais do que mera reação à ação criminosa, o Estado permite e oferece uma resposta ao fenômeno materializado na conduta criminosa.

A resposta ao fenômeno criminal permite incluir, na mesma temática, as inúmeras hipóteses em que não haverá efetivamente um ato prisional em flagrante delito.

Hipóteses que desenvolveremos em breve, tais como os crimes de menor potencial ofensivo, os crimes que não admitem ato prisional em flagrante, as imunidades prisionais de algumas autoridades públicas ou situações casuísticas etc. Apesar da impossibilidade do ato prisional em flagrante delito em hipóteses como tais, ainda haverá a necessidade de resposta ao fenômeno criminal, fazendo cessar a prática lesiva a bem jurídico de especial proteção penal.

Dar resposta ao fenômeno criminal, portanto, nem sempre significará o extremo ato prisional em flagrante, mas sempre significará a adoção de medidas para fazer cessar a conduta, em razão da natureza lesiva a bens jurídicos que merecem especial proteção, bem por isso, erigidos à condição de bens jurídicos penalmente protegidos. Visualmente, temos:

Figura 1.12 – Resposta ao fenômeno criminal

Ação – crime   Reação – ato prisional

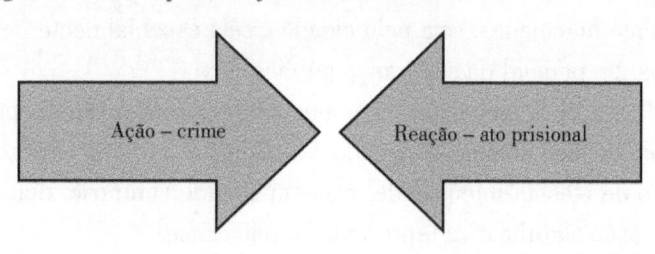

Acautelamento das fontes de prova

O segundo escopo do ato prisional em flagrante delito, especialmente quando praticado por forças policiais, é o acautelamento das fontes de prova*.

Considerando que os sistemas processuais penais modernos partem da ideia de reconstituição dos fatos passados, que tenham relevância penal, a preservação das fontes na recém-ocorrência do fato delituoso é providência fundamental. A reprodução dos fatos passados, inclusive, é a essência do termo *inquérito*.

Tendo o fator *tempo* como vetor, o processo penal é um caminho da dúvida para a certeza, em que a situação flagrancional tem local de destaque em razão da proximidade temporal e dos elementos de convicção, inclusive visuais, que desperta.

Algumas providências e provas somente são possíveis e preserváveis durante a situação flagrancional. Alguns materiais de prova e sua fonte somente estão disponíveis em curto espaço de tempo ou estão sujeitos à deterioração física ou jurídica.

Cenas e materiais que não puderam ser preservados somente poderão ser objetos de prova indireta, com enfraquecimento de seu valor probatório, acarretando prejuízos evidentes à instrução processual e ao *standard* da verdade material (ou real).

Vestígios materiais como sangue, secreções humanas, resquícios de matéria orgânica, lesões corporais leves etc. apenas podem ser objeto de perícia a partir de um local preservado e

---

* Tecnicamente, somente haverá prova propriamente dita, durante a relação processual, com contraditório e ampla defesa. Contudo, o termo *prova* será utilizado de forma empírica, sem aprofundamento da polêmica, como todo o elemento capaz de despertar juízos de cognição acerca da ocorrência ou não de fatos de relevância (penal). Para aprofundamento do tema, consulte: MARINONI; ARENHART, 2015.

imediatamente periciado, ou o material deve ser coletado (fonte de prova materialmente perecível).

Da mesma forma, algumas testemunhas somente podem ser arroladas ou são mais facilmente acessíveis no calor dos fatos, ainda que o testemunho em si possa ser diferido (fonte de prova juridicamente perecível).

A reprodução simulada do crime nunca terá o mesmo valor probatório de um arquivo audiovisual da ocorrência criminosa.

Em conclusão, a postura proativa na recém-ocorrência de um crime, com a preservação das fontes de prova, tem relação direta com o sucesso ou o fracasso de uma investigação na materialização do ilícito e na descoberta da autoria, além dos demais elementos de relevância penal.

O principal dispositivo legal que versa sobre o acautelamento das fontes de prova está inserido no art. 6º do Código de Processo Penal*.

É claro que o dispositivo deve ser interpretado com mediações à luz da ideia de uma atividade policial de repressão

---

* Código de Processo Penal (BRASIL, 1941b): "Art. 6º – Logo que tiver conhecimento da prática da infração penal, a autoridade policial deverá: I – dirigir-se ao local, providenciando para que não se alterem o estado e conservação das coisas, até a chegada dos peritos criminais; II – apreender os objetos que tiverem relação com o fato, após liberados pelos peritos criminais; III – colher todas as provas que servirem para o esclarecimento do fato e suas circunstâncias; IV – ouvir o ofendido; V – ouvir o indiciado, com observância, no que for aplicável, do disposto no Capítulo III do Título Vll, deste Livro, devendo o respectivo termo ser assinado por duas testemunhas que lhe tenham ouvido a leitura; VI – proceder a reconhecimento de pessoas e coisas e a acareações; VII – determinar, se for caso, que se proceda a exame de corpo de delito e a quaisquer outras perícias; VIII – ordenar a identificação do indiciado pelo processo datiloscópico, se possível, e fazer juntar aos autos sua folha de antecedentes; IX – averiguar a vida pregressa do indiciado, sob o ponto de vista individual, familiar e social, sua condição econômica, sua atitude e estado de ânimo antes e depois do crime e durante ele, e quaisquer outros elementos que contribuírem para a apreciação do seu temperamento e caráter."

imediata, como faremos em seguida. Isso porque boa parte deles é compatível com a fase sequencial da apuração de infração, a fase investigatória propriamente dita. Contudo, à míngua de um dispositivo específico, serve como esteira. Por outro lado, todos convergem no objetivo de apurar os fatos de relevância penal.

As providências acautelatórias em local de crime são de suma importância para o sucesso de uma investigação policial.

Destarte, ao tomar conhecimento fortuito, ou ser acionado para uma ocorrência, o agente policial de segurança pública deve adotar as providências necessárias e suficientes para o acautelamento das fontes de prova, entre elas as seguintes:

» **Dirigir-se ao local e atuar para que não se altere o estado de conservação das coisas até a chegada dos peritos criminais** – Uma das maiores reclamações dos peritos criminais é a alteração do local de crime pela primeira força policial que chega no local, com efeitos deletérios por vezes irrecuperáveis. Trata-se de providência importante, desde que, obviamente, a polícia técnica de fato compareça no local e não haja a necessidade de outra providência de semelhante ou maior grau de importância, tal como o socorro a feridos. Na hipótese de sinistros de trânsito, por exemplo, há expressa menção legal*.

---

* Lei n. 5.970/1973 (BRASIL, 1973): "Art. 1º Em caso de acidente de trânsito, a autoridade ou agente policial que primeiro tomar conhecimento do fato poderá autorizar, independente do exame de local, a imediata remoção das pessoas que tenham sofrido lesão, bem como dos veículos nele envolvidos, se estiverem no leito da via pública e prejudicarem o tráfego. Parágrafo único. Para autorizar a remoção, a autoridade ou agente policial lavrará boletim da ocorrência, nele consignando o fato, as testemunhas que o presenciaram e todas as demais circunstâncias necessárias ao esclarecimento da verdade."

» **Apreender os objetos que tiverem relação com o fato, após liberados pelos peritos** – Colher todas as provas que servirem para o esclarecimento do fato e de suas circunstâncias. Nunca é demais lembrar que o agente policial de segurança pública não tem vinculação com a busca de elementos necessariamente incriminadores, senão todos os elementos de relevância penal, ou seja, de importância para o esclarecimento dos fatos, mesmo que aponte para a inocência do aparente flagranteado.

» **Entrevistar o ofendido, o suspeito e as testemunhas** – Por óbvio, na fase de repressão imediata, não haverá uma oitiva formal, senão uma mera entrevista para os esclarecimentos dos fatos e de suas circunstâncias. Esses elementos iniciais guiarão os agentes policiais na continuidade das diligências, na tomada de decisões, na adoção de providências, além de constituir eventual elemento de prova na fase judicial.

» **Proceder o reconhecimento de pessoas ou coisas** – Por vezes, o reconhecimento de pessoas ou coisas poderá constituir fundamental providência inicial, principalmente como fundamento da voz de prisão, em caso de reconhecimento do autor pela vítima, ou do instrumento e objeto do crime (material), por exemplo.

» **Adotar outras providências reputadas relevantes** – Para fins didáticos, é necessário um item aberto para a adaptação à riqueza do caso concreto.

Enfim, na atividade de repressão imediata, diante da recém-ocorrência de um fato aparentemente criminoso, deve o agente policial de segurança pública adotar todas as medidas necessárias e suficientes para preparar a investigação propriamente dita, acautelando os elementos e as fontes de prova.

Da mesma forma, diante da impossibilidade do referido acautelamento em razão da urgência na documentação do elemento de prova ou de algum outro fator de ordem pública, deve o agente de segurança pública, mais do que preservar a fonte de prova, produzi-la, a fim de não comprometer a apuração dos fatos e a reconstituição dos fatos de relevância penal.

A questão da preservação do local de ilícito penal aumentou em relevância com o chamado *pacote anticrime*, que dispensou especial atenção à cadeia de custódia, definindo-a como o conjunto de todos os procedimentos utilizados para manter e documentar a história cronológica do vestígio coletado em locais ou vítimas de crimes, para rastrear sua posse e manuseio a partir de seu reconhecimento até o descarte.

O legislador, ainda no pacote anticrime, menciona que o agente público, inclua-se o agente policial, em especial, que reconhecer um elemento como de potencial interesse para a produção de prova pericial fica responsável pela sua preservação, definindo vestígio como todo objeto ou material bruto, visível ou latente, constatado ou recolhido, que se relaciona à infração penal.

Quanto às providências em local do crime, deixa claro que o início da cadeia de custódia dá-se com a preservação do local de crime ou com procedimentos policiais ou periciais nos quais seja detectada a existência do vestígio.

1.2.3 Espécies de flagrante

O Código de Processo Penal, conforme a dicção de seu art. 302, estabelece as hipóteses jurídicas em que um fato é qualificado como em situação flagrancional, ou como flagrante delito (BRASIL, 1941b).

Caracterizada a situação flagrancional, são autorizados o ato prisional em flagrante delito e os demais consectários legais.

No caso dos agentes policiais de segurança pública, como temos insistido, mais do que uma faculdade, o ato prisional é uma obrigação diretamente decorrente de lei.

As hipóteses previstas no Código de Processo Penal são **taxativas**, é dizer, somente nessas hipóteses é que estará caracterizado o estado flagrancional e, por conseguinte, autorizado o ato prisional.

O Código de Processo Penal define, portanto, três tipos ou espécies de flagrante, a saber, o flagrante próprio, real ou verdadeiro, o flagrante impróprio, imperfeito ou quase-flagrante e, por fim, o flagrante presumido ou ficto (BRASIL, 1941b). É o que passaremos a desenvolver.

Figura 1.13 – Resposta ao fenômeno criminal

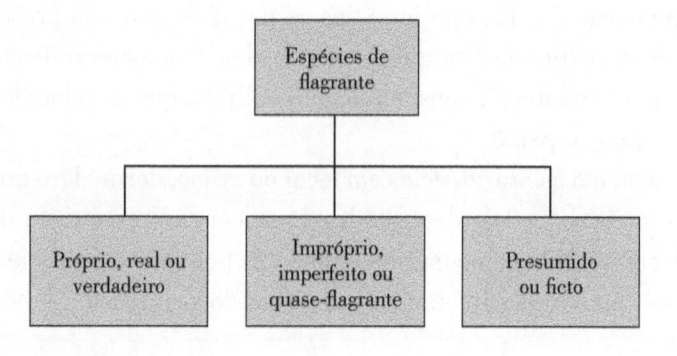

```
                    Espécies de
                     flagrante
        ┌───────────────┼───────────────┐
   Próprio, real ou   Impróprio,      Presumido
     verdadeiro     imperfeito ou     ou ficto
                   quase-flagrante
```

■ Flagrante próprio, real ou verdadeiro

O *flagrante próprio, real* ou *verdadeiro*, assim denominado pela doutrina, está previsto nos incisos I e II do art. 302 do Código de Processo Penal:

Art. 302. *Considera-se em flagrante delito quem:*

I – Está cometendo a infração penal;

II – Acaba de cometê-la; [...] (BRASIL, 1941b)

É a ideia básica de flagrante delito, até pela etimologia e sentido empírico do termo.

Considerando o flagrante como o estado daquilo que está evidente, em "chamas", *flagrante delito* é a situação em que um crime está ocorrendo ou acaba de acontecer. São duas situações diversas.

A primeira, quando o sujeito ativo de uma infração penal é surpreendido (flagrado) no exato instante em que está cometendo o crime ou a contravenção. Didaticamente, poderíamos dizer que é a situação em que o núcleo verbal da conduta está no gerúndio. O sujeito está matando, roubando, furtando, lavando dinheiro etc.

É claro que para um exato entendimento sobre essa e as outras espécies de flagrante delito, é necessário estar familiarizado com o *iter criminis* ou com o caminho do crime. Isso porque, conforme veremos com mais vagar, os atos preparatórios sem autonomia típica não são puníveis. O Direito Penal somente passa a responsabilizar condutas a partir dos atos de execução, embora nem sempre seja fácil diferenciá-los.

Assim, passa a estar em estado flagrancional o sujeito que inicia a execução de um crime. Estará na primeira hipótese flagrancional enquanto estiver executando-o. Antes disso, serão atos preparatórios (impuníveis), depois disso, poderão incidir nas demais hipóteses flagrancionais.

Na modalidade "estar cometendo" do inciso I, portanto, o sujeito ativo inicia os atos de execução, sendo surpreendido praticando a conduta, permanecendo nessa modalidade flagrancional enquanto a estiver praticando.

Como também teremos a oportunidade de abordar, nos chamados *crimes permanentes*, a situação flagrancional protrai-se no tempo. Isso porque, nesses tipos de crime, a consumação é prolongada, permanente, e o sujeito ativo da conduta é considerado em constante situação flagrancional, na medida em que se considera que ele está "cometendo" a infração penal enquanto perdurar essa situação jurídica.

Enfim, no caso dos crimes permanentes, o momento consumativo protrai-se no tempo, portanto, considera-se em permanente estado de flagrância o sujeito ativo da infração penal.

A outra hipótese do flagrante próprio, real ou verdadeiro é a prevista no inciso II, quando o sujeito ativo da conduta acaba de cometer o ilícito penal. O entendimento é intuitivo e também corresponde à ideia empírica de flagrância, surpresa de um crime recém-ocorrido, recém-consumado.

Embora não haja um tempo definido, a ideia básica refere-se ao imediato ou pequeno período após a consumação do delito. Além disso, poderá incidir nas demais espécies de flagrante delito que serão vistas em seguida.

Nas duas hipóteses, portanto, há uma coincidência ou imediatidade entre o cometimento da infração penal e a situação flagrancional, dando azo à resposta estatal mediante o ato prisional em flagrante delito.

É a certeza visual e perceptível do fato criminoso e de sua autoria. Trata-se da situação flagrancional por excelência.

■ **Flagrante impróprio, imperfeito ou quase-flagrante.**

O flagrante impróprio, imperfeito ou quase-flagrante é uma hipótese com alguns conceitos abertos, vagos, um tanto quanto desvinculados da noção empírica de situação em flagrante delito.

Bem por isso exige maior esforço interpretativo para sua perfeita compreensão. Sua base legal está prevista no inciso III do art. 302 do Código de Processo Penal, assim redigido:

> *Art. 302. Considera-se em flagrante delito quem:*
>
> *[...]*
>
> *III – é perseguido, logo após, pela autoridade, pelo ofendido ou por qualquer pessoa, em situação que faça presumir ser autor da infração; [...]* (BRASIL, 1941b)

Pela dicção dispositivo inquinado, estará em situação flagrancional todo aquele que, logo após o cometimento de uma infração penal, for perseguido e, consequentemente, preso, em situação capaz e suficiente de ser ligado ao fato praticado.

O núcleo dessa espécie de flagrante é a "perseguição" logo após a prática da infração penal.

A perseguição "logo após" dá uma ideia de proximidade temporal, não de uma imediatividade, como na espécie anterior (flagrante próprio), mas de uma proximidade suficiente para ligá-lo à prática criminosa.

Mais uma vez, não há um divisor matemático, mas uma circunstância fluida, que deve ser aferida casuisticamente, de acordo com a riqueza do caso concreto. A perseguição, portanto, deve ter início em curto espaço de tempo após a prática infracional.

Entende-se, majoritariamente, que a perseguição não pode ser interrompida, sob pena de estar interrompida a própria situação flagrancional. Em outras palavras, enquanto mantida a perseguição, com a prática contínua de atos concretos da diligência, permanecerá o estado jurídico flagrancional. Na prática, contudo, é difícil uma situação perdurar por mais de algumas horas. Interrompidas as diligências persecutórias, rompe-se a continuidade da situação flagrancional na modalidade inquinada.

No entanto, não é qualquer perseguição, sem um mínimo de lastro probatório ou fático, que é capaz de caracterizar ou manter a situação de flagrante delito. Mister, como dito, um mínimo de possibilidade ou de elementos de procura que liguem os agentes policiais de segurança pública ao suposto autor da infração, embora essa também seja uma noção aberta, vaga, fluida, a depender das circunstâncias do caso concreto.

O que fica descartado é o prazo de 24 horas popularmente vinculado à situação flagrancional. Não há um prazo preestabelecido, o que existem são circunstâncias, mesmo que vagas, para a caracterização ou a descaracterização da situação flagrancional.

O dispositivo menciona, ainda, situação que faça presumir ser o autor da infração penal. Talvez o mais aberto dos conceitos jurídicos do dispositivo que vai depender das circunstâncias fáticas. De fato, somente a riqueza do caso concreto para estabelecer um nexo de autoria entre o fato e o flagranteado, a partir da presunção prevista na lei processual.

A perseguição, *a fortiori*, a prisão, pode ser feita pelo ofendido ou por qualquer pessoa. O enfoque aqui, porém, é o ato prisional realizado pelos agentes policiais de segurança pública.

Esquematicamente, temos:

Figura 1.14 – Flagrante impróprio

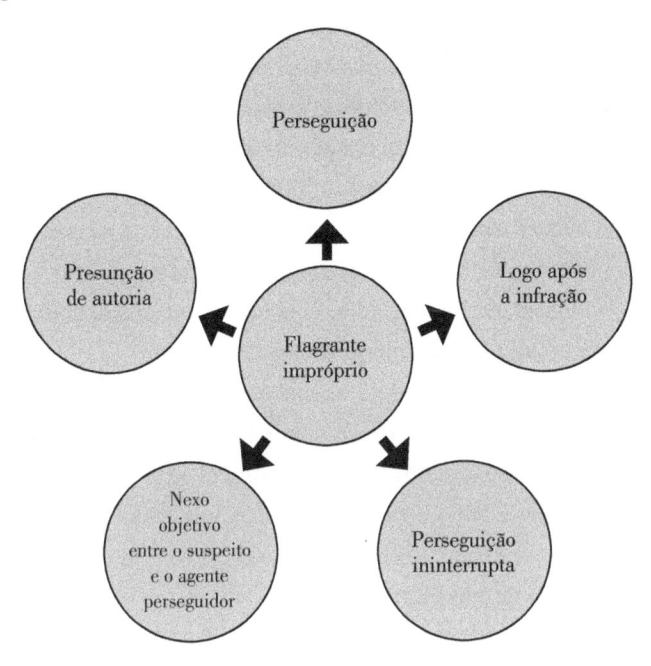

Diagrama central: **Flagrante impróprio**, com setas apontando para:
- Perseguição
- Logo após a infração
- Perseguição ininterrupta
- Nexo objetivo entre o suspeito e o agente perseguidor
- Presunção de autoria

Flagrante presumido ou ficto

O flagrante presumido ou ficto está previsto no art. 302, inciso IV, do Código de Processo Penal, assim redigido:

> Art. 302. Considera-se em flagrante delito quem:
>
> [...]
>
> IV – é encontrado, logo depois, com instrumentos, armas, objetos ou papéis que façam presumir ser ele autor da infração. (BRASIL, 1941b)

Da mesma forma que na modalidade anterior, o flagrante presumido ou ficto também está carregado de conceitos abertos para sua caracterização, o que exige maior cuidado dos agentes de segurança pública ao se depararem com hipóteses como tais.

No flagrante impróprio, como vimos, o centro está na perseguição. No flagrante presumido, por sua vez, o centro jurídico está no "encontro". Não há, necessariamente uma perseguição, ou pelo menos esse não é um requisito para a caracterização dessa modalidade de flagrante, mas há um encontro. O flagranteado é encontrado juridicamente qualificado.

O sujeito ativo da conduta criminosa é encontrado na posse de instrumentos, armas, objetos ou papéis que o ligam ao fato anterior recém-ocorrido. É requisito legal que o encontro do suspeito ocorra "logo depois". A ideia é semelhante à anterior, pois indica uma proximidade temporal entre o fato criminoso e o ato prisional em flagrante delito.

A doutrina, no entanto, costuma indicar que o termo *logo depois* dá maior elasticidade temporal em relação à expressão *logo após*.

De uma maneira ou de outra, não há uma fórmula matemática precisa, somente as circunstâncias fáticas definirão a presença dos requisitos necessários e suficientes para o ato prisional em flagrante delito.

Repetimos: não se aplica o conhecimento vulgar do prazo de 24 horas como vínculo temporal da situação flagrancional.

Da mesma forma que a modalidade anterior, é necessário que haja elementos que liguem o flagranteado ao fato criminoso, a depender das situações objetivas que o façam presumir ser o autor da infração. Vejamos:

Figura 1.15 – Flagrante presumido

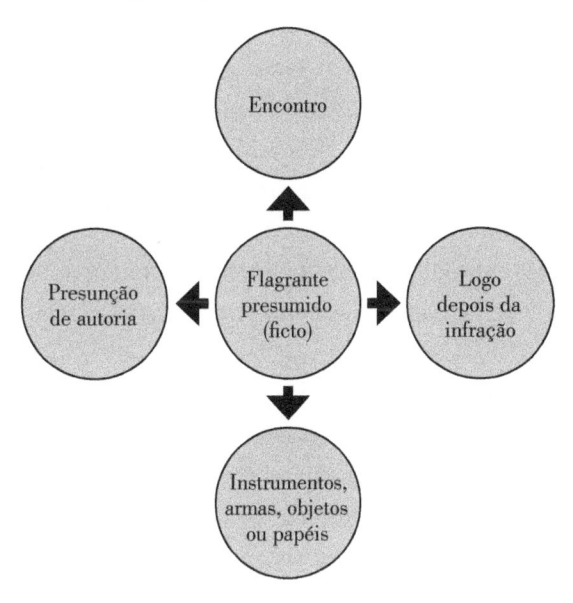

- Encontro
- Presunção de autoria
- Flagrante presumido (ficto)
- Logo depois da infração
- Instrumentos, armas, objetos ou papéis

1.2.4 Incidentes flagrancionais

Os incidentes flagrancionais são as situações jurídicas que podem ocorrer diante de um aparente flagrante delito. São situações que poderão modificar o rumo das diligências ou as providências policiais.

São importantes o conhecimento e o domínio sobre as diversas situações possíveis, a fim de promover um correto atendimento da ocorrência policial, de acordo com os ditames legais.

Inúmeros poderão ser os incidentes possíveis em uma situação de flagrante delito. Aqui, separamos os principais ou aqueles com maior potencial problemático do ponto de vista jurídico ou prático.

■ **Infrações que não admitem prisão em flagrante**
Como já informamos, um dos principais objetivos do ato prisional em flagrante delito é dar uma resposta social (policial) ao fenômeno criminal em andamento ou recém-ocorrido.

Não é por outro motivo que a ideia de situação flagrancional corresponde, no tempo, à própria ideia de repressão policial imediata.

A regra, portanto, é que toda infração criminal admite o ato prisional em flagrante. Mas, como toda regra, essa também tem exceções. Nesse sentido, a legislação processual penal excetua do ato prisional os casos de crimes a que não for cominada pena privativa de liberdade. É essa a previsão do art. 283, § 1º, do Código de Processo Penal, ao afirmar que não se admitirá prisão, ou outra medida cautelar pessoal, nas hipóteses de crimes para os quais não for prevista pena privativa de liberdade, isto é, pena de reclusão ou detenção.

> Art. 283. *Ninguém poderá ser preso senão em flagrante delito ou por ordem escrita e fundamentada da autoridade judiciária competente, em decorrência de sentença transitada em julgado ou, no curso da investigação ou do processo, em virtude de prisão temporária ou prisão preventiva.*
>
> *§ 1º* **As medidas cautelares previstas neste Título não se aplicam à infração a que não for isolada, cumulativa ou alternativamente cominada pena privativa de liberdade.**
>
> *§ 2º A prisão poderá ser efetuada em qualquer dia e a qualquer hora, respeitadas as restrições relativas à inviolabilidade de domicílio.* (BRASIL, 1941b, grifo nosso)

Trata-se da expressão jurídica do princípio da proporcionalidade, de forma que não haveria legitimidade de infringir uma medida imediata prisional, para ato que o sistema punitivo não admite medida sancionatória privativa de liberdade.

Popularmente, seria como aplicar uma medicação cujos efeitos colaterais superassem os benefícios visados.

Nunca é demais lembrar, contudo, que, considerando os objetivos da resposta social (policial) ao fenômeno criminal e o acautelamento das fontes de prova, a impossibilidade do ato prisional não impede a adoção de medida para fazer cessar a prática delitiva. Muito pelo contrário, ao se deparar com a ocorrência de um crime, o agente policial deve agir para fazer cessar a conduta, mesmo que a hipótese não admita ato prisional ao suposto infrator, providenciando a devida documentação e as demais diligências exigíveis.

Talvez o exemplo mais comum na atividade policial cotidiana seja o uso de drogas, crime para o qual o sistema penal não prevê pena privativa de liberdade. Nesse caso, não será possível a prisão do agente, mas, nem por isso, o agente policial de segurança pública deixará de ter a obrigação de fazer cessar a conduta, documentando e dando o devido encaminhamento da situação às autoridades competentes, inclusive mediante a lavratura do termo circunstanciado, cujos contornos jurídicos veremos em breve.

■ Crimes de menor potencial ofensivo

Os assim chamados *crimes de menor potencial ofensivo*, como o próprio nome indica, referem-se às condutas criminosas que oferecem menor lesão ao bem jurídico penalmente protegido e, em razão do princípio da proporcionalidade, merecem menor resposta penal.

O legislador penal adotou como critério diferenciador a pena em abstrato prevista para o crime, de modo que são consideradas como crimes de menor potencial ofensivo todas as condutas criminosas cuja pena máxima cominada não seja superior a dois anos de medida privativa de liberdade, cumulada ou não com a pena de multa. Estão também incluídas na categoria de menor potencial ofensivo todas as contravenções penais.

No tema proposto, o dispositivo que mais nos interessa está previsto no art. 69 da Lei 9.099/1995:

> *Art. 69. A autoridade policial que tomar conhecimento da ocorrência lavrará termo circunstanciado e o encaminhará imediatamente ao Juizado, com o autor do fato e a vítima, providenciando-se as requisições dos exames necessários.*
>
> *Parágrafo único. Ao autor do fato, após a lavratura do termo, for imediatamente encaminhado ao juizado ou assumir o compromisso de a ele comparecer, não se imporá prisão em flagrante, nem se exigirá fiança. Em caso de violência doméstica, o juiz poderá determinar, como medida de cautela, seu afastamento do lar, domicílio ou local de convivência com a vítima.*
> (BRASIL, 1995)

Na esteira do tema de que ora tratamos, mister algumas rápidas considerações.

Em primeiro lugar, esclarecemos que o termo *autoridade policial* parece ter sido utilizado na acepção ampla da expressão, de forma a abranger todos os agentes policiais de segurança pública.

A fim de oferecer um mecanismo mais célere de resposta penal ao fenômeno criminal, nas infrações de menor potencial ofensivo, a lei permite a realização de um procedimento substitutivo do inquérito policial ou da própria autuação da prisão em flagrante delito, qual seja, um singelo termo (auto) circunstanciado da ocorrência policial. Nesse termo, são descritas as principais circunstâncias de relevância penal. Pretende ser um documento desburocratizado, conciso, para dar cabo a uma resposta penal célere, imediata ou em reduzido período, como opção de política criminal.

Dessa forma, diante de uma situação de flagrante delito de menor potencial ofensivo, a regra será a desnecessidade do ato prisional, da respectiva autuação e do recolhimento à prisão (custódia), os quais são substituídos pela apresentação imediata à autoridade judicial ou mediante compromisso de comparecimento.

Importante observar, contudo, que há uma situação flagrancional e um benefício oferecido ao flagranteado. É dizer, se, eventualmente, ele não aceitar assumir o compromisso de comparecimento, não haverá outra alternativa senão encaminhá-lo para autuação em flagrante delito, embora, na prática, ao ser informado das consequências da recusa, a tendência natural é aceitar o benefício.

Também por se tratar de uma situação flagrancial, aplicam-se os escopos (objetivos) da prisão em flagrante, de forma que caberá ao agente policial de segurança pública adotar as providências documentais de estilo, bem como fazer cessar a prática delitiva.

■ Apresentação espontânea

A *apresentação espontânea*, como o nome indica, é a situação em que o autor de uma conduta criminosa apresenta-se à autoridade policial ou ao agente policial de segurança pública, confessando a prática delituosa.

A apresentação será espontânea se a iniciativa partir do agente que praticou a infração, não sendo suficiente para caracterizá-la a alegação da agente de estar na iminência de ser preso ou flagrado.

Contudo, para efeito de ato prisional em flagrante delito, a apresentação espontânea não acarreta qualquer consequência jurídica. Portanto, presentes os requisitos necessários e suficientes para o ato prisional em flagrante delito, deverá o agente policial de segurança pública providenciar a voz de prisão e as demais diligências, independentemente de o flagranteado ter sido surpreendido ou ter se apresentado ao órgão ou agente policial.

Em outras palavras, enquadrando-se a situação nas hipóteses do art. 302 do Código de Processo Penal, mesmo tendo se apresentado espontaneamente, o ato prisional em flagrante delito é medida de rigor.

Embora, obviamente, haja certa incompatibilidade lógica entre a apresentação espontânea e o flagrante próprio, especialmente na modalidade "estar cometendo", assim como é incompatível com a ideia de flagrante presumido, que pressupõe um encontro, pois se o sujeito ativo da conduta é encontrado, é porque não se apresentou.

O Código de Processo Penal continha um dispositivo que disciplinava a apresentação espontânea, o qual foi retirado pela Lei n. 12.403/2011. O dispositivo previa, basicamente, que, fora das hipóteses de flagrante delito, se o sujeito se apresentasse espontaneamente, mesmo confessando o delito, não seria preso em flagrante, mas lhe poderia ser decretada a prisão preventiva.

Ora, tratava-se de um dispositivo inócuo, na medida em que excetuava a prisão em flagrante delito e permitia a prisão preventiva. Tanto o ato prisional em flagrante delito quanto a prisão preventiva contam com disciplina própria. A apresentação espontânea não tem efeitos diretos, em boa hora, portanto, o dispositivo foi retirado do corpo do Código de Processo Penal.

A apresentação espontânea, em suma, trata-se de um indiferente penal para fins de ato prisional em flagrante delito.

Ação penal pública condicionada e ação penal privada

Considerando que, em todo o crime, a sociedade, de alguma forma, acaba sendo vitimada (vítima mediata, indireta), a maioria dos crimes podem e devem ser processados e julgados independentemente de autorização da vítima direta da conduta criminosa.

Por outro lado, excepcionalmente, alguns crimes exigem uma manifestação prévia da vítima para que a conduta possa ser processada e julgada no âmbito penal. São os casos de ação penal pública condicionada à representação da vítima e da ação penal privada.

Nos crimes de ação penal pública condicionada, apesar da iniciativa pública da acusação (denúncia pelo Ministério Público), é necessária a prévia "autorização" da vítima ou do representante legal, manifestando a vontade de ver continuidade da persecução penal. Prevalece o interesse público na causa (ação penal pública), mas a lei condiciona a resposta estatal à prévia manifestação da vítima imediata da conduta.

O processo e o julgamento dessas causas dependem de representação do ofendido ou seu representante legal*.

Vale consignar que a jurisprudência flexibiliza a necessidade de um documento formal de representação, sendo suficiente a realização de atos inequívocos que demonstrem o interesse da vítima, tais como o fato de ter realizado um boletim de ocorrência ou ter acionado o órgão policial para atendimento da ocorrência. A representação, inclusive, pode ser feita oralmente.

Já nos crimes de ação penal privada, prevalece o interesse particular da vítima ou do ofendido, de modo que somente ele ou seu representante legal pode apresentar a causa penal mediante queixa-crime. Portanto, nesses casos, não é o Ministério Público que apresenta uma denúncia-crime, mas a vítima é que apresenta a peça jurídica intitulada *queixa-crime*.

Há controvérsia na doutrina sobre a possibilidade do ato prisional em flagrante delito nos casos tanto de crimes de ação penal pública condicionada à representação quanto de crimes de ação penal privada.

No que se refere aos crimes de ação penal pública condicionada, parece não haver dúvida prática, cabendo ao agente policial de segurança pública certificar-se do interesse da vítima na continuidade persecutória, recomendando-se que o faça de modo formal, mediante formulário especialmente desenvolvido para tal. Superada a presença da representação, considerando a prevalência do interesse público, não haverá maiores impedimentos para o ato prisional em flagrante delito.

Tratando-se de crime de ação penal privada, contudo, a questão é um pouco mais controversa, eis que prevalece o interesse

---

* Existe, ainda, a hipótese de crime de ação penal pública condicionada à requisição do Ministro da Justiça, mas que não será objeto de nossa análise.

particular da vítima, e não do Estado, por uma série de fatores de política criminal.

Apesar da controvérsia, o entendimento dominante é de que é possível, sim, a realização do ato prisional em flagrante delito pelos agentes policiais de segurança pública. É necessário, entretanto, que haja a expressa e induvidosa manifestação da vítima ou do representante legal em dar continuidade à persecução penal mediante voz de prisão e consectários legais, ou o encaminhamento para lavratura de termo circunstanciado, conforme o caso.

Não havendo a manifestação favorável, não há de se falar em ato prisional, em razão do direito subjetivo da vítima ou de seu representante.

Vale lembrar que se trata de manifestações retratáveis, ou seja, mesmo tendo acionado o órgão policial ou tendo expressa a vontade de representar ou dar continuidade à persecução, o ofendido ou seu representante poderão retratar-se e retirar os efeitos de tal manifestação, cabendo à equipe policial de segurança pública interromper os atos persecutórios, na fase em que se encontrarem, sempre documentando o ocorrido.

Figura 1.16 – Ação penal pública versus ação penal privada

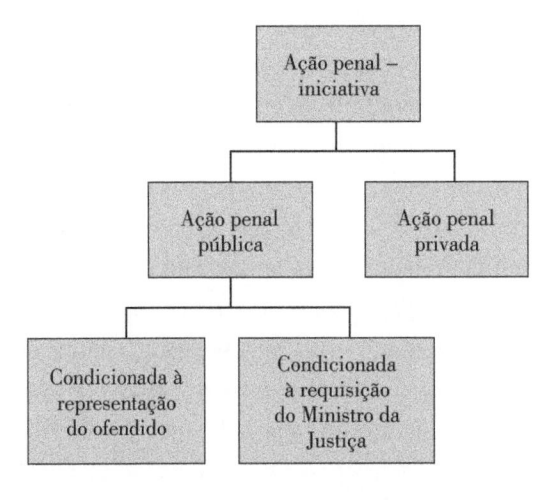

```
                    ┌─────────────────┐
                    │  Ação penal –   │
                    │    iniciativa   │
                    └────────┬────────┘
                      ┌──────┴──────┐
              ┌───────┴──────┐  ┌───┴──────────┐
              │  Ação penal  │  │  Ação penal  │
              │    pública   │  │   privada    │
              └───────┬──────┘  └──────────────┘
                ┌─────┴──────┐
        ┌───────┴──────┐ ┌───┴──────────┐
        │ Condicionada │ │ Condicionada │
        │      à       │ │      à       │
        │representação │ │  requisição  │
        │ do ofendido  │ │ do Ministro da│
        │              │ │    Justiça   │
        └──────────────┘ └──────────────┘
```

■ Flagrantes preparado e esperado

Ao lado do flagrante forjado, as hipóteses de flagrante preparado e de flagrante esperado poderão gerar algumas incompreensões na atividade policial de segurança pública no âmbito da repressão imediata.

O flagrante forjado não necessita de maiores considerações. Trata-se de uma prática criminosa que merece repulsa e punição. Indubitável que não cabe aos agentes policiais modificar, artificialmente, o estado de uma diligência a fim de produzir uma situação flagrancional.

A problemática jurídica surge a partir da diferenciação entre os flagrantes esperado e preparado. Isso porque, além da tênue diferença entre ambos, especialmente a partir de alguns casos concretos limítrofes, as consequências jurídicas são antagônicas, ou seja, ao passo que o flagrante esperado é legal e apto a gerar efeitos jurídicos, o flagrante preparado vicia a própria prisão, tornando-a nula de pleno direito.

No chamado *flagrante esperado*, como o nome indica, o agente policial de segurança pública, sem interferir definitivamente no fato criminoso, aguarda o melhor momento de atuação, com vistas a flagrar uma situação de crime, isto é, espera o momento adequado de ação, retardando o ato prisional, até a perfeita e jurídica configuração de uma situação flagrancional.

O flagrante esperado ocorre nas diligências vulgarmente conhecidas como *campana*, quando a equipe policial, embora tenha elementos de suspeição sobre um fato criminoso, normalmente de natureza permanente, aguarda o melhor momento de ação para fins probatórios ou de descoberta de autoria.

No denominado *flagrante preparado* ocorre situação diversa. Nessa hipótese, o agente policial de segurança pública estimula, de alguma forma, a conduta criminosa, de modo que, sem o estímulo da conduta perpetrada pelo agente policial, o crime não ocorreria ou não ocorreria nos contornos essenciais que foram praticados pelo flagranteado.

A palavra-chave aqui é o *estímulo*. Se, em exercício hipotético de exclusão, a conduta não se verificar, é porque o flagrante foi preparado, e não simplesmente esperado. Portanto, se, eliminada a conduta do agente policial, o crime não ocorreria, é porque o estímulo foi determinante para a prática criminosa, tornando injurídico o ato prisional e as demais consequências legais.

O ponto central é a conduta do agente provocador: se capaz ou não de estimular essencialmente a conduta perpetrada.

O sistema jurídico, justamente em razão do estímulo e da consequência subjetiva no dolo ou na culpa do agente, considera nulo o ato prisional e impede qualquer consequência penal ao fato.

Em linhas gerais, esses seriam os pontos diferenciais principais entre essas categorias, muito embora, reconhecemos que a questão pode mostrar-se mais complicada e limítrofe diante das circunstâncias de um caso concreto.

Esquematicamente, temos:

Figura 1.17 – Espécies de flagrantes

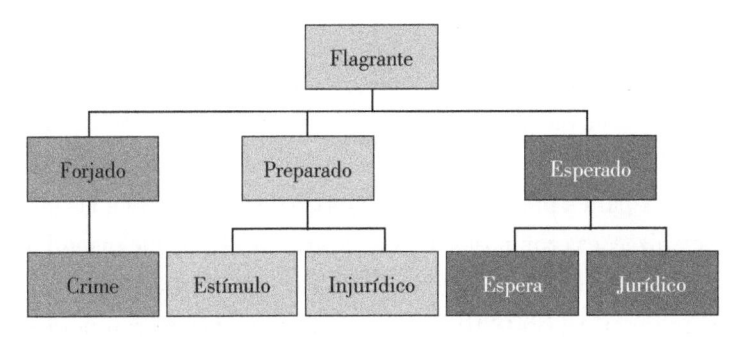

```
                    Flagrante
            ┌───────────┼───────────┐
        Forjado     Preparado    Esperado
          │        ┌────┴────┐    ┌────┴────┐
        Crime   Estímulo  Injurídico  Espera  Jurídico
```

Ação policial controlada

Ao longo do texto, temos insistido na obrigação do agente policial em prender quem se encontra em situação de flagrante delito.

O sistema penal contemporâneo, contudo, em algumas circunstâncias especiais, permite que o ato prisional seja adiado e, em alguns casos, deixe de ser efetuado. É o que ocorre na chamada *ação penal controlada*.

A ação penal controlada, também chamada de *flagrante retardado*, *diferido* ou *postergado*, é a

> *situação em que a autoridade policial penal de segurança pública, ao verificar que o ato prisional em flagrante pode prejudicar atos investigatórios ou diligências em andamento, deixa de agir imediatamente, retardando o ato prisional para um momento mais eficaz desde que mantido o acompanhamento da situação.* (OLIVEIRA, 2014)

A doutrina apresenta como requisitos da ação policial controlada, a um, a existência de uma situação flagrancial; a dois, que o ato prisional imediato possa ser prejudicial à diligência em andamento; a três, que o retardamento do ato prisional seja eficaz ou potencialmente eficaz do ponto de vista probatório; a quatro, a manutenção da observação e o acompanhamento da situação global.

A ação controlada já foi incorporada em nosso ordenamento jurídico por meio de algumas leis esparsas. É o caso da Lei n. 9.034/1995, que dispõe sobre a utilização de meios operacionais para a prevenção e a repressão de ações praticadas por organizações criminosas; da Lei n. 11.343/2006, que institui o Sistema Nacional de Políticas Públicas sobre Drogas (Sisnad); e da Lei n. 12.850/2013, que define organização criminosa e dispõe sobre a investigação criminal, os meios de obtenção de prova, as infrações penais correlatas e o procedimento criminal.

Dificilmente a ação controlada nos contornos jurídicos atuais poderá ser utilizada no âmbito da repressão imediata, eis que mais compatível com a fase de apuração de infração penal. É custoso imaginar algum caso, no restrito campo da repressão imediata, que preencha os requisitos necessários e suficientes para a caracterização de uma situação que exija o retardo do ato prisional em flagrante delito como fruto de uma ação controlada.

Cumpre registrar, por fim, que a ação controlada não se confunde com a hipótese do flagrante esperado, pois, neste, há o retardo da repressão imediata, representada no ato prisional, por conveniência probatória, e naquela o retardo pode significar, inclusive, a ausência de intervenção imediata, atendidos os demais requisitos.

1.2.5 Imunidades prisionais

Reiteramos que o ato prisional é uma obrigação jurídica dos agentes policiais de segurança pública. Por outro lado, o sistema processual prevê algumas situações especiais em que, apesar da situação flagrancional, não será possível o ato prisional em razão do agente que praticou a infração.

Essas são as imunidades prisionais, situações em que o agente flagrado não pode ser preso, tendo em vista a proteção legal que cria a impossibilidade jurídica da prisão nas situações previstas em lei.

São situações legalmente previstas que impedem o ato prisional em qualquer hipótese (imunidade prisional absoluta) ou em algumas hipóteses específicas (imunidade prisional relativa), seja em razão do crime cometido, seja em razão das circunstâncias específicas.

Vale ressaltar que, apesar da impossibilidade do ato prisional em si, nas hipóteses de imunidades, permanecem incólumes os objetivos da prisão em flagrante delito, cabendo ao agente policial de segurança pública dar azo à reação social, impedindo a continuidade da prática delituosa, bem como providenciando a documentação e as diligências necessárias para que a conduta possa ser apreciada de acordo com as consequências persecutórias específicas.

Em outras palavras, o que está vedado é tão somente o ato prisional em si, permanecendo íntegras as demais obrigações legais diante de uma situação flagrancional.

Considerando as inúmeras situações previstas na legislação esparsa, passaremos a expor algumas hipóteses de imunidade prisional, consideradas as mais importantes e potencialmente problemáticas no cotidiano policial na área de segurança pública.

Os itens que seguem não exaurem o tema. Existem diversos dispositivos legais que preveem a impossibilidade de ato prisional em algumas situações específicas. É o que ocorre, por exemplo, com relação ao presidente da República, que é imune a responsabilidades alheias ao exercício do cargo enquanto durar o mandado, por força de mandamento constitucional. Ou, ainda, o caso de condutor que presta socorro à vítima, pois, de acordo com o art. 301 do Código de Trânsito Brasileiro (Lei n. 9.503/1997), "ao condutor de veículo, nos casos de acidentes de trânsito de que resulte vítima, não se imporá prisão em flagrante, nem se exigirá fiança, se prestar pronto e integral socorro àquela" (BRASIL, 1997).

■ Menores de 18 anos

Segundo nosso ordenamento jurídico, os menores de 18 anos são penalmente inimputáveis, isto é, não podem sofrer consequências penais pela conduta, mesmo que tipificadas na legislação penal. O Código Penal presume que o menor de 18 anos não apresenta o desenvolvimento biológico e psicológico suficiente para compreender o caráter criminoso da própria conduta e se orientar de acordo com esse entendimento. Por essa razão, sendo considerados inimputáveis, são inculpáveis, conforme teremos a oportunidade de desenvolver quando abordarmos especificamente esse tema.

Trata-se de uma imunidade prisional absoluta, é dizer, independentemente da conduta praticada, em hipótese alguma o menor de 18 anos poderá ser preso em flagrante delito. O ato prisional em face dele, portanto, é uma impossibilidade jurídica.

Embora não possam ser presos em flagrante, diante da aparente prática de conduta tipificada como crime (que a lei nomina de ato infracional), poderão ser apreendidos se flagrados em ato infracional, conforme previsto no Estatuto da Criança e do Adolescente (ECA) – Lei n. 8.069/1990 (BRASIL, 1990a).

Parlamentares

Os membros do Poder Legislativo (parlamentares), além de outras imunidades, materiais e processuais, também têm imunidade prisional, tanto na forma absoluta quanto na forma relativa.

Na imunidade prisional **absoluta**, enquadram-se todas as condutas que envolvam opiniões, palavras e votos. Têm, portanto, uma imunidade parlamentar absoluta por opiniões, palavras e votos, não podendo ser responsabilizados, muito menos presos, por comportamentos nesses campos de atuação.

Trata-se de uma garantia historicamente concedida aos membros do Legislativo como instrumento para ampla liberdade de atuação dessa classe política importante para o equilíbrio democrático, máxime em democracias representativas, como a nacional e a de boa parte dos países contemporâneos.

A imunidade parlamentar material absoluta, inclusive a prisional, aplica-se a todos os membros do Poder Legislativo nacional, ou seja, inclui os senadores da República, os deputados federais, os deputados estaduais, os deputados distritais e os vereadores.

Assim, eventuais delitos decorrentes da verbalização de opiniões, como aparente desacato, apologia ao crime, ameaça, calúnia, injúria, difamação etc., se vinculadas à atividade parlamentar, não poderão acarretar qualquer consequência punitiva ao parlamentar, muito menos o extremo ato prisional.

Apesar do nome, contudo, a imunidade não é tão absoluta assim. É mister que haja um nexo funcional, mesmo que distante, entre o comportamento e a atividade parlamentar, conforme reiteradas decisões, inclusive do Supremo Tribunal Federal. Atos particulares, totalmente desvinculados da atividade parlamentar, não estão protegidos pelo manto da imunidade material. A imunidade parlamentar não é uma licença para ofensas, desacatos ou proteção de vinditas pessoais.

Além da imunidade material, há a imunidade parlamentar formal ou **relativa**, que se refere a algumas garantias processuais dos parlamentares previstas na Constituição Federal. Incluem-se na imunidade formal o foro por prerrogativa de função, a limitação de testemunho (não podem ser obrigados a testemunhar sobre informações recebidas ou prestadas em razão da atividade parlamentar), a possibilidade de sustação de ação penal pela respectiva Casa Legislativa, a necessidade de prévia autorização da Casa para incorporação às forças armadas, entre outras.

A que mais nos interessa é a imunidade prisional, segundo a qual o parlamentar somente poderá ser preso em caso de crime inafiançável. É dizer, em regra, o parlamentar não poderá ser preso em flagrante delito, salvo se o crime praticado for crime inafiançável*.

Sendo surpreendido em situação flagrancional de crime inafiançável, poderá ser preso como qualquer outro cidadão, além dos demais consectários legais, embora existam algumas providências diferenciadas a cargo da autoridade policial, tais como a remessa, em até 24 horas, dos autos à Casa Legislativa respectiva, a qual deliberará sobre a prisão em votação aberta.

Essa imunidade prisional, prevista na Constituição Federal para os parlamentares federais (deputados federais e senadores da República) é extensiva aos deputados estaduais por força da norma de extensão prevista no art. 27 da Constituição da República (BRASIL, 1988).

Com relação aos vereadores, a situação é diversa, pois não são alcançados pela mesma norma de extensão. Assim, embora haja vozes defendendo a mesma situação (imunidades) em razão da simetria das esferas políticas, acompanhamos a maioria da doutrina para afastar a imunidade prisional aos vereadores, uma vez que normas que estabelecem prerrogativas devem ser

---

* A Lei n. 12.403/2011 incorporou ao Código de Processo Penal as previsões constitucionais relativas aos crimes considerados inafiançáveis e versou sobre a matéria na forma que segue: "Art. 323. Não será concedida fiança: I – nos crimes de racismo; II – nos crimes de tortura, tráfico ilícito de entorpecentes e drogas afins, terrorismo e nos definidos como crimes hediondos; III – nos crimes cometidos por grupos armados, civis ou militares, contra a ordem constitucional e o Estado Democrático. Art. 324. Não será, igualmente, concedida fiança: I – aos que, no mesmo processo, tiverem quebrado fiança anteriormente concedida ou infringido, sem motivo justo, qualquer das obrigações a que se referem os arts. 327 e 328 deste Código; II – em caso de prisão civil ou militar; III – (Revogado); IV – quando presentes os motivos que autorizam a decretação da prisão preventiva (art. 312)" (BRASIL, 1941b).

interpretadas restritivamente, sob pena de transformar prerrogativa em puro privilégio.

Assim, os vereadores não têm imunidade prisional para crimes não afiançáveis, de forma que poderão ser presos como qualquer outro cidadão. Vale lembrar, porém, que eles têm a imunidade material, ou seja, aquela por opiniões, palavras e votos, mas desde que restrita às atividades ligadas à vereança, nos limites territoriais da circunscrição do município de atuação.

Nunca é demais ressaltar que permanecem incólumes os objetivos da atuação policial em caso de situação em flagrante delito, ou seja, apesar da vedação do ato prisional, poderão e deverão ser adotadas as demais medidas documentais, probatórias e de resposta estatal ao fenômeno criminal verificado.

▪ Diplomatas e agentes consulares

Os diplomatas têm imunidade prisional, não podendo ser presos em flagrante delito. Essa imunidade prisional é extensiva aos familiares do diplomata. Independentemente da natureza do delito, vinculado ou não à atividade do diplomata, a imunidade (inclusa prisional) estará presente.

Em decorrência de inúmeros tratados e convenções internacionais, os diplomatas (e respectivos familiares) somente podem ser penalmente responsabilizados perante o país de origem, muito embora o Estado "acreditante" possa abrir mão de tal imunidade em alguns casos.

Quanto aos agentes consulares, a proteção é menor, ou seja, eles têm imunidades mais restritas. Os agentes consulares, embora também representem os compatriotas no país de exercício, desempenham funções mais relacionadas às tratativas comerciais, de forma que, diferentemente do que ocorre com os agentes diplomáticos (imunidade ampla), os agentes consulares têm imunidade apenas para os atos relacionados ao ofício de cônsul.

Da mesma forma, a imunidade não é extensiva aos familiares do cônsul, que podem ser responsabilizados ou presos em flagrante como qualquer outro cidadão.

■ Magistrados e membros do Ministério Público
Os magistrados e membros do Ministério Público também têm imunidade prisional, ao lado de outras garantias e prerrogativas.

No âmbito da repressão imediata, nosso objeto de estudo, interessam mais proximamente tanto a imunidade prisional quanto a prerrogativa de investigação.

Semelhante à situação dos parlamentares, os membros do Poder Judiciário e do Ministério Público não podem ser presos em flagrante delito, salvo no caso de crime inafiançável*.

O agente policial de segurança pública, portanto, embora deva adotar as demais medidas pertinentes, não poderá praticar o ato prisional relativo a magistrados e a membros do Ministério Público, sob pena de cometer abuso de autoridade, salvo, é claro, se o crime flagrado for inafiançável.

Tais autoridades também têm a chamada *prerrogativa investigatória*. É dizer, não podem ser investigadas por autoridades policiais, mas apenas por integrantes da carreira.

De fato, a apuração de infrações penais relativas à conduta de membros do Ministério Público e do Poder Judiciário somente poderá ser realizada no âmbito *interna corporis*, pelo setor respectivo a que estiver subordinado o magistrado, conforme as inúmeras leis orgânicas que disciplinar

---

* Sobre a natureza afiançável ou inafiançável das infrações penais, vide nota anterior.

as respectivas carreiras. Portanto, sempre que a autoridade policial, durante a apuração de alguma infração penal, identificar elementos de autoria relacionados a magistrado do Judiciário ou a membro do Ministério Público, deverá encaminhar a investigação ao órgão correspondente para fins de continuidade investigatória.

■ Advogados

Os advogados, quando no exercício da profissão, têm imunidade material semelhante aos parlamentares e imunidade prisional semelhante aos magistrados e membros do Ministério Público.

Na atuação profissional, os advogados não podem ser responsabilizados por palavras que possam ser consideradas ofensivas, pois, por força de garantia constitucional, são invioláveis pelos seus atos e pelas manifestações no exercício profissional. Eles têm, portanto, imunidade material nas manifestações decorrentes do exercício profissional.

Também têm imunidade prisional, vale dizer, no exercício das atividades de advogados, estes não podem ser presos senão em caso de flagrante delito de crime inafiançável.

Contudo, em ambas as hipóteses, é necessário que o causídico esteja no exercício da profissão de advogado, não sendo a imunidade extensiva aos atos para além das atividades profissionais.

Cabe ainda mencionar que o advogado pode ser constituído verbalmente, na diligência inicial de um ato prisional em flagrante delito, não necessitando de uma procuração formal escrita para praticar atos de advocacia na defesa do constituído.

Figura 1.18 – Imunidades prisionais

- Membros do Ministério Público
- Advogados
- Diplomatas
- Magistrados
- Agentes consulares
- Parlamentares
- Outros

→ IMUNIDADES PRISIONAIS

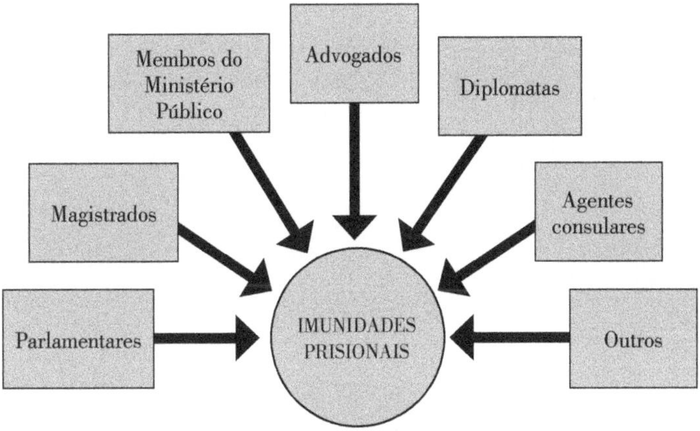

II

Noções preliminares de Direito Penal

Após apresentar alguns conceitos operacionais, que servirão de suporte para uma melhor compreensão dos temas que serão tratados, passaremos a analisar os aspectos penais em sentido estrito, aplicados à atividade policial, especialmente no âmbito da repressão imediata.

Neste manual, nossa ênfase reside na abordagem dos aspectos da ciência penal aplicáveis ao policiamento ordinário de atendimento de ocorrências policiais, mormente a partir da flagrância de ocorrências delitivas, desenvolvendo as categorias e os institutos penais úteis ao legal desempenho das atividades policiais de segurança pública.

Nesse contexto, trataremos de alguns aspectos genéricos da atividade policial e do Direito Penal, nos pontos em que convergem, tentando apresentar uma aproximação da essência da atividade policial e do Direito Penal, a fim de perceber que ambas as instituições lidam com questões fundamentais da vida social. São aproximações necessárias para a interação e a convergência dos dois campos: atividade policial na segurança pública e Direito Penal.

Em seguida, agora mais proximamente aos aspectos científicos do Direito Penal, apresentaremos os principais princípios aplicáveis à atividade policial. O entendimento acerca dos princípios de Direito Penal é essencial para a atividade policial de segurança pública, pois, como veremos, a principiologia penal assume importância destacada se comparada a outros ramos do Direito.

Também ressaltaremos alguns aspectos críticos dos conceitos apresentados, problematizando alguma perspectiva ontológica tanto da atividade policial quanto dos princípios do Direito Penal. É um raro momento em que superamos a perspectiva dogmática da obra para apresentar, ainda que brevemente, uma perspectiva zetética, questionadora, dos assuntos versados.

Em seguida, retornaremos aos aspectos dogmáticos do Direito Penal, nas categorias que interessam à atividade policial, evidenciando as fontes e a finalidade do Direito Penal.

É o que passaremos a desenvolver.

2.1 Direito Penal e atividade policial

A atividade policial e o Direito Penal apresentam um núcleo comum, ambas convergem em essência, uma vez que lidam com questões essenciais à própria ideia de sociedade, protegendo bens jurídicos que, por uma séria de fatores históricos e políticos, merecem ou mereceram especial atenção.

2.1.1 Ontologia

O vocábulo *polícia* tem origem no grego *politeia*, posteriormente transferido para o latim *politia*. Em ambos os casos, assume o sentido de "governo de uma cidade" e, em certo aspecto, de "guarda de uma cidade". Essa segunda acepção parece ter dado origem ao uso comum do termo na atualidade.

No âmbito da teoria geral do direito e das escolas sociológicas em geral, reconhece-se que todo agrupamento de pessoas, em maior ou menor grau de complexidade, necessita de um grupo de regras disciplinadoras da convivência como requisito elementar de existência. Ao lado das regras, um respectivo aparato, mais ou menos estruturado, que garanta o cumprimento não espontâneo das mesmas regras, quando necessário.

Nesse contexto, é muito conhecido o brocardo atribuído à Ulpiano, pelo qual: *Ubi homo ibi societas; ubi societas, ibi jus.* Literalmente, onde está o homem, está a sociedade, assim como onde há sociedade, está o Direito.

Na essência, portanto, ambas as instituições sociais – polícia e Estado – estão interligadas. Como já tivemos a oportunidade de expor, na concepção atual, o Estado é a entidade detentora do monopólio do uso legítimo da força na condição de fonte social "normalizadora".

Para tal mister, o Estado vale-se de aparato estruturado em entidades que concretizam esse princípio mediante o potencial ou o real (efetivo) uso dessa forma do poder estatal de coerção. Bem por isso, costuma-se dizer que os atos administrativos são dotados de autoexecutoriedade, diante do potencial uso da força (legítima) para fazê-los cumprir.

O Estado, portanto, abre mão do poder de polícia, espraiado em suas diversas entidades, como umbilicalmente ligados ao exercício de parcelas de poder.

Conforme já destacamos ao tratar das funções policiais na ordem constitucional brasileira, o poder de polícia é atribuído às várias entidades integrantes da Administração Pública como inerente da atividade. De acordo com as competências e as atribuições, o Estado distribui respectivas parcelas de poder, reconhecido como poder de polícia (administrativo).

Em linhas gerais, o **poder de polícia**, no âmbito do Direito Administrativo, pode ser definido como a capacidade (ou a atribuição) jurídica que detém o Estado para impor limitações às liberdades individuais, forte no interesse público, não raras vezes referido como "bem comum".

Se a ideia de poder de polícia é uma **ideia ampla** e com capilaridade na estrutura do Estado e se Estado é a forma contemporânea de agrupamento social, podemos ousar com o brocardo apresentado para modificá-lo no seguinte sentido: *Ubi homo ibi societas; ubi societas, ibi jus; ubi jus, ibi politia.*

Estabelecido esse pressuposto, podemos abordar uma primeira mediação, justamente a partir das funções policiais vistas no Capítulo 1.

É que, como vimos, o poder de polícia está disseminado na estrutura do Estado, mas, por uma série de interações e decisões políticas, há um núcleo especialmente protegido. Para esse plexo central de atribuições, o Estado resolve (politicamente) dotar órgãos especiais para a proteção e o exercício do respectivo *múnus*.

Se o poder de polícia está espalhado na estrutura e nos agentes públicos que desempenham as funções públicas (funcionários públicos), algumas funções são especialmente consideradas e distribuídas a órgãos policiais, dotados de especial poder de coerção: a polícia.

A polícia, agora em **sentido estrito**, representa a estrutura do Estado, dotada de especial poder de coerção, a fim de desempenhar atribuições que, por uma série de fatores, merecem ou mereceram uma proteção mais efetiva.

A polícia, portanto, recebe incumbências do poder de polícia que merecem especial proteção, como o policiamento de trânsito urbano ou rodoviário, aos quais os órgãos políticos decisórios resolveram atribuir o poder de polícia *lato sensu* aos órgãos policiais *stricto sensu*.

São entidades dotadas de especial poder de coerção, o que inclui a possibilidade (e realidade) do uso (ostensivo) de armamento potencialmente letal, especialmente armas de fogo. Em outras palavras, para proteção de bens essenciais à convivência, entidades dotadas de especial poder de proteção (e por que não dizer, dotadas de especial responsabilidade sociopolítica).

A polícia realiza inúmeras outras atividades além do mero exercício do poder de polícia (administrativo), assim como o poder de polícia não é atividade exclusiva de agentes policiais.

Além de funções relacionadas ao ordinário poder de polícia, novamente recorrendo aos conceitos operacionais apresentados no Capítulo 1, aos órgãos policiais são distribuídas competências para o enfrentamento e o trato do fenômeno criminal, o que chamamos de *polícia criminal*.

De fato, a prevenção da criminalidade (tutela penal inibitória), a repressão imediata ou a apuração de infrações penais (investigação), embora não sejam atividades exclusivas de órgãos policiais, são essencialmente desempenhadas por esses órgãos, no entorno da instituição social fenômeno criminal.

Estamos aptos, agora, a relacionar a polícia ao nosso segundo ponto de apoio: o Direito Penal.

Isso porque, assim como a polícia recebe atribuições a partir da necessidade de especial proteção, o Direito Penal também está voltado para a proteção de bens jurídicos que necessitam de especial proteção.

Como teremos a oportunidade de desenvolver em seguida, o Direito Penal é a *ultima ratio*, isto é, o último recurso utilizado pelo Estado para a proteção de bens jurídicos que merecem especial proteção. Assim, o Direito Penal somente pode ser acionado quando outros ramos do Direito não forem capazes de proteger o bem jurídico diante de violações de conduta que afetem tais bens jurídicos.

Um bem jurídico que merece especial proteção assume a natureza de bem jurídico penalmente protegido. Essa é uma das principais finalidades do Direito Penal.

A relação agora salta aos olhos: há uma relação de similitude entre a polícia e Direito Penal em relação ao Estado. Ambas são instituições, sociais e jurídicas, tendentes a ser o último recurso de garantia da convivência social. Têm, portanto, a mesma essência, a mesma ontologia.

Não é por outro motivo que a polícia tem premência nas atividades de polícia criminal. Repetindo, embora as atividades de defesa social não sejam exclusivas de órgãos policiais, as atividades criminais preventivas, repressivas e investigatórias concentram-se em organismos policiais.

É nesse sentido que o Direito Penal e a atividade policial constituem núcleos essenciais garantidoras da convivência humana, vigas mestras da arquitetura social, núcleos duros do uso legítimo da força.

Quanto mais desenvolvida a convergência entre esses subsistemas, maior será a sinergia resultante da atuação de ambas.

Figura 2.1 – Relação de convergência entre polícia e Direito Penal

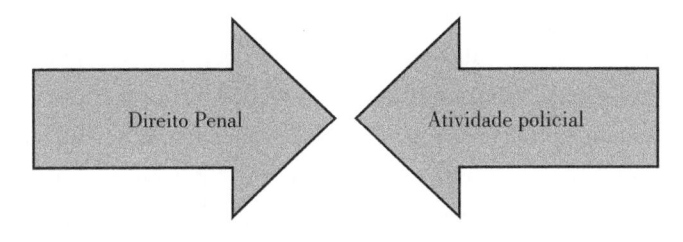

[Direito Penal] ⟶ ⟵ [Atividade policial]

2.1.2 Conceito e princípios

O Direito Penal apresenta várias acepções ou sentidos, com reflexos na própria definição da matéria.

Do ponto de vista meramente objetivo, *Direito Penal* pode ser definido como o conjunto de regras que tratam do fenômeno criminal; do ponto de vista subjetivo, identifica-se com o próprio *jus puniendi*, ou poder-dever de punir do Estado diante de infrações às leis penais.

Figura 2.2 – Conceito de Direito Penal

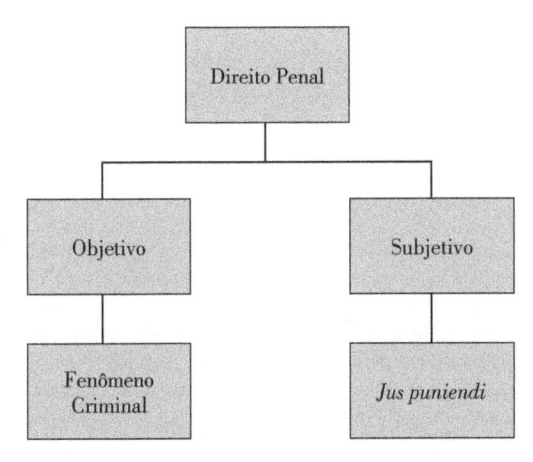

```
              Direito Penal
              /            \
         Objetivo         Subjetivo
            |                |
        Fenômeno         Jus puniendi
        Criminal
```

De fato, de modo simples e objetivo, *Direito Penal* pode ser definido como o conjunto de regras disciplinadoras das infrações penais, aí incluídos os crimes e as contravenções penais*.

Preferimos, contudo, o termo *fenômeno criminal*, um conceito mais abrangente e mais moderno e, principalmente, mais adequado para a perspectiva policial que estamos imprimindo na presente obra. Isso porque a ideia de fenômeno criminal abrange não somente a ocorrência do ilícito, mas, acima de tudo, todo o fato de relevância penal, mesmo que seja para afastar a norma penal da incidência de determinado fato.

É o que ocorre com os chamados *princípios descriminalizadores*, ou seja, aqueles que incidem quando uma conduta aparente criminosa (tipicidade formal) não constitui materialmente uma infração penal, mas nem por isso deixa de ter relevância penal. Em outras palavras, o fenômeno criminal engloba condutas não incriminadas, mas que interessam ao Direito Penal, mesmo que para afastar a incidência da norma penal incriminadora.

A ideia de fenômeno criminal contempla, ainda, as respostas não estatais ao ilícito penal, que nem por isso deixam de ter interesse para as ciências criminais e policiais.

Ao contrário, por vezes, são as que mais interessam no campo de convergência do Direito Penal e da atividade policial. É o

---

* Cumpre observar que o Brasil adotou o sistema bipartido de infração penal, subdividindo-a em crime (ou delito) e contravenção; diverso do sistema tripartido, que divide a infração penal em crime, delito ou contravenção. A diferença entre as categorias é, basicamente, de grau, de forma que as contravenções seriam as infrações de menor gravidade (por isso, são também chamadas de *crime-anão*), os delitos, para os que adotam o sistema tripartido, seriam as infrações de média gravidade, e os crimes (sinônimo de delito para o sistema bipartido) são as infrações penais de maior gravidade, ou seja, as infrações que representam lesões mais significativas aos bens jurídicos penalmente protegidos.

que ocorre, por exemplo nos exercícios coletivos da própria razão, quando um aglomerado de pessoas se sente no direito de dar resposta imediata ao fenômeno criminal mediante linchamentos, manifestações de massa com violência às pessoas e patrimônio alheio etc.

Dessa forma, amplia-se a ideia para inserir respostas não estatais, *a fortiori*, não policiais, mas coletivas, a um fenômeno de relevância penal.

Por fim, a ideia de fenômeno criminal em substituição à hermética ideia de crime dá azo à **concepção contemporânea** de *crime* como resposta (ou ausência de resposta) ao crime, e não simplesmente de *pena* como reação à ação correspondente ao crime.

De fato, na concepção liberal individualista das ciências criminais do início do século passado, inspirado pelas ciências da natureza, a pena seria uma reação à ação criminosa. Pelo princípio da indefectibilidade, a toda ação definida como crime incidiria (ou deveria incidir) uma reação correspondente representada pela pena.

Nos dias hodiernos, o próprio sistema penal incorporou possibilidades jurídicas em que a reação penal é afastada, como nas hipóteses de transação penal e suspensão condicional do processo.

Mas não é só isso. A realidade policial demonstra que há um vazio intenso entre a ocorrência de crimes e as respostas estatais, nem por isso deve deixar de existir uma preocupação policial em aproximar ao máximo possível a realidade da possibilidade persecutória.

A propósito, a ideia de pena é muito presente no Direito Penal, que, aliás, é o único ramo do Direito que pode ser nomeado a partir da consequência pela violação da norma (Direito Penal) ao lado da nomenclatura do principal tipo de lei penal, a lei penal incriminadora (Direito Criminal).

Na verdade, Direito Penal ou Direito Criminal, afora certa polêmica na doutrina sobre qual seria a nomenclatura mais adequada, representam duas faces de um mesmo fenômeno, seja na perspectiva do principal objeto de análise (crime), seja a partir da incidência da resposta pela violação da norma (pena).

Figura 2.3 – Direito Penal e Direito Criminal

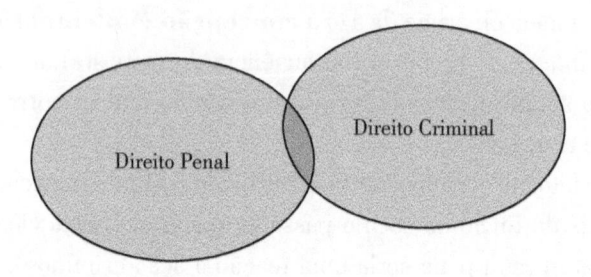

Tudo para concluir, ainda que brevemente, que *Direito Penal*, no plano **objetivo**, deve ser definido como conjunto de normas jurídicas que tratam do fenômeno criminal, e não simplesmente do crime.

No plano **subjetivo**, conforme já antecipamos, *Direito Penal* corresponde ao direito de punir do Estado, mais que um direito, um poder-dever atribuído ao Estado que, único legitimado ao uso legítimo da força, conforme vimos, pode e deve dar respostas aos fenômenos criminais verificados.

É a partir do Direito Penal no plano subjetivo, como *jus puniendi*, que surge a classificação de Direito Penal comum e Direito Penal especial.

O Direito Penal **comum** é o aplicado pelas instâncias judiciárias ordinárias das Justiças comum, estadual ou federal, ao passo que o Direito Penal **especial** é o aplicado pelas instâncias especializadas do Poder Judiciário. No caso brasileiro, o

Direito Penal especial é aquele aplicado pela Justiça Militar e pela Justiça Eleitoral, já que a Justiça do Trabalho não tem competência penal*.

Esquematicamente, temos:

Figura 2.4 – Classificação do Direito Penal

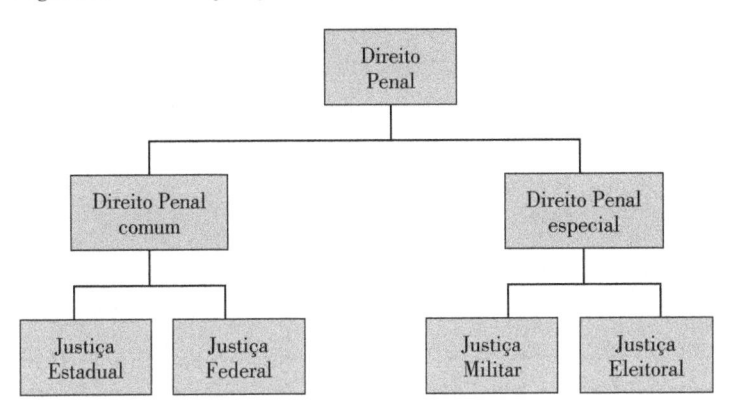

```
                    Direito
                    Penal
        ┌─────────────┴─────────────┐
   Direito Penal              Direito Penal
      comum                      especial
    ┌────┴────┐                ┌────┴────┐
 Justiça   Justiça          Justiça   Justiça
 Estadual  Federal          Militar   Eleitoral
```

Estabelecido o conceito de Direito Penal, tanto no plano objetivo quanto no plano subjetivo, passando pela nomenclatura e pela classificação a partir do órgão judicante aplicador, cumpre, a partir de agora, tecer algumas considerações sobre a parte principiológica do Direito Penal, ou seja, tratar dos princípios vetores das ciências criminais, selecionando aqueles que têm maior interesse para a atividade policial.

Princípios são as vigas mestras do sistema criminal, os elementos essenciais para manter a sistematicidade e a coerência de seus elementos integrantes, servem tanto como instrumento de hermenêutica, fornecendo elementos de interpretação

---

* Necessário para não confundir com legislação penal comum e legislação penal especial: aquela para se referir aos crimes previstos no Código Penal, esta para se referir aos crimes previstos em leis esparsas, também ditas extravagantes.

e de integração das normas penais, quanto apresentando referenciais e guias nas diversas etapas do processo "criminógeno", desde a criação de normas penais incriminadores até a execução da pena, passando sobremaneira pelo sistema penal de defesa social, com especial ênfase à atividade policial.

A ideia de princípio é essencial para qualquer ramo jurídico, mas, no Direito Penal, assume importância exponencial, a ponto de permitir, em alguns casos e circunstâncias, a "descriminalização" de condutas aparentemente criminosas, ou, mais tecnicamente, aparente ou formalmente típicas, conforme veremos em breve.

■ Intervenção mínima (*ultima ratio*)

O princípio da intervenção mínima, ou da *ultima ratio*, é um dos princípios fundamentais do Direito Penal. Por esse princípio, o Direito Penal somente pode ser acionado em "último caso", quando os demais ramos do Direito não forem suficientes para a proteção do bem jurídico.

Sob outra perspectiva, não serão todos os bens jurídicos que receberão, ou devem receber, a proteção do Direito Penal, mas apenas os bens jurídicos considerados essenciais para a convivência social e que não possam ser razoavelmente tutelados pelos demais ramos do Direito.

E mais, para além da seleção dos bens jurídicos que merecem especial proteção, bem por isso proteção via Direito Penal, não serão todos os atos lesivos a esses bens jurídicos que serão criminalizados, mas somente os atos que significam especial lesão a esses bens jurídicos penalmente protegidos. Isso porque o Direito Penal é o ramo do Direito que mais representa o uso de força legítima pelo Estado, o mecanismo de maior efetividade ou potencial de lesividade para a proteção dos bens jurídicos, razão pela qual não pode ser vulgarizado, mas acionado apenas em circunstâncias especiais que demandem sua intervenção.

Esse princípio, conforme já destacamos, aproxima o Direito Penal da atividade policial em sentido estrito, eis que ambas são instituições (sociais, jurídicas e políticas) configuradas apenas para situações que exijam especial poder de coerção.

De fato, se houve crime significa que ocorreram lesões efetivas e graves a bens jurídicos penalmente protegidos, assim como a atividade policial está voltada a missões do Estado que exijam especial ou potencial poder coercitivo. A convergência é evidente.

■ Fragmentariedade

O princípio da fragmentariedade está intimamente ligado ao princípio anterior da intervenção mínima. Na verdade, pode até ser encarado como uma das faces possíveis daquele princípio.

O princípio da fragmetariedade significa que, diferentemente do que ocorre nos demais ramos do Direito, o Direito Penal não se volta à proteção total do bem jurídico protegido, mas apenas às condutas que signifiquem lesões significativas aos referidos bens jurídicos.

Assim, ao passo que o Direito Administrativo, por exemplo, procura disciplinar todas as questões relacionadas aos procedimentos licitatórios, estabelecendo seu rito e as demais circunstâncias jurídicas, o Direito Penal preocupa-se apenas com condutas que possam colocar em risco bens e valores jurídicos envolvidos nos procedimentos licitatórios do Estado, criminalizando condutas que possam ocasionar lesões significantes ao certame público. Ou, ainda, o Direito Civil procura disciplinar de forma completa o casamento e suas consequências jurídicas, e o Direito Penal preocupa-se tão somente com condutas que possam gerar lesões significativas à instituição social do casamento.

O mesmo acontece com relação a inúmeros outros ramos do Direito. Os demais ramos, de forma geral, procuram uma disciplina completa do complexo de interações de que trata, seja mediante o estabelecimento escrito de normas jurídicas, seja por meio de instrumentos capazes de suprir eventuais lacunas jurídicas, como a jurisprudência, o costume ou os princípios gerias do Direito.

Já o Direito Penal não se volta à proteção completa do instituto disciplinado, mas apenas a proibir (mediante o vertical recurso do Direito Penal, como vimos) condutas que signifiquem lesão ou potencial lesão aos bens jurídicos no entorno das situações jurídicas protegidas.

Como se costuma dizer, o Direito Penal é um arquipélago de ilicitudes em um mar de licitudes.

Figura 2.5 – Princípio da fragmentariedade

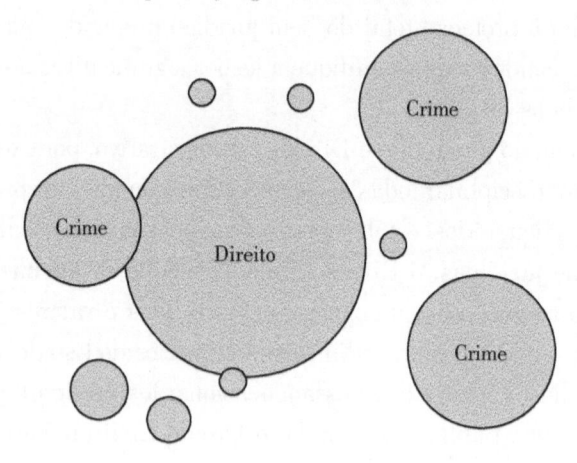

Insignificância

O princípio da insignificância está intimamente ligado aos dois princípios anteriores.

Pelo princípio da insignificância, também conhecido como *princípio da bagatela* (ou "crimes" de bagatela), não serão consideradas criminosas as condutas que se enquadrem ou se amoldem a uma figura típica, mas apenas as condutas que possam acarretar lesão significativa ao bem jurídico protegido.

A proximidade com o princípio anterior é evidente. Porém, o princípio da fragmentariedade significa que, em tese (plano abstrato), somente as condutas significantes merecem capitulação penal, ao passo que o princípio da insignificância indica que, no plano concreto, somente as condutas que efetivamente signifiquem lesão importante ao bem jurídico protegido é que inspiram uma resposta penal.

Faz-se um juízo de exclusão, de forma que deixa de ser considerada criminosa a conduta que, embora aparentemente típica, não perfaz a prática de um crime por não afetar significativamente o bem jurídico penalmente protegido.

O princípio da insignificância está incluído na ideia dos princípios descriminalizantes, isto é, dos princípios que afastam a incidência do Direito Penal em condutas aparentemente criminosas.

Surge a ideia de tipicidade formal, ou seja, condutas formalmente típicas, que se amoldam plenamente ao modelo previsto na norma penal incriminadora, mas que são materialmente atípicas, deixando de ser consideradas criminosas, por não gerarem lesões efetivas ou penalmente relevantes ao bem jurídico selecionado.

É o que ocorre, por exemplo, na hipótese de o agente arrancar um único fio de cabelo da "vítima". Aparentemente, haverá a ocorrência de lesões corporais, na medida em que terá ocorrido uma ofensa à integridade física de outrem, contudo, considerando ser o Direito Penal a *ultima ratio*, voltado à proteção fragmentária de bens jurídicos, a aparente lesão a um único fio de cabelo não poderá ser considerada prática criminosa, eis que materialmente atípica.

O princípio da insignificância, por se tratar de um conceito aberto, traz certa dificuldade ao cotidiano policial, exigindo preparo e atualização do agente público de segurança pública, a fim de acompanhar o entendimento da dinâmica do que tem sido conduta considerada significante ou insignificante enquanto merecedora de resposta penal, *rectius*, intervenção policial.

■ Adequação social

O princípio da adequação social, assim como o princípio da insignificância, também se enquadra na hipótese dos princípios descriminalizantes. Trata-se de princípios incidentes em situações concretas por meio dos quais as condutas aparentemente típicas, por conformarem-se à descrição legal incriminadora, deixam de assim ser consideradas por não se configurarem, materialmente, uma conduta criminosa.

Na hipótese da adequação social, algumas condutas formalmente típicas são desconsideradas enquanto crimes, com base em parâmetros socialmente aceitos que transformam a conduta em um hábito generalizado e razoavelmente aceito no meio social considerado.

É o que ocorre, por exemplo, com os impropérios e os xingamentos proferidos em evento esportivo de massa, mormente em estádios de futebol. Embora, aparentemente, possam enquadrar-se em previsões típicas, tais como crimes contra a honra, ato obsceno, importunação ofensiva ao pudor, entre outras, as verbalizações proferidas em massa de torcedores são relativamente aceitas dentro de um estádio (de futebol), de forma que deixam de ser consideradas criminosas pela via da adequação social.

Como conceito vago, aliás, a exemplo da própria ideia dos princípios, certamente haverá áreas de zona cinzenta a serem aferidas na riqueza do caso concreto, a fim de verificar a adequação ou a inadequação social de determinadas condutas.

▮ Lesividade

O princípio da lesividade, também chamado de *princípio da ofensividade*, é mais um dos princípios descriminalizantes, ou seja, um princípio que afasta o caráter criminal de condutas aparentemente típicas.

Segundo a doutrina penal majoritária, o princípio da lesividade, ou ofensividade, subdivide-se em quatro assertivas que lhe dão significado.

A uma, o princípio da lesividade ou ofensividade proíbe a incriminação de uma atitude interna. No "caminho do crime", ou *iter criminis*, há uma fase interna, psicológica, do agente criminoso, antes de dar início à exteriorização de um crime (seguida dos atos preparatórios, da execução, da consumação e, em alguns casos, do exaurimento do crime). Verificaremos que a fase interna, ou anímica, é intangível para o Direito Penal, de forma que pensar em cometer o crime ou deliberar cometê-lo não acarreta qualquer consequência de ordem penal.

Assim, não só não será possível a incriminação de uma atitude interna, mas também o ânimo ou a deliberação em praticar uma conduta criminosa, por si só, não será suficiente para alguma resposta de natureza penal, muito menos por meio das agências policiais de segurança pública.

A duas, segundo o princípio da lesividade, não será possível a incriminação de condutas que não excedam o âmbito do próprio autor.

É com base nessa vertente do princípio da lesividade que, por exemplo, o suicídio tentado não acarreta qualquer consequência penal ao autor da conduta, embora, aqui, também se possa falar em atipicidade.

No mesmo sentido a autolesão, ainda que, da mesma forma, não se possa falar em consentimento do ofendido, conforme desenvolveremos ao tratar da ilicitude das condutas típicas.

Uma discussão interessante diz respeito ao uso de drogas. Uma forte corrente doutrinária defende que, pelo princípio da lesividade ou da ofensividade, não deveria haver punição de natureza penal para o usuário de droga, na medida em que o lesionado pela conduta não excede o âmbito dos bens jurídicos do próprio autor. Não é o que prevalece, contudo, tanto na doutrina quanto na jurisprudência que consideram criminosa a conduta do uso de drogas, porquanto envolvidos outros bens jurídicos que excedem o âmbito do usuário da droga.

A três, o princípio da lesividade, ou da ofensividade, proíbe a incriminação de simples estados ou condições existenciais. Essa é uma vertente relativamente aceita nos ordenamentos penais modernos, mas nem sempre foi assim. A história, inclusive a história recente, bem indica a incriminação de pessoas, não somente de condutas, a partir de algum atributo pessoal, pela sua própria presença, tal como a homossexualidade, as condições nômades de vida (como no caso dos ciganos), as convicções religiosas, a nacionalidade etc. Em alguns países, ainda é possível perceber essa via de incriminação.

A quatro, o princípio da ofensividade, ou da lesividade, proíbe a incriminação, *a fortiori*, qualquer tipo de resposta penal, de condutas desviadas que não afetem qualquer bem jurídico.

Como teremos a oportunidade analisar, um dos principais objetivos do Direito Penal é a proteção de bens jurídicos que, por uma série de mediações e decisões, merecerem a proteção pelo mecanismo agudo do Direito Penal, na qualidade de *ultima ratio*.

Assim, não haveria lógica racional criminalizar comportamentos que não tenham qualquer potencial de afetar os bens jurídicos penalmente protegidos.

Nesse aspecto, é interessante a discussão doutrinária sobre a tipificação dos crimes de perigo abstrato, vale dizer, a criminalização de condutas que ofereçam risco potencial, e não concreto, a bens jurídicos.

É o que ocorre, por exemplo, no caso de o motorista dirigir embriagado. O fato da embriaguez ao volante é motivo suficiente para a resposta penal, independentemente de algum risco concreto que o motorista tenha proporcionado. Nesse caso, porém, o sistema penal presume o risco, ou o perigo, incriminando a conduta de forma preventiva.

Prevalece, na doutrina e na jurisprudência, a legitimidade de imputações e cominações nesse sentido. Essa vertente, obviamente, é mais voltada ao legislador penal, com pouca ou nenhuma incidência no tema do Direito Penal Policial, mas não deixa de ser uma categoria de interesse para a atividade policial cotidiana.

Essas são, portanto, as quatro vertentes do princípio da lesividade, ou ofensividade, que, em suma, estão ligadas ao bem jurídico penalmente protegido, de forma que, não havendo lesão real ou potencial ao bem jurídico alheio, não haverá a possibilidade de resposta penal, muito menos de atuação policial em casos tais.

Figura 2.6 – Princípio da lesividade

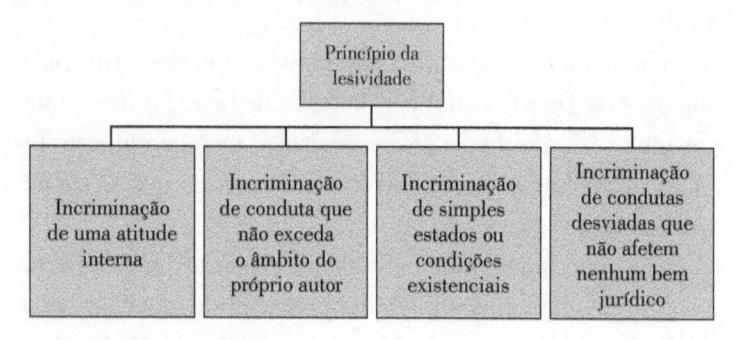

```
                    Princípio da
                     lesividade
    ┌──────────────┬──────┴──────┬──────────────┐
 Incriminação   Incriminação  Incriminação   Incriminação
 de uma atitude de conduta que de simples    de condutas
    interna     não exceda    estados ou    desviadas que
                o âmbito do   condições     não afetem
                próprio autor existenciais  nenhum bem
                                            jurídico
```

■ Proporcionalidade

O princípio da proporcionalidade é um dos princípios gerais do Direito, e não somente um princípio do Direito Criminal. Em síntese, significa uma ponderação entre valores jurídicos, no caso penal, ponderação entre o bem lesionado ou posto em perigo e a gravidade da consequência penal como resposta à conduta.

É uma ideia intuitiva em seus contornos gerais, de forma que quanto mais grave a violação da ordem jurídica representada pela conduta criminosa, maior ou mais intensa deverá ser a resposta penal.

A própria ideia de Direito Penal como *ultima ratio* e fragmentário é reflexo do princípio da proporcionalidade, de modo que somente é legítimo o uso do Direito Penal para lesões significantes ao bem jurídico protegido.

Não é por outra razão que temos a classificação das infrações penais em crimes (ou delitos) e contravenções, conforme vimos.

Também decorre do princípio da proporcionalidade a resposta policial progressiva ao fenômeno criminal, com a impossibilidade de ato prisional para as infrações que não admitem prisão em flagrante delito, a faculdade de não recolhimento à prisão no caso de crimes de menor potencial ofensivo, a possibilidade de arbitramento de fiança, a inafiançabilidade e a decretação de prisão em flagrante delito a partir da notícia de prisão em flagrante (nesse caso, pela autoridade judiciária competente).

Contudo, é bom lembrar que o princípio da proporcionalidade tem duas faces, embora apenas a primeira seja a mais visível e divulgada.

É que, além da proibição do excesso, ou seja, da resposta desproporcionalmente gravosa à conduta, o princípio da proporcionalidade também indica a proibição da proteção deficiente, com respostas desproporcionalmente reduzidas em face do crime cometido.

É dizer, assim como o sistema penal deve afastar penas ou consequências severas ao crime cometido, também não pode acarretar consequências tão insignificantes que possam provocar até um estímulo à prática criminosa.

Figura 2.7 – Faces do princípio da proporcionalidade

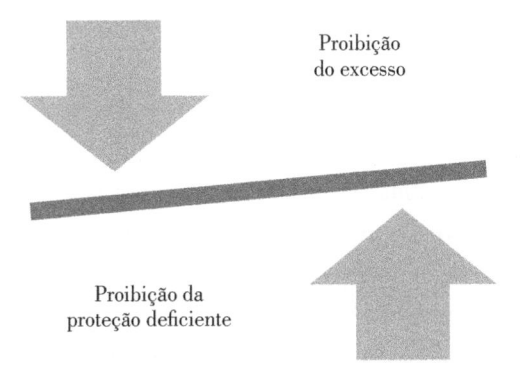

■ Responsabilidade pessoal

O princípio da responsabilidade pessoal é relativamente de fácil entendimento. Em linhas gerais, significa que somente quem praticou a conduta definida como criminosa ou, de alguma forma, a ela contribuiu deve sofrer consequências de natureza penal. O princípio tem assento constitucional, conforme previsão do art. 5º, inciso XLV, da Constituição Federal, *in verbis*:

> Art. 5º [...]
>
> [...]
>
> *XLV – Nenhuma pena passará da pessoa do condenado, podendo a obrigação de reparar o dano e a decretação do perdimento de bens ser, nos termos da lei, estendidas aos sucessores e contra eles executadas, até o limite do valor do patrimônio transferido.* (BRASIL, 1988)

Embora o dispositivo constitucional mencione "condenado", é voz comum na hermenêutica que abrange de forma ampla todas as consequências criminais decorrentes da conduta tipificada.

Nem sempre foi assim, a história do Direito Penal indica situações em que a pena, em sentido estrito, poderia ser transferida para outrem ou ser repartida com coisas ou animais. Isso não é mais possível em nosso sistema.

A Constituição da República ressalva, ainda, as chamadas *consequências patrimoniais* do ilícito penal, estas sim podem ultrapassar o âmbito restrito da responsabilidade pessoal para atingir herdeiros, porém, nos limites da herança ou do legado.

O Direito Penal moderno, ultrapassando um paradigma liberal individualista, tem cada vez mais centrado esforços na questão patrimonial da delinquência, especialmente nos chamados *delitos empresariais econômicos*, a partir da premissa de que o crime "não deve compensar", como contraestímulo à prática criminosa.

Bem por isso é importante que, no âmbito da repressão imediata, os agentes policiais de segurança pública estejam atentos a essa realidade, a fim de apreenderem todos os bens e objetos relacionados com o ilícito penal, seja enquanto objeto material da conduta (para fins periciais), seja sob a perspectiva dos produtos e dos proveitos da infração (para fins de reparação do dano causado pelo crime ou de restituição ao legítimo proprietário).

■ Limitação das penas

O princípio da limitação das penas é um princípio que se apreende por exclusão, isto é, seu entendimento tem como base um conjunto de consequências penais que são proibidas pela ordem jurídica brasileira. Tal princípio encontra assento constitucional expresso, mediante a previsão do art. 5º, inc. XLVII, da Constituição Federal, assim redigido:

Art. 5º [...]

[...]

XLVII – Não haverá penas:

a) de morte, salvo em caso de guerra declarada, nos termos do art. 84, XIX;

b) de caráter perpétuo;

c) de trabalhos forçados;

d) de banimento;

e) cruéis. (BRASIL, 1988)

Embora o texto constitucional mencione a pena na qualidade de consequência pela infração a uma norma de natureza penal, como vimos, o sistema constitucional deve ser interpretado extensivamente para abranger toda e qualquer consequência dessa natureza.

O constituinte brasileiro, a fim de dar um caráter humanitário ao sistema penal, com fundamento no princípio geral da dignidade da pessoa humana, estipulou algumas proibições, direcionadas diretamente ao legislador penal, mas, acima de tudo, direcionada a todos os operadores do Direito e, especialmente, aos agentes policiais de segurança pública.

O Brasil optou pela proibição da pena de morte, salvo nos casos de guerra declarada, a partir das previsões do Código Penal Militar e do Código de Processo Penal Militar. A pena de morte, consequência muito comum no Direito Penal antigo, tem sido afastado em inúmeras legislações contemporâneas, embora insista em permanecer em muitos sistemas.

Nesse aspecto, vale a pena destacar que o Brasil foi um dos primeiros, senão o primeiro país "moderno" a abolir a pena de morte, mesmo antes de ser formalmente afastada do sistema nacional, principalmente a partir do caso que ficou conhecido como um dos maiores erros judiciários da história brasileira, ocorrido em Macaé-RJ, no início da segunda metade do século XIX*.

O Brasil também proíbe a pena de caráter perpétuo, consequência prevista em inúmeros outros sistemas.

---

*   Para conhecer a história daquele que, por muitos, é considerado o maior erro judicial nacional, confira: MARCHI, 2008. "Sinopse: relato do mais trágico erro da Justiça brasileira. Ocorrido em meados do século XIX, em Macaé, no norte da província do Rio de Janeiro. O autor reconstituiu o drama pessoal do fazendeiro Manoel da Motta Coqueiro, condenado à morte pelo assassinato de uma família de colonos em uma de suas propriedades. Carlos Marchi usa ferramentas de repórter para rastrear os vestígios da vida do fazendeiro em documentos obtidos nos arquivos oficiais. Coqueiro teve dois julgamentos parciais e foi condenado à morte. Após sua execução, descobriu-se que ele era inocente e o imperador Pedro II, condoído por não ter lhe concedido a graça imperial, passou a perdoar cada vez mais condenados à morte, antecipando informalmente o fim da pena de morte no Brasil." (MARCHI, 2008)

Guiado por valores humanistas, o sistema penal volta-se para a recuperação do agente criminoso, a fim de afastar a possibilidade jurídica das penas de morte e perpétua.

Embora, muitas vezes, as penas concretamente aplicadas possam ultrapassar sobremaneira expectativa de vida, não só dos brasileiros, mas de qualquer ser humano, a legislação penal estipula um limite máximo de 30 anos como limite de cumprimento de pena.

Penas de trabalhos forçados são igualmente proibidas em território nacional. Nosso sistema penitenciário é baseado na faculdade do trabalho, não havendo a possibilidade jurídica de determinar-se a realização de práticas laborativas como integrante do cumprimento de pena.

Nesse aspecto, muito interessante é a análise que alguns doutrinadores realizam sobre a relação histórica entre a escassez ou o excesso de mão de obra e a natureza das penas privativas de liberdade ou de trabalho forçado.* Mas o aprofundamento da questão fugiria dos objetivos deste manual.

A pena de banimento, muito utilizada em épocas passadas, inclusive com previsão e utilização da pena de banimento para o Brasil, está hoje banida de nosso sistema punitivo, com o perdão do trocadilho.

Por fim, a Constituição da República proíbe o estabelecimento de penas cruéis. Embora se trate de um conceito vago, pretende o constituinte originário que o caráter expansivo, expiatório e de vindita, que, por vezes, abala as bases dos sistemas penais modernos, não tenha influência para permitir o estabelecimento de penas que foram historicamente afastadas dos sistemas modernos.

---

* Sobre o tema, confira: RUSCHE; KIRCHHEIMER, 2004.

Por outro lado, qualquer um que tenha um pouco mais de contato com a realidade do sistema prisional nacional, talvez tenha a exata noção de que boa parte do sistema penitenciário está baseada na ideia de crueldade pelas condições reais de pena. Contudo, essa seria outra análise crítica que fugiria dos propósitos dogmáticos da presente obra, que, como tal, serve apenas como ponto de partida para inserções de natureza crítica.

Enfim, a partir de reconhecimento de falibilidade histórica, ou com pretensões de frear o caráter expansivo do sistema nacional, o constituinte originário estabeleceu algumas proibições de pena, direcionadas diretamente ao legislador penal ordinário, mas, antes de tudo, ao sistema penal e a seus operadores, inclusos, destacadamente, os agentes policiais de segurança pública.

Figura 2.8 – Princípio da limitação das penas

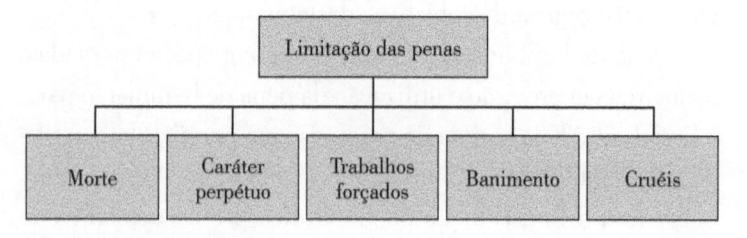

```
                    Limitação das penas
        ┌──────┬──────────┬──────────┬──────────┬──────┐
      Morte   Caráter   Trabalhos  Banimento  Cruéis
              perpétuo   forçados
```

■ Culpabilidade

O princípio da culpabilidade é um princípio muito caro para o Direito Penal moderno. Apresenta três acepções ou sentidos próprios nas ciências criminais: como integrante do conceito analítico do crime, como princípio medidor da pena e como impeditivo da responsabilidade objetiva.

Conforme teremos a oportunidade de aprofundar em seguida, o crime pode ser conceituado a partir de uma perspectiva analítica, quando o fenômeno *crime*, para fins, analíticos, é dividido em setores de análise.

Nesse sentido, estudaremos o crime a partir da conduta, da ilicitude e, finalmente, da culpabilidade, fechando a ideia com base na análise da punibilidade. Todos conceitos serão aprofundados a seguir.

Por hora, para o que nos interessa, a culpabilidade é um dos integrantes do conceito analítico de crime, especificamente, o terceiro elemento.

Embora o crime seja um fenômeno unitário, é possível desdobrá-lo a fim de estudar seus elementos, quase como uma anatomia criminal. Nesse sentido, ao lado de uma conduta penalmente tipificada, não justificada (excludentes de ilicitude), é necessário analisar se o agente ativo da conduta é culpável, ou seja, é preciso verificar se ele apresenta os atributos necessários e jurídicos para sofrer uma consequência penal.

São integrantes da culpabilidade a imputabilidade do agente, a previsibilidade objetiva da conduta e a exigibilidade de conduta diversa, isto é, conduta conforme o Direito. A partir desses três elementos, perfaz-se a culpabilidade como integrante do conceito analítico do crime. Mas, repetimos, essas questões serão pormenorizadas oportunamente.

O princípio da culpabilidade pode ainda ser observado a partir da ideia de medidor de pena. Nesse aspecto, a ideia é intuitiva e decorre do princípio da culpabilidade. Quanto maior a contribuição objetiva ou subjetiva do agente para a conduta criminosa, maior será sua responsabilidade, ou seja, sua culpabilidade. Assim como quanto menor for o grau de autoria ou participação, menor será a resposta penal, ou seja, menor será a responsabilidade pessoal, menor o grau de culpabilidade.

É por isso que o Código Penal deixa bem claro, no *caput* do art. 29, que "quem, de qualquer modo, concorre para o crime incide nas penas a este cominadas, **na medida de sua culpabilidade**" (BRASIL, 1940, grifo nosso).

Por fim, o princípio da culpabilidade assume o sentido da proibição da responsabilidade objetiva. No sistema penal nacional, o sujeito somente poderá ser responsabilizado por uma conduta típica se tiver agido com dolo ou culpa.

Teremos a oportunidade de abordar as categorias subjetivas da conduta típica, basicamente o dolo e a culpa. Por hora, fica assente que o sistema procura banir toda a possiblidade de responsabilidade daquele que não tenha concorrido culposa ou dolosamente para a ocorrência do crime.

Embora tente afastar completamente essa hipótese, o sistema penal ainda convive com hipóteses excepcionais de responsabilidade objetiva, como ocorre no caso de embriaguez completa não decorrente de caso fortuito ou força maior, hipótese em que, mesmo que o agente não tenha agido como dolo ou culpa, o Direito Penal antecipará o dolo mediante a teoria da *actio libera in causam*, conforme aprofundaremos oportunamente.

Em suma, o princípio da culpabilidade, no Direito Penal, pode ser definido, *primus*, como integrante do conceito analítico de crime, *secundus*, como princípio medidor de pena, e *tertius*, como princípio impeditivo da responsabilidade penal objetiva.

Figura 2.9 – Princípio da culpabilidade

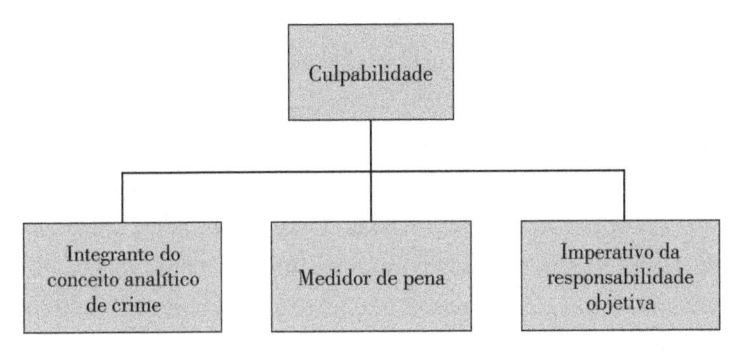

```
                    ┌──────────────┐
                    │ Culpabilidade│
                    └──────┬───────┘
          ┌────────────────┼────────────────┐
┌─────────────────┐ ┌──────────────┐ ┌──────────────────┐
│  Integrante do  │ │              │ │   Imperativo da  │
│ conceito analí- │ │Medidor de pena│ │ responsabilidade │
│  tico de crime  │ │              │ │      objetiva    │
└─────────────────┘ └──────────────┘ └──────────────────┘
```

■ Legalidade

Mais do que um princípio do Direito Penal, o princípio da legalidade ou da reserva legal é um dos princípios gerais do Direito, especialmente para os países de tradição romano-germânica, como é o caso brasileiro.

Apesar da origem histórica continental, o princípio da legalidade teria surgido nos países da linhagem *commom law*, mediante a Carta de Direitos (*Bill off Rights*) de 1215, malgrado tenha sido formulado como um princípio tributário a fim de conter ou limitar a capacidade de tributação do "governo".

O princípio da legalidade tem assento tanto constitucional quanto legal. Na Constituição Federal está previsto no art. 5º, inciso XXXIX, *in verbis*:

> *Art. 5º [...]*
>
> *[...]*
>
> *XXXIX – Não há crime sem lei anterior que o defina, nem pena sem prévia cominação legal.* (BRASIL, 1988)

Em razão do efeito da legalidade no tempo, o princípio da legalidade ou da reserva legal é também conhecido como *princípio da anterioridade*, justamente em razão da previsão "sem lei anterior que o defina".

De fato, a lei penal, especialmente a norma penal incriminadora, somente passa a ser obrigatória a partir do momento em que entra em vigor, não alcançando fatos passados, salvo em situações que beneficiem o autor da infração penal (conforme veremos em seguida, ao tratar do princípio da irretroatividade).

Em outras palavras, a consequência de natureza penal somente pode ser aplicada para fatos ocorridos após a vigência da norma penal que passa a definir aquela conduta como criminosa.

No âmbito infralegal, o princípio da legalidade tem assento logo no início do Código Penal, especificamente no art. 1º, *in verbis*:

Anterioridade da lei

> Art. 1º *Não há crime sem lei anterior que o defina. Não há pena sem prévia cominação legal.* (BRASIL, 1940, grifo do original)

O dispositivo de lei menciona a dupla face do Direito Criminal, a definição da conduta criminosa e a consequência pela violação da norma. Já tivemos a oportunidade de explicar que, nesse ramo do Direito, a consequência pela violação da norma é tão importante que dá nome à disciplina (Direito Penal), diferentemente do que ocorre nas demais disciplinas jurídicas.

Para além da legalidade, no Direito Penal costuma-se mencionar princípio da legalidade estrita. Isso porque, em razão das consequências drásticas que podem redundar da violação da norma penal (bem por isso, *ultima ratio*), as normas jurídicas penais, especialmente as normas penais incriminadoras, devem ser interpretadas de forma restrita.

Mais que isso, além de uma interpretação tendente à restrição, as normas penais incriminadoras devem ser as mais claras possíveis, evitando-se termos vagos ou que demandem maior esforço interpretativo ou valorativo com vistas a obter o sentido e o alcance de determinada norma e seu comando. Aprofundaremos essa questão ao tratar das normas penais e de sua interpretação.

Irretroatividade

O princípio da irretroatividade está ligado ao anterior (princípio da legalidade). Pelo princípio da legalidade, a norma penal (especialmente a norma penal incriminadora) somente poderá ser aplicada para fatos ocorridos a partir de sua entrada em vigor. É um princípio relacionado à aplicação da lei penal no tempo, o qual será analisado em tópico específico adiante.

Decorre do princípio geral pelo qual a lei se aplica para os fatos ocorridos no período de sua vigência, sob o brocardo latino *tempus regit actum*. Isso porque, a partir do momento da entrada em vigor, a lei, de forma geral, passa a ser de cumprimento obrigatório e, antes disso, de conhecimento geral presumido. Mesmo que factualmente não se saiba exatamente o conteúdo da lei, ou a data de sua entrada em vigor, o sistema legal presume a ciência e a consciência geral da lei e de seu conteúdo normativo (proibido, obrigatório, facultado – os chamados *operadores deônticos*).

Esse princípio geral também é aplicado ao Direito Penal, mediante a ideia inserida no princípio da irretroatividade.

No campo criminal, porém, há algumas exceções que permitem que a lei possa atingir fatos ocorridos antes de sua vigência, retroagindo para atingi-los. É a chamada *retroatividade benigna*.

Tanto o princípio da irretroatividade quanto o da retroatividade benigna têm assento constitucional e legal. A Constituição Federal assim prevê:

> Art. 5º [...]
>
> [...]
>
> XL – *A lei penal não retroagirá, salvo para beneficiar o réu.* (BRASIL, 1988)

O Código Penal também disciplina expressamente ambos os princípios, conforme o disposto em seu art. 2º:

> **Lei penal no tempo**
>
> Art. 2º *Ninguém pode ser punido por fato que lei posterior deixa de considerar crime, cessando em virtude dela a execução e os efeitos penais da sentença condenatória.*
>
> *Parágrafo único. A lei posterior, que de qualquer modo favorecer o agente, aplica-se aos fatos anteriores, ainda que decididos por sentença condenatória transitada em julgado.* (BRASIL, 1940, grifo do original)

Em suma, como regra, as normas de Direito Penal seguem o princípio do *tempus regit actum*, mediante o princípio da irretroatividade; como exceção, seguem o princípio da retroatividade benigna.

Os princípios da irretroatividade e da retroatividade benigna são faces distintas de um mesmo fenômeno jurídico no tempo. Esquematicamente, temos:

Figura 2.10 – Irretroatividade e retroatividade benigna

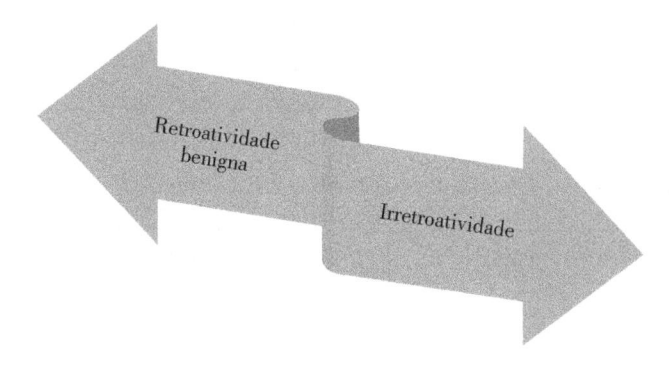

Conforme analisaremos ao tratar especificamente da lei penal no tempo, a seguir, veremos que existem outras hipóteses de aplicação extemporânea da lei penal, como ocorre com as leis penais excepcionais ou leis penais temporárias.

Por hora, a partir dos princípios em análise, podemos mencionar quatro cenários possíveis.

Dois cenários em que a norma penal retroagirá, eis que a situação será mais benéfica em relação à situação jurídica daquele que cometeu a infração penal. São as hipóteses da *abolitio criminis*, quando a conduta, outrora criminosa, deixa de ser considerada crime, e a hipótese da *novatio legis in mellius*, quando a nova lei, apesar de ainda prever a conduta como criminosa, traz algum benefício ao agente, como, por exemplo, a redução da pena. Nessas hipóteses, a lei penal retroagirá mediante aplicação direta do princípio da retroatividade benigna.

Por outro lado, temos as hipóteses da *novatio legis incriminadora*, quando a lei passa a criminalizar determinada conduta, bem como a *novatio legis in pejus*, na qual a nova lei trata de maneira mais rigorosa alguma consequência penal da conduta; por exemplo: aumenta a pena em abstrato ou insere alguma nova qualificadora ou circunstância agravante. Nessas duas últimas hipóteses, aplica-se o princípio da irretroatividade de forma que a nova lei somente poderá ser aplicada para fatos praticados após sua entrada em vigor.

Esquematicamente, temos:

Figura 2.11 – *Irretroatividade versus retroatividade*

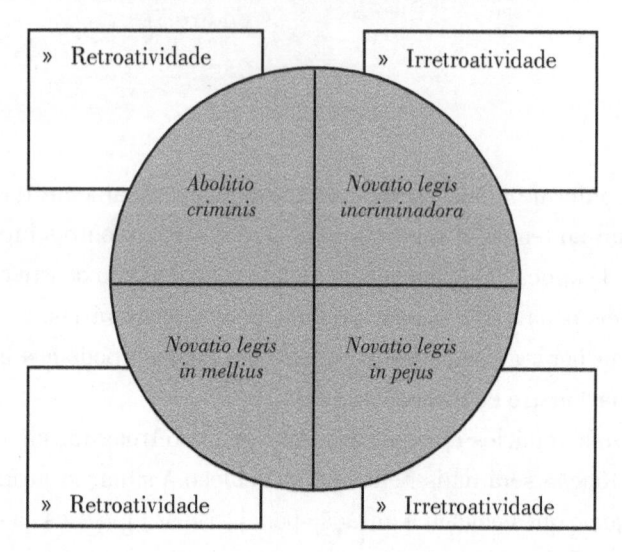

```
  » Retroatividade          » Irretroatividade

        Abolitio         Novatio legis
        criminis         incriminadora

        Novatio legis    Novatio legis
        in mellius       in pejus

  » Retroatividade          » Irretroatividade
```

■ **Não culpabilidade ou presunção de inocência**

O princípio da não culpabilidade, também conhecido como *princípio da presunção de inocência*, é de fácil entendimento, ao menos em uma primeira aproximação do instituto. Assim como boa parte dos princípios jurídicos, tem assento constitucional, expresso no art. 5º, inciso LVII:

> Art. 5º [...]
>
> [...]
>
> LVII – *Ninguém será considerado culpado até o trânsito em julgado de sentença penal condenatória.* (BRASIL, 1988)

Trânsito em julgado é a situação jurídica em que uma decisão judicial torna-se imutável, não possível de ser submetida ou rediscutida mediante algum tipo de recurso processual. Em termos simples, ocorre quando se encerra o processo penal, mediante um veredicto condenatório ou absolutório, sem a possibilidade jurídica de interposição de algum recurso a fim de rediscutir a matéria decidida.

Obviamente, o dispositivo constitucional não pode ser interpretado de maneira absoluta, aliás, como ocorre em qualquer outro princípio.

A impossibilidade de considerar o sujeito culpado por determinada conduta não impede a adoção de medidas, algumas cautelares, justamente a fim de preservar a apuração da verdade, um dos cânones do Direito Processual Penal.

A consideração absoluta do dispositivo levaria a um *non sense*, no sentido que estaria proibida qualquer medida tendente a apurar a própria conduta criminosa, tal como indiciamento, acusação ou outra medida cautelar probatória, instrutória ou prisional.

A propósito, as medidas cautelares pessoais, especialmente as medidas prisionais, não significam violação ao princípio em análise. As medidas cautelares não partem de um juízo de certeza jurídica, mas de um juízo de probabilidade (*fumus bonis juris* ou, no processo penal, *fumus comissi delicti*) e da necessidade de acautelar alguma situação jurídica tutelável ameaçada por alguma circunstância ou postura do suspeito ou acusado (*periculum in mora*).

O ato prisional em flagrante delito, nessa esteira, não representa violação do princípio da presunção de inocência ou não culpabilidade, eis que não parte da ideia de uma certeza jurídica processual, mas de uma certeza visual da recém-ocorrência de uma infração penal, mormente por agente policial de segurança pública, conforme aprofundamos no capítulo inicial da presente obra.

Por fim, cumpre registrar que o princípio da não culpabilidade apresenta, segundo a doutrina, duas acepções principais: uma formal e uma material.

Pela acepção formal, o princípio da presunção de inocência se aproxima mais de um critério de julgamento na medida em que significa, em essência, que, havendo dúvida sobre a ocorrência da infração penal ou sobre sua autoria, a absolvição é medida de rigor.

Esse sentido está relacionado à origem anglo-saxã do instituto. Considerando a tradição de julgamento por pessoas "comuns", sem a necessária formação jurídica, o júri é orientado sobre os critérios de julgamento, entre eles, o benefício da dúvida.

No sentido **material**, o princípio da presunção de inocência ou não culpabilidade constitui a impossibilidade de se adotar providências antecipatórias de pena, eis que quaisquer medidas de pena antecipada significariam violação à presunção constitucional.

Cumpre reiterar que as medidas prisionais são provimentos cautelares que visam proteger alguma situação a ser tutelada na relação processual, não significando a antecipação de culpa, aliás, nesse aspecto, partem da ideia de verossimilhança, e não de certeza jurídica da autoria da infração penal.

Questão deveras interessante e complexa diz respeito ao cumprimento provisório de pena, a partir de uma decisão colegiada, quando possíveis apenas recurso especial e recurso extraordinário, sem, contudo, o trânsito em julgado da sentença ou do acordão penal condenatório.

Por se tratar de questão complexa, que envolveria o trato de questões sensíveis de Direito Penal e de Direito Processual

Penal, optamos apenas por apresentar a polêmica, sem aprofundar o debate, sob pena de fugir dos objetivos do presente estudo.

Encerrada a apresentação dos principais princípios penais aplicáveis à atividade policial, bem por isso Direito Penal Policial, cumpre apresentar graficamente o que fora exposto:

Figura 2.12 – Princípios relevantes para a atividade policial

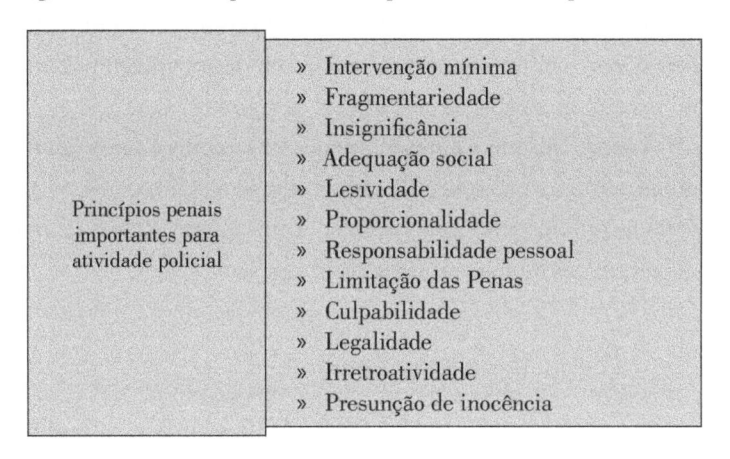

Princípios penais importantes para atividade policial	» Intervenção mínima » Fragmentariedade » Insignificância » Adequação social » Lesividade » Proporcionalidade » Responsabilidade pessoal » Limitação das Penas » Culpabilidade » Legalidade » Irretroatividade » Presunção de inocência

2.2 Fontes, finalidade e esboço histórico do Direito Penal

Após apresentarmos o conceito do Direito Penal, passando pela interessante questão da nomenclatura, e analisarmos os princípios penais de interesse para a atividade policial, mais ainda no contexto das noções preliminares (introdutórias) das ciências criminais voltadas à atividade de defesa social (segurança pública), cumpre abordarmos questões fundamentais para o assunto de que ora tratamos. Referimo-nos às fontes do Direito

Penal, à finalidade desse ramo do Direito e a um esboço histórico das ciências criminais modernas.

Nas fontes do Direito Penal, analisaremos a origem das normas jurídicas de natureza penal, tanto as fontes que fundamentam a edição das normas (fontes materiais) quanto o "local" onde encontramos as normas dessa natureza (fontes formais).

Ao enfrentar a questão da finalidade do Direito Penal, tentaremos evidenciar os principais objetivos almejados pelas ciências criminais, suas normas e, conseguintemente, seus operadores, incluindo os agentes policiais de segurança pública em posição de destaque no sistema persecutório.

No esboço histórico, apresentaremos uma rápida e panorâmica notícia sobre as mutações do Direito Penal e seu recente surgimento na qualidade de ramo autônomo do conhecimento humano.

É o que passamos a apresentar.

2.2.1 Fontes do Direito Penal

A palavra *fonte* vem do latim *fons*, que significa nascente, manancial. Assim, *fonte* é o local de procedência, de onde se originam, no caso, o Direito Penal e suas normas.

Para fins didáticos, as fontes costumam ser classificadas em fontes materiais, ou de produção, e fontes formais, de conhecimento ou cognição.

As fontes materiais constituem o "local" de inspiração das normas jurídicas, as condições materiais da vida social, suas interações geopolíticas, enfim, as diversas mediações inspiradoras do legislador penal. Por isso, são também chamadas de *fontes de produção*.

Já as fontes formais, também chamadas de *conhecimento* ou *cognição*, consistem no "local" de materialização das normas jurídicas, onde podem ser encontradas as normas jurídico-penais, isto é, onde podem ser encontrados os comandos normativos representados nos operadores deônticos – proibido, facultado, obrigatório.

■ Fontes materiais (de produção)
Como vimos, as fontes materiais são constituídas pelas inúmeras mediações e interações de que se vale o legislador penal para editar ou modificar alguma norma de natureza penal.

O legislador penal, no exercício da atividade parlamentar, mediante o sistema político de representação indireta, observa as interações sociais e políticas, a fim de refletir no processo legislativo as principais necessidades e os interesses sociais na área repressiva penal.

Esse complexo de interações políticas, econômicas, sociais, etc. costumamos designar como *fonte material* ou de *produção* das normas jurídicas, no caso em análise, normas jurídicas penais.

A sociedade é muito dinâmica, com reflexo imediato na relação de interação entre os valores e os bens jurídicos que alçam a importância de proteção penal. Embora o Direito Penal necessite de maior estabilidade em relação aos demais ramos do Direito, ele também necessita de certo dinamismo, de forma a se adaptar às mudanças sociais e, reflexamente, às mudanças políticas.

A propósito, no âmbito da ciência política, o Direito Penal é local privilegiado de estudo, a fim de ser possível observar e analisar determinada sociedade a partir dos bens jurídicos penalmente protegidos. Serve, ainda, para análises históricas, com o intuito de estudar as mudanças sociais de determinada sociedade e suas interações em dado período sob análise.

Para conhecer um período histórico e determinada sociedade, a análise do respectivo Código Penal, ou equivalente histórico, é instrumento privilegiado, pois o Direito Penal reflete os valores fundamentais de dado grupo social e representa os bens jurídicos que, por inúmeros fatores, merecerem atenção e proteção especiais.

No Brasil Império, por exemplo, bem como nos primeiros anos da República, por influência católica, houve a estipulação nos respectivos códigos criminais e penais, de inúmeros crimes relacionados a valores e bens católicos.

Como exemplo de análise, vale, ainda, indicar o que aconteceu com o porte de armas, que, em pouco mais de uma década, alçou de mera contravenção penal, de parca resposta penal, para um dos crimes de maiores respostas do sistema penal, com penas consideradas altas se parametrizadas com os demais crimes do sistema persecutório.

Há inúmeros outros exemplos históricos e perspectivas de análise.

O Direito Penal, repetimos, é um privilegiado instrumento de estudo histórico e social.

No caso brasileiro, embora, em teoria, seja um Estado Federado, apresenta uma centralidade concentrada na União, pelo menos em matéria legislativa, sintomático de que a fonte material ou de produção de normas penais é exclusividade do legislativo federal. Isso por força do art. 22, inciso I, da Constituição da República, que assim dispõe:

> *Art. 22. Compete privativamente à União legislar sobre:*
>
> *I – Direito civil, comercial, **penal**, processual, eleitoral, agrário, marítimo, aeronáutico, espacial e do trabalho.*
> (BRASIL, 1988, grifo nosso)

O art. 22 da Constituição da República estabelece a competência legislativa privativa ou, como alguns sustentam, a competência legislativa exclusiva da União.

Como mencionamos *en passant*, a União concentra a maioria ou as principais competências legislativas, sintomático que concentre, nas casas legislativas federais, as atribuições referentes ao mais agudo instrumento de controle social: o Direito Penal.

Dessarte, normas formais de Direito Penal somente podem ser editadas mediante processo legislativo que tenha tramitado no Congresso Nacional, mediante análise das casas respectivas, vale dizer, Câmara dos Deputados e Senado Federal.

Aos estados-membros ou aos municípios, não foi oportunizada tal prerrogativa, de forma que uma lei penal será necessariamente uma lei federal.

■ Fontes formais (de conhecimento ou cognição)

As fontes formais são os instrumentos de materialização das normas jurídicas, no caso, normas penais, isto é, o local onde poderemos encontrar as normas de natureza penal e guiarmo-nos por seus comandos normativos proibindo algumas condutas, permitindo outras, ou facultando a conduta em duas ou mais oportunidades de comportamento.

Assim, as fontes formais são também conhecidas como *fontes de conhecimento* ou *fontes de cognição*. Fontes por meio das quais é possível o conhecimento da norma jurídica penal ou de cognição de seu conteúdo normativo.

As fontes formais, de conhecimento ou de cognição podem ser subdivididas em fontes imediatas ou primárias e fontes mediatas ou secundárias.

A fonte **imediata** ou primária, como não poderia ser diferente, é a lei ordinária, lei positivada, lei escrita. Isso porque

O princípio da legalidade é muito caro ao Direito Penal, como vimos ao tratar da questão principiológica.

Mais do que o princípio da legalidade, vigora no Direito Penal a ideia de legalidade estrita, de forma que apenas a lei em sentido estrito, lei positivada, lei escrita, é que pode estipular ou caracterizar determinada conduta como criminosa.

O Brasil, herdeiro da tradição jurídica romano-germânica, também conhecida como *sistema continental* (em contraposição ao sistema *common law*), tem a lei positivada, escrita, como principal instrumento de veiculação jurídica, não seria diverso com o Direito Penal, enquanto *ultima ratio*.

É o império da lei, e mais, é o império da lei escrita na qualidade de fonte primordial de Direito Penal.

As fontes **mediatas** ou secundárias, por sua vez, embora não tenham a mesma centralidade e essencialidade, apresentam importância como elementos de interpretação e integração das normas penais, especialmente as normas penais não incriminadoras.

Como vimos, as normas penais incriminadoras devem ter como fonte formal única a norma escrita, positivada por meio de processo legislativo federal. Porém, conforme verificaremos oportunamente, além das normas penais incriminadoras, existem inúmeras outras normas de natureza penal, mas não incriminadores.

A *latere* das fontes imediatas ou primárias, portanto, estão as fontes mediatas ou secundárias, a fim de fechar sistematicamente o sistema penal por meio de suas fontes.

As fontes mediatas ou secundárias podem ser: o costume, a jurisprudência, a doutrina e os princípios gerais do Direito.

O **costume** é o conjunto de práticas sociais reiteradas. É o chamado *direito costumeiro* ou *consuetudinário*. Mesmo que reconhecido em dado contexto social como de observância obrigatória, o costume não pode criar normas penais incriminadoras em razão do princípio da legalidade estrita em vigor no Direito Penal.

Por outro lado, apresenta importância em algumas situações especiais com repercussão para o Direito Penal. É o que ocorre, por exemplo, na análise do princípio da adequação social. Vislumbrar determinado comportamento como adequado socialmente e afastar o caráter criminal de dada conduta passa, necessariamente, pela análise do costume que subjaz ao comportamento determinado.

A **jurisprudência** é importante fonte do Direito. Trata-se do conjunto de decisões reiteradas proferidas pelo Judiciário. Ainda que não possa criar normas penais incriminadores, como de quebra todas as fontes formais mediatas ou secundárias, o entendimento reiterado dos juízes e dos tribunais tem importância fundamental para o Direito Penal, haja vista que a pena somente pode ser aplicada por autoridade judicial.

O entendimento dos tribunais em matéria criminal constitui importante referência de comportamento para a sociedade, mas, acima de tudo, é referencial de comportamento para as autoridades policiais na área de segurança pública. Isso porque, conforme destacamos em diversas passagens, algumas categorias e alguns institutos penais são vagos e necessitam de um esforço hermenêutico com base na riqueza do caso concreto.

Como o legislador não tem onipotência, não é capaz de prever todas as possibilidades a serem disciplinadas mediante uma lei positivada, lei em sentido estrito. Até pelo caráter geral e abstrato das normas, incluindo as normas de natureza penal, sempre haverá o mister de um esforço intelectivo de interpretação.

Diante da vagueza da lei ou da dificuldade de sua interpretação em alguns casos limítrofes ou institutos constituídos por conceito abertos, a jurisprudência assume vital importância para a atividade cotidiana das agências de segurança pública.

A **doutrina**, da mesma forma, é importante fonte do Direito. É caracterizada pelo entendimento dos estudiosos dos diversos ramos do Direito, no caso Direito Penal, *rectius*, Direito Penal Policial.

Afirmamos, no capítulo introdutório, ao apresentar os conceitos operacionais, que uma das dificuldades da atividade policial no Brasil é o vazio doutrinário, vale dizer, a pouca disponibilidade de estudos científicos na subárea do Direito Penal Policial.

O entendimento exarado pelos estudiosos do Direito, especialmente pelos que lidam com a matéria do cotidiano profissional, constitui relevante elemento de preparação para a atividade policial.

Por fim, temos os **princípios gerais do Direito** como fonte mediata ou secundária do Direito. Nesse aspecto, tivemos a oportunidade de desenvolver um item completo com os princípios do Direito Penal. Quando abordamos os diversos princípios de Direito Penal, preocupamo-nos em indicar se tratava-se de um princípio do Direito Penal ou de um princípio geral do Direito, ou seja, um princípio aplicável aos diversos ramos da ciência jurídica.

Os princípios são, por essência, fundamentais no entendimento das diversas categorias e dos institutos jurídicos, servindo de instrumental para a solução de um sem números de dúvidas e soluções que podem surgir nas questões práticas, principalmente considerando mais uma das características do dilema policial visto no início desta obra: a atividade policial está em constante compressão temporal, a atividade decisória necessita de imediata realização, malgrado normalmente irreversíveis.

Esquematicamente, temos:

Figura 2.13 – Fontes do Direito Penal

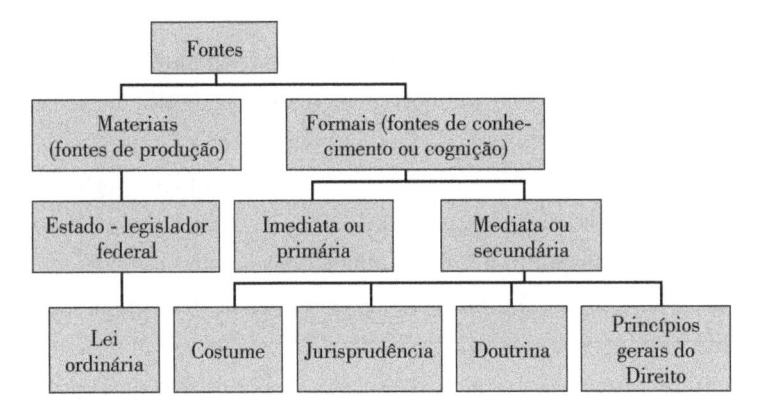

```
                          Fontes
                ┌───────────┴───────────┐
          Materiais              Formais (fontes de conhe-
       (fontes de produção)      cimento ou cognição)
                            ┌───────────┴───────────┐
     Estado - legislador   Imediata ou      Mediata ou
          federal            primária        secundária
                    ┌──────┬──────┴──────┬──────────┐
          Lei                                      Princípios
        ordinária  Costume  Jurisprudência Doutrina gerais do
                                                    Direito
```

2.2.2 Finalidade do Direito Penal

De modo geral, depois de tudo o que apresentamos, fica quase que intuitivo analisar a principal finalidade do Direito Penal. Segundo a doutrina majoritária, a finalidade do Direito Penal é a **proteção de bens jurídicos essenciais à sociedade**.

Ao tratar de sua principiologia, já tivemos a oportunidade de mencionar que o Direito Penal é o instrumento mais enérgico de que dispõe o Estado para a proteção de bens jurídicos (princípio da intervenção mínima ou da *ultima ratio*).

Ao lado da intervenção mínima, também dissemos que o Direito Penal é caracterizado pela fragmentaridade, ou seja, mais do que proteger todo o conjunto de relações jurídicas decorrentes das lesões possíveis aos bens jurídicos penalmente selecionados, o Direito Penal preocupa-se em penalizar as condutas mais agressivas ao bem jurídico (princípio da fragmentariedade).

Por esse motivo, não é qualquer lesão ao bem jurídico protegido que caracterizará um crime, mas as condutas penalmente significativas, afastando-se, assim, todas as condutas de lesão inexpressiva ao bem tutelado (princípio da insignificância ou crimes de bagatela).

A partir dos primeiros princípios apresentados, portanto, salta aos olhos a principal finalidade do Direito Penal, vale dizer, a proteção dos bens jurídicos essenciais à sociedade. Frise-se que não é a proteção de qualquer bem jurídico, mas dos bens jurídicos essenciais e que, por isso, merecem ou mereceram a proteção por meio do especial instrumento do Direito Penal.

Nosso objetivo não é aprofundar questões críticas das ciências criminais, mas é interessante fazer referência aos que defendem que, além da defesa de bens jurídicos, considerando que a norma penal "constitui o crime", e não somente o declara, a principal finalidade do Direito Penal não seria a proteção desses bens jurídicos selecionados, mas a proteção da própria norma jurídica em si, no caso, a proteção da norma jurídica penal.

Considerando que nosso objetivo na presente obra é apresentar os contornos dogmáticos básicos das ciências criminais em convergências com as categorias de interesse para as agências e os agentes policiais na área de segurança pública (defesa social), não aprofundaremos aspectos críticos do processo político e tenso de seleção dos bens jurídicos pelo legislador penal.

De fato, os aspectos que envolvem o processo legislativo, especialmente o processo legislativo penal, são complexos e despertam inúmeras possibilidades de análise, inclusive críticas, de como ocorre tal processo e do jogo de forças para a definição das normas penais incriminadoras, seus preceitos primários, secundários, normas penais não incriminadoras, enfim, do complexo processo de produção de normas penais e seleção de bens jurídicos que mereçam especial proteção.

De forma introdutória, a partir dos preceitos doutrinários básicos da ciência política, é possível apresentar o ciclo básico de produção da norma penal, a partir da finalidade precípua de proteção de bens jurídicos que, por uma série de interações, são considerados essenciais à sociedade a ponto de merecerem proteção penal.

Em primeira mediação, precisamos considerar a forma moderna de organização social, a partir do que, historicamente, costuma-se mencionar como Idade Moderna e Contemporânea, vale dizer, o Estado.

Nos últimos séculos, na evolução das sociedades ocidentais, a coletividade passou a organizar-se lentamente na forma do que hoje chamamos de *Estados modernos*, com a crescente formação de instituições sociais com concentrações políticas para a gestão dos destinos sociais, com maior ou menor intervenção nos diversos aspectos da vida social.

Ao lado do Estado, um atributo lhe é essencial: o **Estado de Direito**.

A partir de movimentos principalmente iluministas, as sociedades ocidentais, em primazia a uma racionalidade livre, "evoluíram" para a necessidade de objetivação das regras sociais por meio do estabelecimento formal de regras jurídicas, positivadas pelo Estado, por meio de um processo legislativo previamente estabelecido, seja na forma de participação direta, seja de participação indireta.

Surgem ideias como *sistema jurídico, ordenamento e ordem jurídica* e, no ápice do sistema, como fonte de validade das demais normas (inclusive penais), advém a Constituição

Federal. Também por isso esse período iluminista praticamente coincide com os movimentos ditos *constitucionalistas*.

Mas não é só. Ao lado do atributo de Direito, o Estado necessita ser democrático. Temos a concepção essencial da ideia de Estado de Direito Democrático.

Com vistas à objetivação da vida coletiva como forma de superar uma subjetivação das principais decisões em pessoas ungidas ou escolhidas por critérios eminentemente metafísicos, retomam-se as principais ideias gregas de democracia, porém, não de forma essencialmente direta, como nas cidades-estados, mas principalmente mediante representação.

A população, como elemento essencial para a própria concepção de Estado, decide seu próprio destino e adota as principais decisões, tanto na forma direta quanto, principalmente, na forma indireta, por meio de sistemáticas escolhas de seus representantes políticos. Não se trata de decisões impostas, ditadas (Estado ditatorial), mas de decisões tomadas mediante consensos sociais (Estado democrático).

É a ideia básica de Estado de Direito Democrático ou, como alguns preferem, de Estado Democrático de Direito.

A sociedade organizada na forma de Estado, a partir de leis positivadas pelo próprio Estado via processo legislativo legítimo, com vistas a atender aos principais anseios da sociedade, até em função das fontes materiais que vimos, seleciona os bens jurídicos que merecem especial atenção, ou seja, merecem especial proteção, que se dá pelo Direito Penal.

Em outras palavras, a norma penal é a seleção realizada pela sociedade, de forma indireta (Poder Legislativo), a partir de um processo legislativo constitucionalmente determinado.

Essa é a ideia básica de construção da norma penal e de seleção de bens jurídicos considerados essenciais para a convivência social. Obviamente que esse é um esquema simples e dogmático embasado nas ideias básicas da ciência política. Muito de análise crítica poderia ser refletida nas diversas mediações apresentadas, mas não é esse o foco da presente obra.

Da mesma forma, há de se destacar o aspecto dinâmico desse processo. Embora o Direito Penal exija certa estabilidade, até em decorrência do caro princípio da legalidade (estrita), as sociedades e seus valores são dinâmicos, com reflexos diretos da própria noção de quais são os bens jurídicos que merecem especial atenção.

Os bens atualmente protegidos são muito diversos dos protegidos há algumas décadas, quando do início da vigência do atual Código Penal. Assim como não serão os mesmos doravante, em maior ou menor tempo.

De igual forma, dinâmica é a intensidade da positivação de leis pelo Estado (vide, por exemplo, a tendência moderna de criação de tipos abertos para atender à dinâmica atual), assim como o maior ou o menor atributo democrático das instituições políticas (o Brasil vivenciou recentes períodos de menor abertura democrática).

Esquematicamente, podemos apresentar a seguinte visão gráfica desse processo:

Figura 2.14 – Norma penal

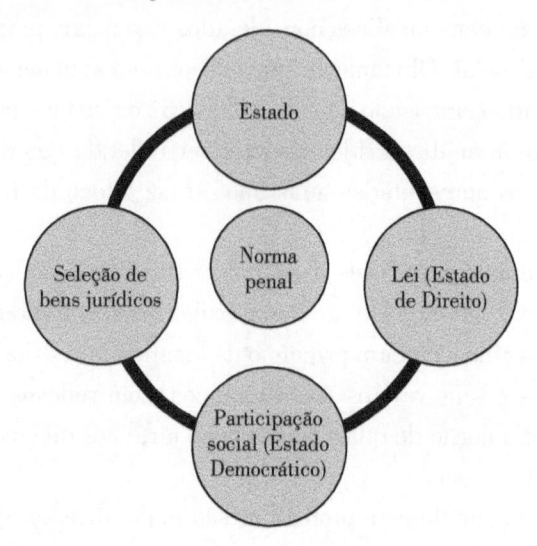

- Estado
- Seleção de bens jurídicos
- Norma penal
- Lei (Estado de Direito)
- Participação social (Estado Democrático)

2.2.3 Esboço histórico

A apresentação de uma perspectiva histórica de qualquer instituição social não é tarefa fácil. Isso porque toda retrospectiva histórica, por mais simples que seja (o que não é o caso do Direito Penal) – exige um grande esforço metodológico com resultados necessariamente parciais e subjetivos. Subjetivos em duplo sentido – para quem conta essa histórica e para quem recebe os relatos históricos.

Tratando-se de uma obra de apresentação de aspectos dogmáticos das ciências penais na perspectiva dos órgãos e dos agentes da segurança pública, muitos cortes serão necessários, mais que isso, essenciais.

De qualquer forma, é importante estabelecer três características principais da perspectiva histórica, úteis para a compreensão deste breve esboço histórico.

Em primeiro lugar, mister destacar a **importância** da análise histórica. A exata e perfeita compreensão de qualquer instituto ou categoria, máxime jurídica, passa pela compreensão de sua evolução histórica. Quando analisamos determinado instituto ou categoria a partir de sua evolução histórica, das circunstâncias de seu surgimento, dos fatores de sua alteração no decorrer do tempo, das etapas transpassadas para o estágio atual, da conjuntura social e histórica pela qual passou, mais fácil será a compreensão e o trato com a categoria ou o instituto em análise.

Em segundo lugar, toda perspectiva histórica será necessariamente **complexa**. Não há estudo histórico simples. Toda análise histórica envolve o manuseio de categorias inúmeras, em infinitas possibilidades, do que resulta uma complexidade crescente. De certa forma, essa é uma mudança de ponto de vista em relação ao que estamos acostumados a estudar nos bancos escolares regulares.

Por fim, além de importante e complexa, toda apresentação histórica envolve necessariamente **escolhas**. Não há fato a ser historicamente reconstituído, por mais singelo que possa parecer, que não passe necessariamente pelas escolhas do "historiador". As escolhas não são intencionais, mas sim necessidade metodológica, dadas as infinitas possibilidades de reconstituição histórica de fatos.

Assim, a importância, a complexidade e a necessidade de escolhas constituem uma tríade metodológica que todos aqueles que se aventuram na descrição histórica, ou acessam algum texto ou fonte histórica, devem ter em mente para a mínima percepção da realidade descrita.

Esquematicamente, podemos apresentar a perspectiva histórica na forma que segue:

Figura 2.15 – Perspectiva histórica

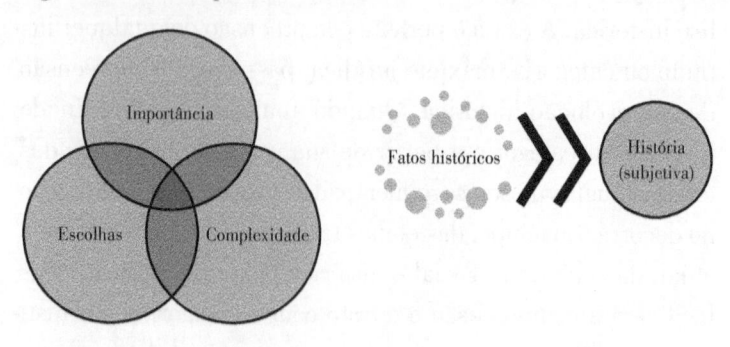

Com esses pressupostos em mente, passamos a uma visão meramente panorâmica sobre a história do Direito Penal. Naturalmente importante, *rectius*, fundamental, complexa e necessariamente a partir de escolhas do autor, no caso, uma opção por mera perspectiva panorâmica e arbitrariamente superficial do histórico do Direito Penal, porquanto nosso objetivo seja tão somente a apresentação dos aspectos básicos da dogmática penal, na interação com a atividade policial no campo da segurança pública.

Primeiro de tudo, é necessário compreender que a história do Direito Penal confunde-se com a história da humanidade.

Conforme mencionamos ao tratar dos fundamentos das atividades policiais nas organizações sociais, toda sociedade precisa de regras jurídicas de convivência e de uma estrutura com poderes coercitivos, potenciais ou reais para fazer cumpri-las. No mesmo sentido, sempre haverá um núcleo de proteção especial para bens considerados essenciais para essa própria convivência, ideia básica do Direito Penal.

Por outro lado, apesar da história do Direito Penal confundir-se com a história da humanidade, só recentemente o Direito Penal passou a assumir autonomia científica e didática.

No desenvolvimento da historiografia penal ocidental, que originou e influenciou decisivamente para o Direito Penal nacional, podemos dividir o esboço histórico em cinco períodos básicos, a saber.

A um, temos a **vingança privada**, ideia punitiva que predominou nas sociedades antigas, baseada na retribuição do mal pelo mal. A resposta penal pode ser representada pela conhecida Lei de Talião, a partir do clichê: "olho por olho, dente por dente".

A dois, o Direito Penal mediante a ideia de **vingança divina**. Essa concepção penal predominou na Idade Média e parte da noção de um Direito Penal religioso, teocrático e sacerdotal.

A três, temos a concepção de um Direito Penal baseado na **vingança pública**, quando o Estado avoca para si o Direito (poder-dever) de dar as respostas penais às condutas consideradas criminosas. É a convergência do Direito Penal e o monopólio do uso da violência pelo ente estatal.

A quatro, há o **período humanitário ou clássico**, quando começa a ser formatado o Direito Penal moderno.

A cinco, por fim, o **período criminológico**, onde floresceram as principais ciências criminais.

Repetimos que esse é um corte arbitrário. A história humana é muito complexa para uma síntese tão restrita. Além disso, não há, necessariamente, uma sucessão de fases históricas, mas uma relação de predomínio de concepções em determinados períodos históricos ou em dada sociedade considerada.

Podemos, como de costume, apresentar a seguinte representação visual do esboço histórico:

Figura 2.16 – Esboço histórico do Direito Penal

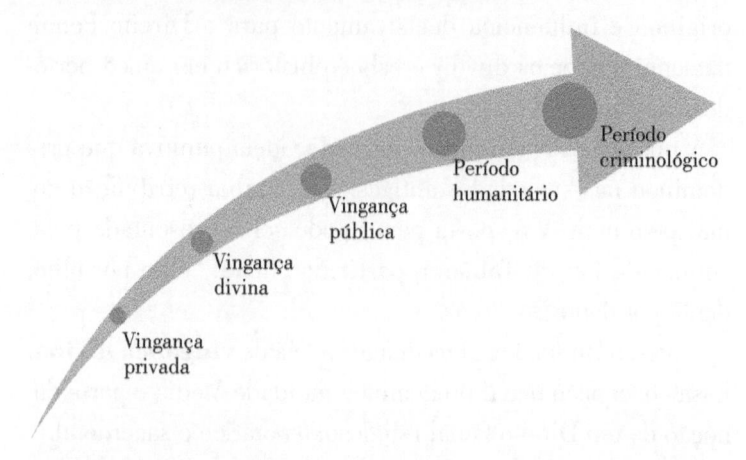

- Vingança privada
- Vingança divina
- Vingança pública
- Período humanitário
- Período criminológico

Porém, dos períodos apresentados, dois merecem maiores considerações didáticas, ainda que breves: o humanitário e o criminológico.

O período humanitário predominou nos séculos XVIII e XIX, nos países de tradição romano-germânica. Foi gerado a partir do movimento iluminista e tinha por principal escopo a substituição paulatina das penas corporais, aflitivas, por penas privativas de liberdade.

A matriz epistemológica do período humanitário é contratualista, isto é, a partir das ideias sociais dos autores assim intitulados. No centro desse movimento doutrinário penal está a ideia da dignidade da pessoa humana e a reflexão sobre a situação das respostas penais corporais, aflitivas, não raras vezes de morte.

Embora tenha sido um movimento muito rico, complexo e diversificado, podem ser destacadas as obras de Becharia, John Howard e Jeremy Benthan como representantes significativos das ideias defendidas pelos penalistas da época.

Em linha cronológica um tanto quanto arbitrária, temos, nos séculos XX e XXI, atual, portanto, o chamado *período criminológico*. É nesse período que ocorre uma verdadeira autonomia didática e científica das ciências criminais. Até então (no período humanitário), os estudos doutrinários tratavam as ciências penais ainda de forma genérica, muito vinculadas ao caráter filosófico e das ciências políticas.

A partir do início do século XX, o Direito Penal passa a ser encarado como ciência autônoma. É o auge da aplicação de experimentos oriundos das ciências naturais às ciências sociais, com reflexos imediatos nas ciências criminais.

Assim como as leis da natureza, muitos autores procuravam as causas da criminalidade, a fim de combater e evitar a ocorrência de crimes. Por vezes, apontavam causas patológicas, orgânicas, sociais, psicológicas, enfim, sempre em busca da causa (*ethos*) do crime, em um movimento acadêmico que ficou conhecido como *paradigma etiológico*. Merecem destaque as teorias desenvolvidas por Lombroso, Ferri e Garófalo.

Além da autonomia do Direito Penal em si, o movimento inaugura o surgimento da criminologia, também como ciência autônoma.

A partir da segunda metade do século passado, porém, esteirados nos primeiros estudos autônomos das ciências criminais, especialmente com as chamadas *escolas clássica* e *positiva* das ciências penais, ocorre um amplo desenvolvimento dos estudos, com focos em diversos temas e sob inúmeras perspectivas.

Espalham-se escolas criminais pelo mundo ocidental, suas teses e seus estudos criminológicos, atingindo um estágio de intensa complexidade e variedade no cenário jurídico atual. Escolas ou mais dogmáticas, ou mais críticas, a partir de matrizes epistemológicas diversas surgem e se desenvolvem, inclusive no Brasil.

Porém, apresentando um breve esboço histórico, não aprofundaremos a análise histórica das ciências criminais, afinal, conforme mencionamos no início, seria um esforço praticamente impossível e até contraditório para uma obra pretensamente dogmática.

III

Após apresentar os conceitos operacionais e instrumentais da presente obra, bem como as noções preliminares de Direito Penal, passamos a adentrar na parte dogmática propriamente dita.

A dogmática penal, na qualidade de ciência, fundamenta-se em um tripé didático, vale dizer, a teoria da norma penal, a teoria do crime e a teoria da pena.

As três grandes vigas mestras do Direito Penal serão abordadas na presente obra, sempre na perspectiva das agências de segurança pública e, consequentemente, de seus agentes.

No âmbito da teoria da norma, como o próprio nome indica, estudaremos a norma penal como norma com características próprias das ciências jurídicas.

Iniciaremos com a classificação das normas penais com especial ênfase às normas penais incriminadoras, ou seja, àquelas que definem as condutas criminosas e atribuem-lhes consequências penais.

Em seguida, abordaremos um tema relativamente complexo, mas de importância vital para a atividade policial na área de segurança pública: o concurso ou conflito aparente de normas

Teoria da norma penal

penais incriminadoras. Tentaremos enfrentar a difícil situação, potencialmente problemática, em que uma conduta, especialmente em estado flagrancional, aparenta tipicidade em dois ou mais crimes, ou em duas ou mais normas penais incriminadoras, com reflexos práticos e jurídicos relevantes.

Abordaremos, na sequência, a hermenêutica penal, ou seja, a interpretação das normas penais com vistas a alcançar o sentido e o alcance das diversas normas e seu comando normativo.

Por fim, trataremos da questão da lei penal no tempo e no espaço. No tempo, estudaremos o momento em que o crime é considerado praticado, quando passa a ter relevância penal e, por consequência, permite a atribuição da resposta penal adequada, especialmente dos órgãos policiais de segurança pública. Ainda, evidenciaremos o conflito de normas penais no tempo, na relação entre vigências de normas penais.

Com relação ao espaço, da mesma forma, abordaremos o local em que se considera praticada a conduta criminosa, como reflexo direto na atividade policial de segurança pública.

Dogmática relativa à norma penal é o tema que passaremos a expor, mas não sem antes apresentar uma noção essencial para o perfeito entendimento sobre o conteúdo normativo do Direito Penal: a dicotomia entre a lei e norma penal.

3.1 Dicotomia entre lei e norma penal

Muito embora ambas as expressões – *lei* e *norma* –, por vezes, sejam utilizadas como sinônimas, na verdade apresentam sentidos singelamente diversos. Isso porque a **lei penal** diz respeito à fonte do Direito, no caso, do Direito Penal. Lei em sentido estrito, conforme verificamos ao tratar das fontes formais do Direito.

A **norma penal**, por sua vez, encerra o conteúdo da lei, mais precisamente, seu conteúdo normativo, por meio dos chamados *operadores deônticos* – obrigado, permitido e proibido.

São, em essência, duas faces de uma mesma realidade, a lei penal mais voltada à forma (fonte), e a norma penal mais voltada ao conteúdo, conteúdo normativo. Visualizando de modo esquemático, temos:

Figura 3.1 – Dicotomia: lei e norma

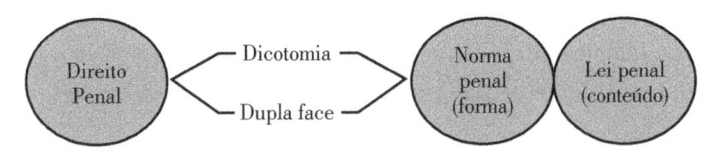

Direito Penal → Dicotomia / Dupla face → Norma penal (forma) / Lei penal (conteúdo)

3.2 Classificação das normas penais

Na doutrina, encontramos diversas classificações possíveis das normas penais. À míngua de uma concordância doutrinária e, diante de várias possibilidades, optamos por uma classificação simples e usualmente aceita pelos diversos autores de Direito Penal, sem nunca perder de vista o principal objetivo da presenta obra: a convergência entre o Direito Penal e a atividade policial na área de segurança pública, especialmente no campo da repressão imediata.

Em uma primeira mediação, as normas penais podem ser classificadas em normas penais incriminadoras e normas penais não incriminadoras.

As normas penais **incriminadoras** referem-se às normas que estipulam as condutas incriminadas e atribuem-lhes as devidas consequências penais, vale dizer, a pena em sentido estrito.

Por esse motivo, as normas penais incriminadoras subdividem-se em preceito primário e preceito secundário. O preceito primário é a proibição propriamente dita, a definição da conduta considerada criminosa, a descrição típica, a tipicidade, ou seja, é o preceito que estipula a conduta proibida. O preceito secundário, por sua vez, é a definição da consequência pela violação do preceito secundário, isto é, a pena propriamente dita.

Já tivemos a oportunidade de enfatizar que, para esse ramo do Direito, a consequência pela violação da norma é tão ou mais importante que a própria norma primária em si, tanto que o próprio nome da disciplina remete à consequência, ou seja, Direito *Penal*.

Será norma de Direito Penal se a consequência pela violação da norma, *rectius*, do preceito primário, for uma consequência de natureza penal, tais como detenção, reclusão, prisão simples, multa penal.

Em suma, como categoria central nas ciências criminais, especificamente no Direito Penal, a norma penal incriminadora é composta por um preceito primário, definidor da conduta proibida, penalmente tipificada, e por um preceito secundário, que estabelece a consequência pela violação dessa mesma norma.

Ao lado das normas penais incriminadores, logicamente, as normas penais **não incriminadoras**, categoria assimilada pela exclusão, ou seja, serão normas penais não incriminadoras aquelas que não se encaixem na ideia da norma penal incriminadora, que, apesar de apresentarem natureza penal, não definem ilícitos penais ou atribuem-lhes consequências.

No conteúdo das normas penais não incriminadoras há uma grande variação na doutrina. De forma geral, podemos dizer que as normas penais não incriminadoras podem ser permissivas, explicativas ou complementares.

As penais não incriminadoras permissivas são as normas que afastam o caráter criminoso da conduta típica. Elas, por sua vez, podem ser subdivididas em normas permissivas justificantes ou exculpantes.

As normas permissivas justificantes são as que afastam o caráter ilícito da conduta típica, ou seja, excluem a ilicitude ou a antijuridicidade da conduta típica. Como veremos com maior profundidade, são as normas que tratam do estado de necessidade, da legítima defesa, do estrito cumprimento do dever legal, do exercício regular de um direito e, em alguns casos, do consentimento do ofendido como causa supralegal de exclusão da ilicitude ou antijuridicidade.

As normas permissivas exculpantes, por sua vez, são as que afastam o caráter criminoso da conduta, mas não o caráter ilícito da conduta, ou seja, afastam a culpabilidade do agente que praticou a conduta. São exemplos dessas causas as previsões de inimputabilidade penal (por menor idade, doença mental ou desenvolvimento mental incompleto ou retardado que impossibilite a compreensão do caráter ilícito da conduta), o erro de proibição inevitável, a inexigibilidade de conduta diversa em situações, como obediência hierárquica ou coação moral irresistível, conflito de deveres, entre inúmeras outras.

Em breve, aprofundaremos a questão das causas justificantes (antijuridicidade ou ilicitude) e exculpantes (culpabilidade), ao analisar o conceito analítico de crime e desdobrar suas categorias.

Por ora, em uma síntese, podemos dizer que as causas excludentes da ilicitude afastam o caráter ilícito ou antijurídico da própria conduta, significando que o comportamento não viola o Direito, ao passo que as causas excludentes da culpabilidade reconhecem a violação à ordem jurídica, mas o agente que a praticou, por algum motivo de relevância penal, não poderá ser punido por não ter a completude dos elementos que caracterizam sua culpabilidade, é dizer, não é culpável pela conduta violadora da ordem jurídica.

Ao lado das normas penais não incriminadoras permissivas estão as normas penais não incriminadoras explicativas ou complementares. Assim como as normas penais não incriminadoras, são compreendidas por exclusão, a partir da negação de ideia de norma incriminadora, também as normas explicativas ou complementares, de forma que toda a norma penal que não seja incriminadora, ou afasta a ilicitude ou a culpabilidade da conduta, será uma norma penal não incriminadora explicativa ou complementar.

Até pela ideia de exclusão, nela enquadram-se todas as demais normas penais, tais como as que definem o que é casa ou funcionário público para fins penais (normas penais não incriminadoras explicativas conceituais), as que definem crime tentado ou consumado, os critérios de aplicação de pena (circunstância judiciais), as formas de aplicação e cobrança das multas penais etc.

Após esta singela análise, podemos apresentar a classificação das normas penais na forma esquemática que segue:

Figura 3.2 – Classificação das normas penais

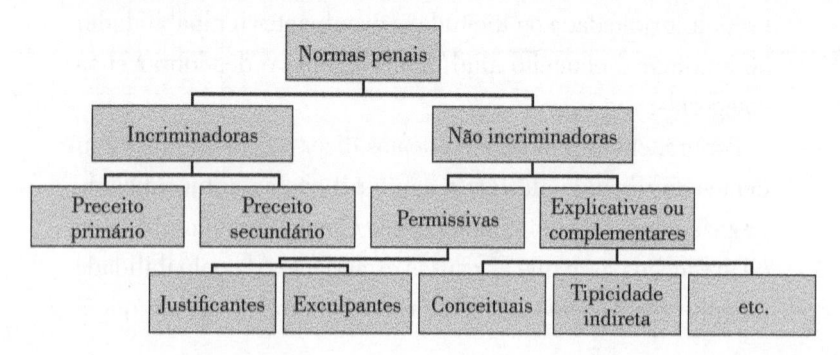

```
                          Normas penais
                ┌──────────────┴──────────────┐
          Incriminadoras                 Não incriminadoras
         ┌───────┴───────┐              ┌──────┴──────────────┐
    Preceito         Preceito      Permissivas         Explicativas ou
    primário         secundário                        complementares
                                  ┌──────┴──────┐   ┌──────┼──────────┐
                             Justificantes  Exculpantes  Conceituais  Tipicidade  etc.
                                                                      indireta
```

3.2.1 Leis penais em branco (normas imperfeitas)

As leis penais em branco, também chamadas de *normas imperfeitas*, são aquelas que necessitam de um complemento para sua perfeita compreensão, interpretação e aplicação. São normas penalmente incompletas, que necessitam de um complemento para uma eficaz adequação típica dos comportamentos incriminados. Conforme a clássica e poética pena de Binding, "a lei penal em branco é um corpo errante em busca de alma".

São exemplos dessa categoria de normas os arts. 268 e 237 do Código Penal ou, ainda, o art. 28 da Lei n. 11.343/2006, além de inúmeros outros dispositivos.

Portanto, trata-se de normas penais incriminadoras que necessitam de um complemento típico existente em outra norma. No caso das drogas, por exemplo, há a tipificação de inúmeras condutas envolvidas com a substância entorpecente, mas é o Ministério da Saúde, mediante portaria, que enumera as substâncias que poderão ser enquadradas como substância de ação psicotrópica, por isso, poderão ser qualificadas como "drogas".

As normas penais em branco podem ser homólogas (homogêneas) ou heterólogas (heterogêneas), de acordo com a natureza jurídica da fonte da norma que a complementa.

As leis penais em branco **homólogas** ou **homogêneas** são aquelas em que o complemento provém de norma de mesma fonte da norma penal incriminadora, vale dizer, o complemento está em lei complementar.

As normas penais em branco **heterólogas** ou **heterogêneas**, por sua vez, são aquelas em que o complemento provém de norma cuja fonte é diversa, normalmente em normas de Direito Administrativo.

Esquematicamente, temos:

Figura 3.3 – Lei penal em branco

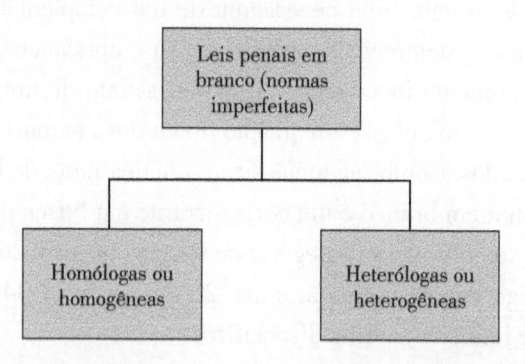

```
          Leis penais em
          branco (normas
           imperfeitas)
          /            \
  Homólogas ou      Heterólogas ou
   homogêneas        heterogêneas
```

■ **"Administrativização" do Direito Penal**

Por falar em norma penal em branco heterogênea ou heteróloga, cujo complemento provém de normas de Direito Administrativo, há um intenso e interessante debate doutrinário acerca da chamada "administrativização" do Direito Penal.

Conforme mencionamos ao apresentar os princípios, no Direito Penal, além do princípio da legalidade, vige o princípio da legalidade estrita. Tratando-se do último recurso que pode abrir mão o Estado na proteção dos bens jurídicos, é necessário que as condutas incriminadas sejam bem delimitadas e de fácil compreensão, a fim de dar vazão ao princípio e dar-lhe legitimidade.

Com base nessa perspectiva, alguns autores criticam a tendência crescente na utilização de leis penais em branco heterólogas, o que, na visão de tais autores, fragilizaria o princípio da legalidade estrita, transferindo o poder legiferante penal do legislador ordinário federal para a Administração Pública, ou seja, transferindo o poder de definição de condutas penais do Legislativo para o Executivo.

Sem razão aos críticos, pensamos.

O Direito Penal atual é bem diverso daquele da gênese do Direito Penal autônomo.

Nas últimas décadas, o sistema penal tem superado, paulatinamente o paradigma individual liberalista dominante na concepção do Código Penal atualmente em vigor. Muitos são os reflexos dos novos institutos penais, tais como criminalização da pessoa jurídica, ressignificação do dolo e participação criminal, enfoque na persecução patrimonial paralela, entre inúmeros outros.

A sociedade atual, caracterizada pelo dinamismo e pela complexidade sem precedentes, não pode encarar o fenômeno criminal de forma monocular. As mudanças sociais aceleradas devem contar com um Direito Penal moderno que minimamente acompanhe mudanças tais.

Assim, sem abrir mão do princípio da legalidade, a efetiva proteção de alguns bens jurídicos passa pela sua revisitação para certa flexibilização representada pela necessidade, em alguns casos, de normas com a dinâmica do Direito Administrativo para fazer frente à dinâmica desenfreada da modernidade.

É claro que essa flexibilização não pode ser descontrolada; há de se preservar um núcleo de legalidade estrita, mas na medida necessária para a proteção do bem jurídico e de sua dinâmica específica.

No campo dos chamados *delitos econômicos empresariais*, por exemplo, a utilização de normas penais em branco heterólogas é questão de proteção adequada ao bem jurídico, dado o dinamismo das relações empresariais espúrias, notadamente no campo da lavagem de dinheiro transnacional.

Crimes contra o sistema financeiro não podem ser adequadamente protegidos mediante uma hermética definição legal, fazendo-se mister que os tipos penais sejam iniciados via processo legislativo, mas que a exata compreensão do conteúdo normativo seja delegada para autoridades administrativas, no caso, por meio de normas do Banco Central.

A globalização trouxe consigo um sistema financeiro também globalizado, que serve para infinitas interações entre os países, mas exige uma atuação, inclusive penal, adequada a uma criminalidade que, em alguns "clicks", é capaz de lavar dinheiro com movimentações bancárias com capital circulando em dois ou muitos outros países, notadamente os chamados *paraísos fiscais*.

Nesse sentido, ressalvada a polêmica e a impossibilidade de aprofundamento em razão do fôlego dogmático da presente obra, consideramos sem razão os que defendem inconstitucional, pela via do princípio da legalidade estrita, a edição de normas penais em branco heterólogas.

Da mesma forma, vemos com parcimônia a crítica quanto à expansão das normas dessa natureza.

De uma maneira ou de outra, o conhecimento da crítica é importante para a atividade policial, muito embora não caiba ao agente policial de segurança pública deixar de atuar em caso de flagrância de ilícito penal, mesmo que ilícito penal em branco heterônomo, a pretexto de ilegalidade ou de inconstitucionalidade, devendo essa discussão ficar adstrita ao campo doutrinário ou ao âmbito das autoridades jurídicas dotadas de independência funcional, o que não se aplica às agências policiais, por sistemática constitucional.

3.3 Concurso (conflito) aparente de normas penais incriminadoras

O concurso ou conflito aparente de normas penais incriminadoras é um tema de fundamental importância para o Direito Penal e para a atividade policial de segurança pública.

Além de importante, *rectius*, fundamental para a atividade policial de segurança pública, o tema apresenta certa complexidade e potenciais perplexidades diante dos casos concretos.

Some tudo isso ao dilema policial que apresentamos logo no início da obra, tendo o agente de segurança pública de adotar posturas imediatas, normalmente irreversíveis, inclusive em temas de intenso debate jurídico, como é o caso do conflito de normas penais.

Por essas razões, a preparação, no sentido literal, consubstanciada no prévio estudo das possibilidades práticas, é medida de rigor para a atividade policial na área de segurança pública em sentido amplo.

O conflito aparente de normas penais incriminadoras é a situação jurídica em que determinado fato se adequa a duas ou mais normas penais. Dito em outras palavras, ocorre o conflito aparente de normas penais incriminadoras quando uma única conduta se subsome, simultaneamente, a dois ou mais tipos penais.

Salta aos olhos a importância teórica e prática do instituto, porque, a depender da solução jurídica a ser dada ao caso concreto, variadas serão as respostas possíveis, inclusive na situação flagrancional.

O critério ou a solução adotada em casos de conflito de normas penais significará alternância na resposta penal, especialmente na resposta das agências policiais de segurança pública, podendo significar, a depender do critério adotado, ato prisional, encaminhamento para lavratura de termo circunstanciado ou outras medidas e consequências legais.

É necessário o esclarecimento de alguns pontos antes de adentrarmos especificamente na explicação dos critérios adotados para a solução desses conflitos ou concursos de normas penais incriminadoras.

Em primeiro lugar, é importante destacar que há certa variação na doutrina quanto à nomenclatura do instituto. Alguns manuais preferem o termo *conflito*, e outros, o termo *concurso*. Pela concepção básica apresentada, é mais uma questão de escolha metodológica, pois, tanto a palavra *conflito* quanto o termo *concurso* representam bem a ideia de duas ou mais normas incidentes sobre uma mesma situação concreta.

Além disso, cumpre observar que o conflito ou concurso é meramente aparente. O sistema penal oferece critérios, os quais serão vistos em seguida, que permitem a solução jurídica adequada para tais situações, ora afastando uma ou mais normas incidentes, ora cumulando suas convergências. Não existe de fato, portanto, um verdadeiro ou material conflito, mas tão somente um conflito aparente, solucionado ou solucionável pelos critérios apresentados pela ciência jurídica criminal.

Outra observação importante: o conflito ou concurso aparente é de **normas penais incriminadoras**.

Já tivemos a oportunidade de apresentar a classificação das normas penais em incriminadoras e não incriminadoras, estas por exclusão. O conflito em análise instala-se no caso das normas penais incriminadoras, ou seja, aquelas que estipulam as condutas consideradas criminosas e suas consequências penais. As normas penais não incriminadoras dependerão de critérios hermenêuticos próprios, que logo também serão apresentados.

O conflito de normas penais incriminadoras também exige um esforço hermenêutico, um esforço interpretativo para atingir seu alcance e sentido, porém, mediante a utilização de critérios próprios, que serão apresentados em breve.

O instituto do conflito aparente não tem previsão legal direta. Não há um único dispositivo no Código Penal ou na legislação penal extravagante que apresente a definição ou os critérios de solução de conflitos tais. Trata-se de uma criação essencialmente doutrinária com aceitação jurisprudencial.

A doutrina, inquieta com a possibilidade prática de incidências múltiplas de normas penais incriminadores, e a solução díspar para casos análogos, acabou por aprofundar a questão, sendo a grande responsável pela geração e pelo desenvolvimento do instituto no sistema penal nacional.

A construção doutrinária foi ressoada pela jurisprudência, que passou a aplicar o instituto, hoje uma realidade reconhecida, mesmo que à míngua de uma previsão legal expressamente positivada.

Por fim, em se tratando de decisão dos tribunais, é importante ressaltar que há intensa variação jurisprudencial sobre os critérios e a forma de aplicação nos casos de conflito aparente de normas penais incriminadoras. No campo jurídico, as variações jurisprudenciais são comuns, máxime em nosso sistema, em que raramente as decisões são vinculantes aos juízos, prevalecendo a garantia da independência funcional dos diversos magistrados.

Contudo, o que se verifica no campo do conflito de normas penais é uma variação ainda maior. As decisões dos tribunais não são definidas, e várias são as soluções apresentadas, mesmo para casos análogos. Conforme verificaremos em seguida, no critério da consunção ou absorção, por exemplo, impera uma grande instabilidade jurisprudencial.

Esse fato só renova nossa insistência sobre a necessidade de preparo dos agentes policiais de segurança pública, especialmente em terreno movediço e pantanoso do conflito aparente de normas penais incriminadoras, como forma de bem cumprir seu múnus e sua missão constitucional, bem como contribuindo para a preservação da ordem pública.

Antes de apresentarmos os critérios para a solução do concurso de normas penais incriminadoras, segue uma visão esquemática das observações que fizemos sobre o tema:

Figura 3.4 – Conflito aparente de normas penais incriminadoras

Conflito aparente de normas penais incriminadoras				
Aparente	Normas penais incriminadoras	Conflito/ concurso - nomemclatura	Criação doutrinária	Variação jurisprudencial

3.3.1 Critérios

Conforme já mencionamos, por construção doutrinária, foram criados alguns critérios para a solução dos conflitos ou concursos de normas penais incriminadoras, bem por isso, trata-se de um conflito ou concurso meramente aparente.

Há certa variação na doutrina sobre quantos e quais são esses critérios. Como nosso objetivo é uma apresentação básica da dogmática penal, na perspectiva da atividade policial de segurança pública, apresentaremos os critérios mais aceitos, contemplando exemplos mais comuns na atividade voltada à segurança pública ou à defesa social.

Assim, são os critérios normalmente adotados pela doutrina para a solução dos conflitos aparentes de normas penais incriminadoras, quais sejam, da especialidade, da subsidiariedade, da alternatividade e da consunção ou absorção.

Esse último critério, o da consunção ou absorção, além de mais problemático, pode ser ainda dividido em pós-fato ou ante-fato impunível. O primeiro, pós-fato impunível, pode ser subdividido em: meio necessário ou fato normal de preparação ou execução de outro crime.

É o que passaremos a desenvolver, mas não sem antes apresentar uma visão esquemática panorâmica dos critérios:

Figura 3.4 – Critérios para a solução de conflitos aparentes de normas penais incriminadoras

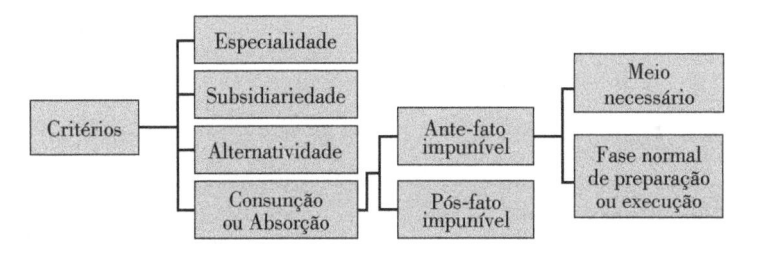

```
                 ┌─ Especialidade
                 │
                 ├─ Subsidiariedade
                 │                      ┌─ Ante-fato    ┌─ Meio necessário
Critérios ───────┤                      │  impunível    │
                 ├─ Alternatividade ────┤               └─ Fase normal
                 │                      │                  de preparação
                 └─ Consunção           └─ Pós-fato         ou execução
                    ou Absorção            impunível
```

■ Especialidade

De todos os critérios apresentados pela doutrina, o critério da especialidade talvez seja o de mais fácil entendimento. Isso porque, mais do que um critério penal, segue um critério geral do Direito em caso de convergência de normas jurídicas, vale dizer, a regra no sentido que a norma especial afasta a norma geral.

É um critério da teoria geral do direito: a norma especial revoga a norma geral.

A norma especial é aquela que apresenta todos os elementos da norma geral, com alguns atributos que a diferencia, bem por isso a tornam especial em relação àquela.

No Direito Penal não ocorre de modo diverso, a norma especial afasta a incidência da norma geral. Da mesma forma, a norma penal incriminadora especial é aquela que apresenta todos os elementos típicos da norma penal incriminadora geral, com alguns outros elementos que a especializam em relação àquela. A norma penal especial, portanto, apresenta todos os elementos de tipicidade da norma geral, acrescido de elementos próprios que a diferenciam ou, tecnicamente, a tornam especial.

Exemplo esclarecedor é a relação entre os crimes de homicídio e infanticídio. Observemos a dicção de ambos os dispositivos penais incriminadores:

Homicídio Simples

Art. 121. Matar alguém:

Pena – reclusão, de seis a vinte anos.

[...]

Infanticídio

Art. 123. Matar, sob a influência do estado puerperal, o próprio filho, durante o parto ou logo após:

Pena – detenção de dois a seis anos. (BRASIL, 1940, grifo do original)

Notemos que há clara relação de especialidade entre os crimes de homicídio simples e de infanticídio, de modo que este não deixa de ser um crime de homicídio, porém, em circunstâncias especiais, tais como a influência do estado puerperal, a autoria somente pode ser realizada pela mãe (próprio filho), e a circunstância de tempo, durante o parto ou logo após.

Assim, havendo um homicídio, mas nas circunstâncias especiais do tipo de infanticídio, o crime geral é afastado, e a autora do crime responderá pelo crime especial.

Os crimes qualificados e os privilegiados são essencialmente crimes especiais em relação à forma simples do crime (normalmente prevista no *caput*).

Recorreremos, novamente, ao crime de homicídio, agora com a descrição completa do dispositivo penal incriminador:

Homicídio simples

Art. 121. Matar alguém:

Pena – reclusão, de seis a vinte anos.

Caso de diminuição de pena

§ 1º Se o agente comete o crime impelido por motivo de relevante valor social ou moral, ou sob o domínio de violenta emoção, logo em seguida a injusta provocação da vítima, o juiz pode reduzir a pena de um sexto a um terço.

Homicídio qualificado

§ 2º Se o homicídio é cometido:

I – mediante paga ou promessa de recompensa, ou por outro motivo torpe;

II – por motivo fútil;

III – com emprego de veneno, fogo, explosivo, asfixia, tortura ou outro meio insidioso ou cruel, ou de que possa resultar perigo comum;

IV – à traição, de emboscada, ou mediante dissimulação ou outro recurso que dificulte ou torne impossível a defesa do ofendido;

V – para assegurar a execução, a ocultação, a impunidade ou vantagem de outro crime.

Pena – reclusão, de doze a trinta anos.

Feminicídio

VI – contra a mulher por razões da condição do sexo feminino.

VII – contra autoridade ou agente descrito nos arts. 141 e 144 da Constituição Federal, integrantes do sistema prisional e da Força Nacional de Segurança Pública, no exercício da função ou em decorrência dela, ou contra seu cônjuge, companheiro ou parente consanguíneo até terceiro grau, em razão dessa condição.

Pena – reclusão, de doze a trinta anos.

§ 2º A Considera-se que há razões de condição de sexo feminino quando o crime envolve:

I – violência doméstica e familiar;

II – menosprezo ou discriminação à condição de mulher.

Homicídio culposo

§ 3º Se o homicídio é culposo.

Pena – detenção, de um a três anos.

Aumento de pena

§ 4º No homicídio culposo, a pena é aumentada de 1/3 (um terço), se o crime resulta de inobservância de regra

técnica de profissão, arte ou ofício, ou se o agente deixa de prestar imediato socorro à vítima, não procura diminuir as consequências do seu ato, ou foge para evitar prisão em flagrante. Sendo doloso o homicídio, a pena é aumentada de 1/3 (um terço) se o crime é praticado contra pessoa menor de 14 (quatorze) ou maior de 60 (sessenta) anos.

§ 5º Na hipótese de homicídio culposo, o juiz poderá deixar de aplicar a pena, se as consequências da infração atingirem o próprio agente de forma tão grave que a sanção penal se torne desnecessária.

§ 6º A pena é aumentada de 1/3 (um terço) até metade se o crime for praticado por milícia privada, sob o pretexto de prestação de serviços de segurança, ou por grupo de extermínio.

§ 7º A pena do feminicídio é aumentada de 1/3 (um terço) até a metade se o crime for praticado:

I – durante a gestação ou nos 3 (três) meses posteriores ao parto;

II – contra pessoa menor de 14 (catorze) anos, maior de 60 (sessenta) anos, com deficiência ou portadora de doenças degenerativas que acarretem condição limitante ou de vulnerabilidade física ou mental;

III – na presença física ou virtual de descendente ou de ascendente da vítima;

IV – em descumprimento das medidas protetivas de urgência previstas nos incisos I, II e III do caput do art. 22 da Lei nº 11.340, de 7 de agosto de 2006. (BRASIL, 1940, grifo do original)

As formas qualificadas e privilegiadas do homicídio, assim como as formas qualificadas e privilegiadas dos crimes em geral, nada mais são do que crimes especiais em relação ao crime simples da mesma figura típica e, na presença de todos os seus elementos típicos especiais, afastam a incidência da forma geral (crime simples).

O feminicídio e o homicídio praticado contra agentes de segurança pública no exercício da função não deixam de ser homicídios, mas especiais, *rectius*, qualificados em relação ao homicídio simples quando praticados nas circunstâncias especificadas nos incisos VI e VII do § 2º do artigo inquinado.

Em suma, a norma especial derroga a norma geral. O crime especial afasta a incidência da norma penal incriminadora geral.

Figura 3.5 – Critério da especialidade

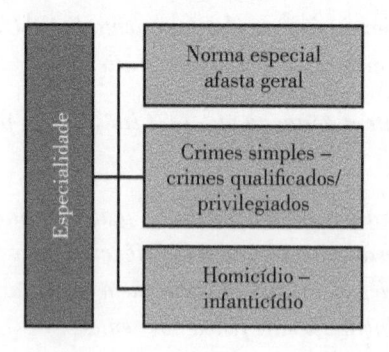

- Especialidade
  - Norma especial afasta geral
  - Crimes simples – crimes qualificados/privilegiados
  - Homicídio – infanticídio

■ Subsidiariedade

O princípio da subsidiariedade aproxima-se do critério da especialidade, mas com ele não se confunde. O critério da subsidiariedade incide nas a espécies de infrações penais caracterizadas pela generalidade, aplicáveis somente na hipótese de não ocorrência de uma infração penal de maior gravidade.

Em outras palavras, são crimes que, por natureza, somente se concretizam se outro crime mais grave não for cometido.

São os "soldados de reserva", na feliz expressão do penalista Nelson Hungria.

Trata-se de crimes com alto grau de generalidade, como se fossem condutas típicas "coringas", que são aplicadas somente na hipótese de não ter ocorrido alguma figura típica mais gravosa, enfim, o critério da subsidiariedade aplica-se aos crimes subsidiários, com o perdão do pleonasmo.

Essa subsidiariedade pode estar expressa no dispositivo penal incriminador ou decorrer de sua natureza implícita, conforme a interpretação decorrente do tipo penal e de suas características. Um exemplo é o crime previsto no art. 132 do Código Penal, *in verbis*:

> **Perigo para a vida ou saúde de outrem**
>
> *Art. 132. Expor a vida ou a saúde de outrem a perigo direto e iminente:*
>
> *Pena – detenção, de três meses a um ano, **se o fato não constitui crime mais grave**.*
>
> *Parágrafo único – a pena é aumentada de um sexto a um terço se a exposição da vida ou da saúde de outrem decorre do transporte de pessoas para a prestação de serviços em estabelecimentos de qualquer natureza, em desacordo com as normas legais.* (BRASIL, 1940, grifos do original e nosso)

Observe-se que, no preceito secundário, na parte destacada, há expressa menção ao caráter subsidiário do crime ao prever que a pena aplica-se somente se o fato não constituir crime mais grave.

Assim, aquele que atenta contra a vida de outrem, com *animus necandi*, ou seja, com dolo direcionado a tirar a vida, embora também possa expor a vida da vítima a perigo direto, será punido apenas pelo homicídio, tentado ou consumado, conforme o caso, já que a simultânea adequação típica ao crime de perigo será afastada pelo critério da subsidiariedade.

Figura 3.6 – Critério da subsidiariedade

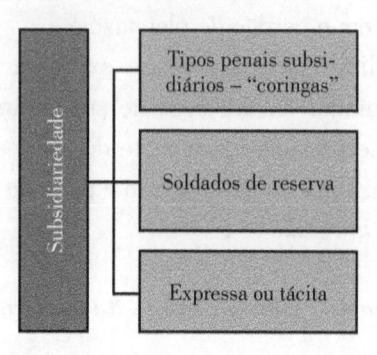

```
Subsidiariedade ─┬─ Tipos penais subsidiários – "coringas"
                 ├─ Soldados de reserva
                 └─ Expressa ou tácita
```

Alternatividade

O critério da alternatividade aplica-se aos crimes de ação múltipla ou de conteúdo variado. Um dos elementos essenciais de qualquer tipo criminal é o núcleo verbal, ou seja, a conduta, positiva ou negativa (ação ou omissão) que integra o tipo penal ao lado de outros elementos, essenciais e acidentais, do tipo, conforme teremos a oportunidade de desenvolver.

Por vezes, o legislador utiliza a técnica de incriminar várias condutas ligadas à proteção do bem jurídico, trabalhando com conceitos como crimes de mera conduta, materiais (ou de resultado) ou, ainda, de consumação antecipada (crimes formais).

Em inúmeros crimes previstos tanto no Código Penal quanto na legislação extravagante, existem diversos núcleos verbais (condutas) para o mesmo crime. Como são vários e de fácil percepção, fiquemos apenas com dois exemplos do Código Penal e um exemplo da legislação extravagante.

Código Penal:

Corrupção passiva

Art. 317. **Solicitar ou receber**, *para si ou para outrem, direta ou indiretamente, ainda que fora da função ou antes de assumi-la, mas em razão dela, vantagem indevida, ou aceitar promessa de tal vantagem:*

Pena – reclusão, de 2 (dois) a 12 (doze) anos, e multa.

[...]

Corrupção ativa

Art. 333. **Oferecer ou prometer** *vantagem indevida a funcionário público, para determiná-lo a praticar, omitir ou retardar ato de ofício.*

Pena – reclusão, de 2 (dois) a 12 (doze) anos, e multa.
(BRASIL, 1940, grifos do original e nosso)

Lei n. 11.343/2006:

Art. 33. **Importar, exportar, remeter, preparar, produzir, fabricar, adquirir, vender, expor à venda, oferecer, ter em depósito, transportar, trazer consigo, guardar, prescrever, ministrar, entregar a consumo ou oferecer** *drogas, ainda que gratuitamente, sem autorização ou em desacordo com determinação legal ou regulamentar.*

Pena – reclusão de 5 (cinco) a 15 (quinze) anos e pagamento de 500 (quinhentos) a 1500 (mil e quinhentos) dias-multa. (BRASIL, 2006, grifo nosso)

Como podemos observar, para a caracterização dos crimes de corrupção passiva, corrupção ativa e tráfico de drogas, o legislador incriminou diversas condutas.

Pratica corrupção passiva quem solicita ou quem recebe a vantagem indevida. Pratica corrupção ativa tanto quem oferece quanto quem promete a vantagem indevida. Da mesma forma, pratica tráfico de drogas quem realiza qualquer uma das 18 condutas previstas no respectivo tipo penal.

Acontece que, quando o mesmo agente, nas mesmas circunstâncias, praticar duas ou mais condutas capituladas no mesmo tipo penal, responderá por um único crime, pela via do critério da alternatividade. Portanto, quando o agente solicita e recebe a vantagem, oferece e promete a vantagem indevida ou, ainda, adquire, mantém em depósito, vende etc. a droga, ele incidirá uma única vez no crime praticado, havendo a unificação das condutas pelo critério da alternatividade.

Trata-se, em essência, de um desdobramento da ideia de *iter criminis*, que já tivemos a oportunidade de apresentar, ou seja, quando o legislador unifica, em único tipo penal, condutas antecedentes e consequentes de execução, consumação e exaurimento do crime.

O mesmo raciocínio aplica-se para todos os crimes dessa natureza.

Mas cuidado! Não devemos confundi-los com os crimes chamados *mistos conjuntivos*, quando dois tipos penais são condensados em um único tipo penal. Nesse caso, haverá cumulação de penas. Desenvolveremos essa espécie de crime quando tratarmos especificamente da tipicidade.

Em suma, na situação jurídica de crimes de ação múltipla ou de conteúdo variado, na hipótese de o agente praticar duas ou mais condutas incriminadas, sofrerá consequências penais por único crime, haja vista o critério da alternatividade enquanto conflito aparente de normas penais incriminadoras.

Figura 3.7 – Critério da alternatividade

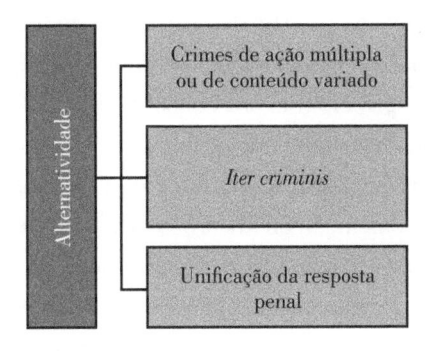

- Alternatividade
  - Crimes de ação múltipla ou de conteúdo variado
  - *Iter criminis*
  - Unificação da resposta penal

Consunção ou absorção

De todos os critérios vistos até o momento, certamente o da consunção ou absorção é o mais problemático. Não tanto pelo entendimento do instituto em si, mas principalmente pela intensa variação jurisprudencial sobre as circunstâncias em que é aplicado, as circunstâncias em que não é aplicado e o grau de aplicação de acordo com cada caso concreto. Além disso, mesmo para situações similares, há decisões judiciais discrepantes. Reina, portanto, uma variedade de entendimentos, mesmo que para situações aparentemente análogas.

O critério da consunção, também conhecido como *absorção*, aplica-se à ocorrência de crimes que são interligados por alguma razão jurídica relevante, ou porque constitui um crime meio para um crime fim, ou porque é uma prática criminosa naturalmente consequente do crime anteriormente praticado.

Há, portanto, uma ligação temporal entre dois ou mais delitos e, mais do que isso, uma relação de grau entre as práticas criminosas. É dizer, a partir do critério da consunção, um crime é considerado principal, ao passo que outro (ou outros) é considerado acessório em relação àquele.

Só por isso é possível perceber que não é tarefa fácil desenvolver a percepção, a partir do caso concreto, de uma relação de grau de lesão entre condutas criminosas, a ponto de identificar o crime principal e, por consequência, as condutas que lhe são acessórias, apesar de igualmente típicas.

Já podemos apresentar, porém, uma primeira mediação. O critério da consunção ou absorção desdobra-se em ante-fato impunível ou pós-fato impunível, conforme a conduta a ser consumada: se ocorrer antes ou após a conduta tida como principal.

O primeiro, ou seja, o ante-fato impunível, ainda admite uma subdivisão: quando a conduta absorvida for meio necessário para a consumação de outro crime; e quando, embora não necessária, for uma fase normal de preparação ou de execução de outro crime.

Na mesma esteira, o pós-fato trata-se de mero complemento do fato principal, conforme vimos.

Segue uma apresentação gráfica para uma visão panorâmica do critério em análise:

Figura 3.8 – Critério da consunção ou absorção

```
                    ┌─────────────────┐
                    │  Consunção ou   │
                    │    absorção     │
                    └────────┬────────┘
                 ┌───────────┴───────────┐
         ┌───────┴────────┐     ┌────────┴────────┐
         │ Ante-fato      │     │ Pós-fato        │
         │ impunível      │     │ impunível       │
         └───────┬────────┘     └────────┬────────┘
          ┌─────┴──────┐                 │
  ┌───────┴──────┐ ┌───┴──────────┐ ┌────┴──────────┐
  │Meio necessário│ │Fase normal de│ │Mero complemento│
  │para a consumação│ │preparação ou │ │do fato principal│
  │de outro crime │ │execução de   │ │                │
  │               │ │outro crime   │ │                │
  └───────────────┘ └──────────────┘ └────────────────┘
```

Alguns exemplos facilitarão o entendimento.

Como clássico exemplo do ante-fato impunível para a consumação de outro crime, temos a relação entre o homicídio e as lesões corporais. Um crime de homicídio é necessariamente precedido de ofensa à integridade física da vítima, como "meio necessário" à consumação do homicídio, mediante a morte da vítima*-**. Ou, ainda, a prática do furto qualificado em residência, que presume, necessariamente, a violação do domicílio da vítima***.

Nessas hipóteses, pelo critério da consunção, o crime meio necessário para a prática do crime principal é consumido, absorvido, por aquele, devendo o agente responder tão somente pelo fato posterior. Por vezes, a conduta não é necessária, mas é uma fase normal de preparação ou de execução de outro crime, hipótese em que também se aplica o critério da consunção ou da absorção.

Exemplo dessa última hipótese é a falsidade realizada exclusivamente para a posterior prática de estelionato. Quando o

---

* Confira os dispositivos referidos: "**Homicídio simples** Art. 121. Matar alguém: Pena – reclusão, se seis a vinte anos" (BRASIL, 1940, grifo do original). "**Lesão corporal** Art. 129. Ofender a integridade corporal ou a saúde de outrem: Pena – detenção, de três meses a um ano" (BRASIL, 1940, grifo do original).

** Não distinguiremos, por enquanto, homicídio de lesão corporal seguida de morte, tema diferido para quando tratarmos do dolo.

*** Confira: "**Furto** Art. 155. Subtrair, para si ou para outrem, coisa alheia móvel: Pena – reclusão, de um a quatro anos, e multa. § 1º A pena aumenta-se de um terço, se o crime é praticado durante o repouso noturno. [...] **Furto qualificado** § 4º A pena é de reclusão de dois a oito anos, e multa, se o crime é cometido: I – com destruição ou rompimento de obstáculo à subtração da coisa; II – com abuso de confiança, ou mediante fraude, escalada ou destreza; III – com emprego de chave falsa; IV – mediante concurso de duas ou mais pessoas" (BRASIL, 1940, grifo do original). "**Violação de domicílio** Art. 150. Entrar ou permanecer, clandestina ou astuciosamente, ou contra a vontade expressa ou tácita de quem de direito, em casa alheia ou em suas dependências: Pena – detenção, de um a três meses, ou multa" (BRASIL, 1940, grifo do original).

estelionatário, *verbia gratia*, falsifica os dados de uma folha de cheque para praticar o estelionato em determinado estabelecimento comercial*.

O exemplo não é uma unanimidade na doutrina, mas a jurisprudência já sumulou a questão, conforme a Súmula n. 17 do Superior Tribunal de Justiça: "Quando o falso se exaure no estelionato, sem mais potencialidade lesiva, é por este absorvido" (BRASIL, 1990b).

No caso do pós-fato impunível, como vimos, há mero complemento do fato principal, complemento este que, embora se enquadre em alguma figura típica, é por aquela absorvida. Nessa hipótese, temos o exemplo do dano realizado no veículo consubstanciado no desmonte para revenda das peças em relação ao furto praticado. Tendo sido praticado pelo mesmo agente, o crime de dano restará absorvido pelo furto anterior, por isso, trata-se de um pós-fato impunível na espécie**.

Enfim, são todas hipóteses em que há uma relação de *minus plus*, um crime principal e um crime secundário, em que este restará absorvido por aquele.

Considerando o fôlego da presente obra, não aprofundaremos a questão. Assim como procuramos selecionar exemplos mais singelos do instituto, cumpre ressaltar, contudo, que se

---

* Confira: "**Estelionato** Art. 171. Obter, para si ou para outrem, vantagem ilícita, em prejuízo alheio, induzindo ou mantendo alguém em erro, mediante artifício, ardil, ou outro meio fraudulento. Pena – reclusão, de uma cindo anos, e multa, de quinhentos mil réis a dez contos de réis" (BRASIL, 1940, grifo do original). "**Falsificação de documento particular** Art. 297. Falsificar, no todo ou em parte, documento particular ou alterar documento particular verdadeiro. Pena – reclusão, de um a cinco anos, e multa" (BRASIL, 1940, grifo do original).
** Confira: **Furto**: vide nota anterior (p. 169). "**Dano** Art. 163. Destruir, inutilizar ou deteriorar coisa alheia. Pena – detenção, de um a seis meses, ou multa" (BRASIL, 1940, grifo do original).

trata de tema tormentoso na doutrina e na jurisprudência, exigindo conhecimento e cautela dos agentes policiais de segurança pública quando se depararem com situações em que sejam potencialmente aplicáveis.

3.4 Hermenêutica penal

A hermenêutica acompanha o cotidiano das atividades jurídicas e policiais. Trata-se de habilidade que necessita de constante aprimoramento e atualização diante da acelerada dinâmica social atual, com reflexos diretos nos campos jurídico ou policial.

A todo momento, os operadores do Direito e os agentes policiais da segurança pública são chamados a exercer o esforço hermenêutico sobre as normas jurídicas em geral, normas penais em particular. Trata-se, portanto, de habilidade essencial para o escorreito desempenho das funções.

Inicialmente, veremos como se forma a teoria do processo de interpretação, na busca de sentido e de alcance do conteúdo das diversas normas jurídicas do ordenamento jurídico nacional e, mais do que isso, a interpretação do sistema jurídico penal de forma geral. Embora nosso sistema continental privilegie a norma escrita, positivada pelo Estado, a interpretação e a aplicação do Direito vão muito além do texto escrito.

Entendidos os contornos teóricos gerais do processo de interpretação, apresentaremos as diversas formas de interpretação, segundo a doutrina, classificando a interpretação quanto às fontes, aos meios e aos resultados, evidenciando as respectivas subdivisões.

Compreender as diversas categorias de interpretação será instrumental útil para a própria atividade hermenêutica.

Em seguida, abordaremos uma categoria normalmente ligada à atividade interpretativa, mas que apresenta características e contornos próprios, vale dizer, a analogia na condição de instrumento de integração do sistema jurídico para além de instrumento de interpretação.

Por fim, mas não menos importante, dentro da temática da analogia, destacaremos um subtema que tem gerado inúmeras confusões e equívocos conceituais. Referimo-nos às diferenças entre analogia, interpretação analógica e interpretação extensiva, categorias com significados e entendimentos próprios, mas que, muitas vezes, são confundidas ou mal manuseadas.

É o que passaremos a apresentar.

3.4.1 Processo de interpretação

Como mencionamos, a atividade interpretativa é fundamental nas atividades jurídica e policial. A hermenêutica jurídica está ligada ao binômio interpretação e aplicação do Direito. É o caminho e, simultaneamente, o instrumento por meio do qual o operador do Direito (ou, para nossos propósitos, o agente policial de segurança pública) interpreta o emaranhado de normas existentes em nosso sistema jurídico.

É o ato ou efeito da atividade do hermeneuta ou do intérprete, com vistas a desvendar o sentido e alcance da norma jurídica e a consequente aplicação ao caso concreto em apreço.

Embora apresente algumas peculiaridades, a interpretação das normas penais tem a mesma essência da interpretação das normas jurídicas em geral. De forma geral, a atividade de interpretação segue um silogismo básico, vale dizer, a partir de uma premissa ou tese, analisa-se o caso concreto ou a antítese a fim de obter uma síntese.

O caminho da interpretação pode ser assim representado:

Figura 3.9 – Processo de interpretação

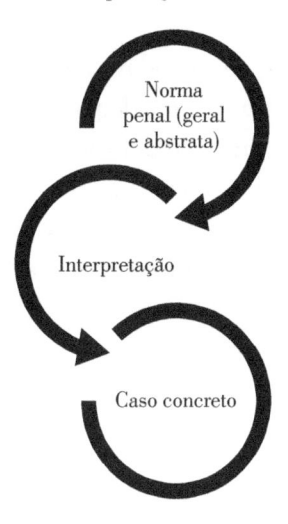

```
Norma penal (geral e abstrata)
    ↓
Interpretação
    ↓
Caso concreto
```

Enfim, a interpretação é o caminho, o intermediário entre o abstrato e o concreto.

Em um primeiro plano, temos as normas jurídicas, no caso, a norma penal, seja incriminadora ou não. Por natureza, a norma é geral e abstrata. Principalmente a partir dos movimentos de codificação dos países do sistema continental ou *civil law* do século XVIII, o Direito positivo ou positivado passou a ser uma das principais fontes do Direito, senão a principal.

No início, houve a utópica pretensão de regular toda a vida social a partir de regras exaustivas, que pudessem açambarcar todas as possíveis relações jurídicas. O papel do intérprete seria o mais limitado possível, a fim de simplesmente aplicar ao caso concreto aquilo que a lei, de modo claro e objetivo, já tivesse previamente estabelecido.

Não à toa que o papel do Judiciário, ou do intérprete de forma geral, era reduzido, eis que pretensamente as leis seriam tão claras e objetivas, que a interpretação significaria mero ato de literalidade. Exigiria tão somente a interpretação literal ou gramatical, conforme a classificação que apresentaremos em breve.

Logo percebeu-se um paradoxo inevitável. Sendo a norma jurídica geral e abstrata e voltada para o futuro, ou seja, regulação das relações jurídicas futuras, não é possível regular *a priori* todas as relações humanas possíveis.

Com o tempo, foi aumentando a flexibilidade, o poder e a complexidade da atividade interpretativa. Isso porque o caso concreto e sua adequação ou inadequação à previsão geral e abstrata da norma sempre exigirá um esforço intelectual, mais ou menos sofisticado.

O caso concreto é, por tendência, fugidio das previsões do legislador.

Nesse momento, nunca é demais lembrar o dilema do agente policial de segurança pública que apresentamos logo do início desta obra. Essa categoria de servidores públicos, independentemente do quão complexa for a questão que lhe é colocada à frente, deve resolvê-la com base na melhor ciência jurídica, na melhor interpretação possível, mesmo sem condições temporais de pesquisas ou consultas, ainda que diante da irreversibilidade de seus atos.

3.4.2 Classificação

A doutrina costuma classificar a interpretação de diversas formas. Diante da diversidade de classificações apresentadas, optamos por aquelas que, além de servir à apresentação da dogmática penal em seus contornos básicos, ainda serão úteis para os propósitos do aspecto penal da atividade policial de segurança pública.

Nesse sentido, apresentaremos a classificação da interpretação quanto às fontes, quanto aos meios e, finalmente, quanto aos resultados, na forma que segue.

■ Quanto às fontes

A interpretação quanto às fontes pode ser autêntica, jurisprudencial ou doutrinária.

A **interpretação autêntica** é aquela realizada pelo próprio legislador. De fato, em algumas hipóteses, antevendo alguma polêmica, dificuldade ou por razões diversas, o próprio legislador penal prefere apresentar a interpretação esperada para determinado(s) dispositivo(s).

No Código Penal, por exemplo, houve essa opção pelo menos em duas oportunidades, ao definir *casa* e ao conceituar *funcionário público*. Ao tratar dos crimes contra a inviolabilidade de domicílio, diante das dificuldades em se definir *casa*, uma das elementares do tipo de violação de domicílio, o legislador penal apresentou tanto o conteúdo da expressão *casa* quanto, indo além, estabeleceu o que não se compreende na expressão. Vejamos a íntegra do dispositivo:

Seção II – DOS CRIMES CONTRA A INVIOLABILIDADE DO DOMICÍLIO

Violação de domicílio

Art. 150. Entrar ou permanecer, clandestina ou astuciosamente, ou contra a vontade expressa ou tácita de quem de direito, em casa alheia ou em suas dependências.

Pena – detenção, de um a três meses, ou multa.

§ 1º Se o crime é cometido durante a noite, ou em lugar ermo, ou com o emprego de violência ou de arma, ou por duas ou mais pessoas.

Pena – detenção, de seis meses a dois anos, além da pena correspondente à violência.

§ 2º Aumenta-se a pena de um terço, se o fato é cometido por funcionário público, fora dos casos legais, ou com inobservância das formalidades estabelecidas em lei, ou com abuso de poder.

§ 3º Não constitui crime a entrada ou permanência em casa alheia ou em suas dependências:

I – durante o dia, com observância das formalidades legais, para efetuar prisão ou outra diligência;

II – a qualquer hora do dia ou da noite, quando algum crime está sendo ali praticado ou na iminência de o ser.

§ 4º **A expressão "casa" compreende:**

I – **qualquer compartimento habitado;**

II – **aposento ocupado de habitação coletiva;**

III – **compartimento não aberto ao público, onde alguém exerça profissão ou atividade.**

§ 5º **Não se compreende na expressão "casa":**

I – **hospedaria, estalagem ou qualquer outra habitação coletiva, enquanto aberta, salvo a restrição do nº II do parágrafo anterior;**

II – **taverna, casa de jogo e outras do mesmo gênero.** (BRASIL, 1940, grifos do original e nosso)

O temor do legislador concretizou-se e, atualmente, o significado da expressão necessita de atualização, o que é feito pela jurisprudência.

De qualquer forma, a interpretação do alcance e sentido da expressão *casa*, prevista no tipo penal, foi estabelecida pelo próprio Código Penal, bem por isso trata-se de interpretação autêntica. Situação semelhante está prevista no art. 327 do Código Penal, *in verbis*:

Funcionário público

Art. 327. Considera-se funcionário público, para os efeitos penais, quem, embora transitoriamente ou sem remuneração, exerce cargo, emprego ou função pública.

§ 1º Equipara-se a funcionário público quem exerce cargo, emprego ou função pública em entidade paraestatal, e quem trabalha para empresa prestadora de serviço contratada ou conveniada para a execução de atividade típica da Administração Pública.

§ 2º A pena será aumentada da terça parte quando os autores dos crimes previstos neste Capítulo forem ocupantes de cargos em comissão ou de função de direção ou assessoramento de órgão da administração direta, sociedade de economia mista, empresa pública ou função instituída pelo poder público. (BRASIL, 1940, grifo do original)

Quando acessamos a doutrina de Direito Administrativo, percebemos que uma das grandes dificuldades é delimitar o exato sentido e alcance da expressão *funcionário público*, principalmente em situações limítrofes como a dos agentes políticos, funcionários de entidades estatais e paraestatais etc.

O legislador penal, antevendo eventuais problemas interpretativos e, diante da necessidade de se pautar pela legalidade estrita, optou por apresentar um conceito legal de funcionário público para fins penais. Nesse sentido, o legislador penal previu uma concepção bastante ampla do entendimento sobre funcionário público, incluindo diversas categorias de cargo, emprego ou função pública.

Também como reflexo da amplitude do conceito adotado, incluiu na noção de funcionário público a relação não remunerada ou transitória, como ocorre, por exemplo, com as pessoas convocadas para atuar como jurado no Tribunal do Júri ou, ainda, para apoiar a Justiça Eleitoral no processo eleitoral, especialmente no dia das eleições. Para evitar qualquer dúvida, incluiu, também, tanto a Administração Pública direta quanto a indireta.

Andou bem o legislador penal, pois as dificuldades conceituais têm o potencial de enfraquecer o princípio da legalidade estrita, tão caro para o Direito Penal. Se não é possível prever e definir todas as situações possíveis, a definição na própria lei, como no caso em apreço, minimiza tensões e serve de supedâneo para a interpretação teleológica em casos não claros.

Ao lado da interpretação autêntica, ou seja, realizada pelo próprio legislador, temos a **interpretação jurisprudencial**, ou seja, a interpretação realizada pelos tribunais.

Como vimos anteriormente, nos movimentos iniciais do Direito Positivo, havia uma expectativa utópica em disciplinar todas as possíveis relações jurídicas com textos claros e objetivos. Mas, mesmo na seara penal, isso não é possível. A dinâmica social e a complexidade e a infinidade das relações jurídicas fazem com que haja a necessidade de um esforço hermenêutico com maior ou menor intensidade.

Nesse sentido, especialmente para os operadores do Direito e para os agentes policiais, a interpretação dada pelos tribunais e demais membros do Poder Judiciário constitui importante fonte de hermenêutica. Sejam nas questões comezinhas, sejam naquelas em que a polêmica impera, as decisões adotadas pelos membros do Judiciário, especialmente pelos tribunais superiores, constituem relevantes fontes de entendimento do Direito em geral, de interpretação em especial.

A propósito, é crescente a importância da jurisprudência no Direito brasileiro, embora o Brasil não tenha a tradição vinculante das decisões judiciais, como os países de tradição saxã, no sistema *common law*.

A regra é de que as decisões judiciais não sejam vinculantes, embora sejam importantes guias de interpretação e de estudo do Direito. Contudo, a ordem constitucional brasileira tem crescentemente incorporado possibilidades de decisões judiciais vinculantes ao Executivo e aos demais integrantes do Judiciário, como em alguns tipos de ações e de incidentes processuais.

Assim, no caso da atividade policial, é relevante essa proximidade com o entendimento jurisprudencial como caminho seguro para o preparo profissional.

Por fim, temos, ainda, a **interpretação doutrinatória**, que é constituída pela produção científica na área do Direito. A ciência jurídica ou, especificamente, as ciências penais são as grandes responsáveis pelo desenvolvimento da disciplina.

Os trabalhos acadêmicos, os artigos científicos, as teses, as dissertações, as monografias em geral, os eventos científicos, como seminários, congressos, painéis etc., movimentam as escolas jurídicas e influenciam a comunidade acadêmica de forma direta, a ciência jurídica como um todo e os operadores do Direito de modo geral.

Já tivemos a oportunidade de enfatizar a importância da produção acadêmica com mola propulsora do progresso científico de determinado ramo do conhecimento humano, apesar de destacar o vazio doutrinário referente à atividade policial de segurança pública.

Dessa forma, em suma, quanto às fontes, a interpretação poderá ser autêntica, jurisprudencial ou doutrinária, conforme o seguinte esquema gráfico:

Figura 3.10 – Processo de interpretação quanto às fontes

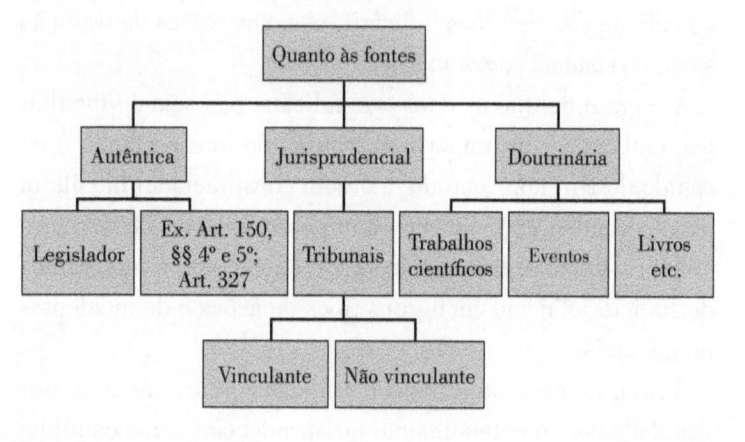

```
                    Quanto às fontes
          ┌─────────────┼─────────────┐
      Autêntica   Jurisprudencial   Doutrinária
       ┌──┴──┐       ┌──┴──┐      ┌────┼────┐
  Legislador  Ex. Art. 150,  Tribunais  Trabalhos  Eventos  Livros
              §§ 4º e 5º;               científicos          etc.
              Art. 327
                         ┌──────┴──────┐
                    Vinculante    Não vinculante
```

■ Quanto aos meios

Outra forma de classificar nosso tema é a partir dos meios de interpretação. Nesse sentido, a interpretação dos dispositivos penais poderá ser gramatical (literal, filológica), histórica, sistemática (lógico-sistemática) e teleológica.

Nunca é demais lembrar que há certa variação na doutrina sobre os critérios classificatórios em geral, sobre o conteúdo dos critérios de forma particular. Na classificação quanto aos meios, não é diferente. Assim, apresentaremos uma das possibilidades aceitas pela doutrina.

A **interpretação gramatical**, também chamada de *literal* ou *filológica*, é aquela que leva em consideração o sentido literal das palavras dispostas na norma.

Conforme vimos, nos primórdios do movimento de codificação do Direito, inclusive do Direito Penal, o sistema ideal visava que somente a interpretação literal fosse a possível. O texto de lei deveria ser tão claro que não poderia haver margem de interpretação para além do sentido gramatical do vernáculo.

A interpretação gramatical é importante, especialmente como orientador do legislador penal e, principalmente, na edição de normas penais incriminadoras. Contudo, trata-se de um objetivo utópico e, por vezes, é necessário recorrer a outros meios de interpretação. Vejamos o exemplo do *caput* do art. 5º da Constituição Federal, assim redigido:

> *Art. 5º Todos são iguais perante a lei, sem distinção de qualquer natureza, garantindo-se aos brasileiros e **aos estrangeiros residentes no País** a inviolabilidade do direito à vida, à liberdade, à igualdade, à segurança e à propriedade, nos termos seguintes.* (BRASIL, 1988, grifo nosso)

Ao aplicarmos tão somente a interpretação literal, poderíamos chegar à conclusão de que os estrangeiros não residentes no Brasil não estariam abrangidos pela norma e não lhes seria garantido o direito à vida, à liberdade, à igualdade, à segurança e à propriedade. Obviamente não haveria qualquer sentido em uma interpretação meramente literal do referido dispositivo constitucional.

Vejamos outro exemplo, novamente a partir do texto constitucional:

Art. 5º [...]

[...]

*III – XII – é inviolável o sigilo da correspondência e das comunicações telegráficas, de dados e das comunicações telefônicas, salvo, **no último caso**, por ordem judicial, nas hipóteses e na forma que a lei estabelecer para fins de investigação criminal ou instrução processual.*
(BRASIL, 1988, grifo nosso)

Aplicando uma interpretação meramente gramatical, seria possível concluir que somente as comunicações telefônicas poderiam ser interceptadas por ordem judicial, não sendo possível adotar a mesma providência em caso de comunicações de dados, incluindo o sigilo telemático e as comunicações via rede mundial de computadores ou outros sistemas e meios de comunicação direta (como as comunicações de mensagens curtas de texto).

Estamos diante de mais um caso em que a interpretação literal mostra-se insuficiente como interpretação minimamente razoável diante do sistema jurídico.

Ao lado da interpretação gramatical, temos a **interpretação histórica**, por alguns doutrinadores chamada de *progressiva*. É a interpretação que, conforme o próprio nome indica, leva em consideração a evolução histórica do instituto ou da categoria disciplinada na norma objeto de interpretação.

A apresentar o esboço histórico na presente obra, tivemos a oportunidade de enfatizar a relevância da análise histórica para a melhor compreensão do Direito. Paralelamente, defendemos a importância da interpretação histórica como meio essencial de hermenêutica.

Muitos são os dispositivos, as categorias e os institutos penais que são mais bem compreendidos, *rectius*, mais bem interpretados, por meio do *approuch* histórico. Por exemplo, um operador do Direito ou um agente policial de segurança pública, informado com os movimentos sociais recentes e as mutações nas discussões de gênero, terá melhor capacidade de compreensão sobre os dispositivos penais da chamada *Lei Maria da Penha*. A partir do melhor entendimento, surge uma atitude mais tendente à correção nas situações que lhe forem apresentadas.

Como terceiro meio, temos a **interpretação sistemática**, também chamada de *lógico-sistemática*. Nesse meio interpretativo, leva-se em consideração o sistema jurídico como um todo, ou o sistema jurídico penal em particular.

As normas jurídicas não são fenômenos isolados e, muitas vezes, para entendermos o alcance e o sentido de determinado dispositivo, necessitamos recorrer ao contexto em que está inserido.

Os exemplos que utilizamos para criticar a limitação da interpretação literal, ambos da Constituição Federal, indicam-nos que o dispositivo não pode ser interpretado isoladamente. Observando o sistema constitucional das proteções do cidadão, percebemos, obviamente, que os estrangeiros não residentes no país também estão protegidos. Da mesma maneira, observando o sistema processual penal, perceberemos a possibilidade jurídica de interceptações, judicialmente autorizadas, dos dados telemáticos e de informática.

Há quem sustente, por exemplo, que funcionário público não pode praticar o crime de desacato, o qual está assim redigido:

Desacato

Art. 331. Desacatar funcionário público no exercício da função ou em razão dela.

Pena – detenção, de seis meses a dois anos, ou multa.
(BRASIL, 1940, grifo do original)

A questão é ainda controversa, mas muitos, a partir de uma interpretação sistemática, observam que tal dispositivo penal está inserido no Capítulo "Dos crimes praticados por **particular** contra a administração em geral" do Código Penal (BRASIL, 1940, grifo nosso), logo, sendo crime que, pelo título, somente seria praticado por particulares, não poderia ser imputado a agentes públicos. Em face desse entendimento, portanto, policial não desacata policial.

Como mencionado, a questão é polêmica, principalmente a partir do pressuposto em se saber se o capítulo ou o título integram o tipo penal, mas nos serve de exemplo para compreensão da interpretação sistemática ou lógico-sistemática.

Por fim, mas não menos importante, temos a **interpretação teleológica**, que é fundamental na hermenêutica jurídica, especialmente no Direito Penal. É o meio de interpretação pelo qual o intérprete busca o entendimento do dispositivo a partir da teleologia, ou seja, do objetivo visado pela norma. Trata-se de um meio de interpretação muito recorrente na prática forense, entre os operadores do Direito e, esperamos, na atividade policial na área de segurança pública.

Poderíamos citar inúmeros exemplos, mas preferimos ficar com um já apresentado. Quando abordamos as imunidades prisionais, mencionamos que a jurisprudência tem flexibilizado a imunidade material do parlamentar por opiniões, palavras e votos. O raciocínio jurídico utilizado, basicamente, é o teleológico, a partir do pressuposto de que o objetivo da garantia é proteger a exercício da atividade parlamentar, não fazendo sentido interpretar a imunidade de modo absoluto para alcançar fatos não relacionados ao exercício do *múnus* público.

Enfim, essa é a classificação da interpretação de acordo com o meio. Não existe a premência de alguma em relação à outra. Somente a riqueza do caso concreto e o desenvolvimento e o acompanhamento da dinâmica jurídica para sua mínima compreensão. Definitivamente, o Direito não segue uma lógica matemática, circunstância que fica evidente quando estudamos a hermenêutica jurídica e seus meios.

Assim, esquematicamente, temos:

Figura 3.11 – Processo de interpretação quanto aos meios

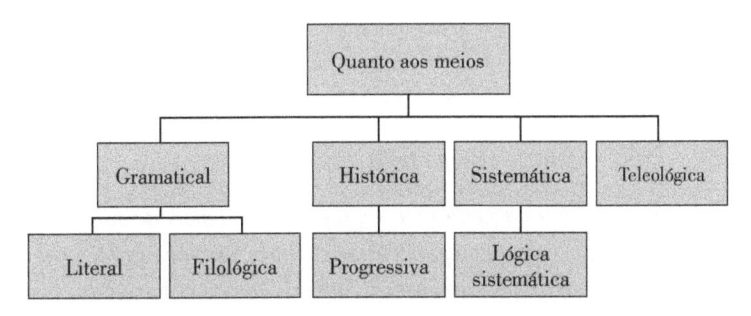

```
                    Quanto aos meios
         ┌──────────┬──────────┬──────────┐
     Gramatical  Histórica  Sistemática  Teleológica
     ┌────┴────┐     │           │
   Literal Filológica Progressiva  Lógica
                                 sistemática
```

■ Quanto aos resultados

A interpretação quanto aos resultados pode ser declarativa, restritiva ou extensiva.

Por resultados, como é intuitivo, temos por referência o alcance do texto em relação ao sentido literal do texto. Se da interpretação houver coincidência entre o sentido meramente literal e o resultado interpretativo, estaremos diante de uma interpretação declarativa.

Conforme apresentamos no esboço histórico, bem como por ocasião da classificação gramatical, literal ou filológica, o resultado literal era o ideal do movimento de codificação do Direito, o auge do Direito Positivo.

A *latere* da situação idealizada, não raro, teremos de trabalhar para além do sentido literal das expressões contidas no texto normativo, por vezes estendendo seu sentido, por vezes, restringindo-o.

Usaremos o mesmo exemplo para explicar ambas as situações. Adotaremos como base o crime de roubo qualificado, assim redigido:

Roubo

Art. 157. Subtrair coisa móvel alheia, para sim ou para outrem, mediante grave ameaça ou violência a pessoa, ou depois de havê-la, por qualquer meio, reduzido à impossibilidade de resistência.

Pena – reclusão, de quatro a dez anos, e multa.

§ 1º Na mesma pena incorre quem, logo depois de subtraída a coisa, emprega violência contra pessoa ou grave ameaça, a fim de assegurar a impunidade do crime ou a detenção da coisa para si ou para terceiro.

§ 2º A pena aumenta-se de 1/3 (um terço) até metade:

I – revogado.

II – se há o concurso de duas ou mais pessoas;

III – se a vítima está em serviço de transporte de valores e o agente conhece tal circunstância;

IV – se a subtração for de veículo automotor que venha a ser transportado para outro Estado ou para o exterior;

V – se o agente mantém a vítima em seu poder, restringindo sua liberdade;

VI – se a subtração for de substâncias explosivas ou de acessórios que, conjunta ou isoladamente, possibilitem sua fabricação, montagem ou emprego.

§ 2º-A. A pena aumenta-se de 2/3 (dois terços):

I – se a violência ou ameaça é exercida com emprego de arma de fogo;

II – se há destruição ou rompimento de obstáculo mediante o emprego de explosivo ou de artefato análogo que cause perigo comum.

§ 3º Se da violência resulta:

I – lesão corporal grave, a pena é de reclusão de 7 (sete) a 18 (dezoito) anos, e multa;

II – morte, a pena é de reclusão de 20 (vinte) a 30 (trinta) anos, e multa. (BRASIL, 1940, grifos do original e nosso)

A expressão "emprego de arma de fogo", na condição de qualificadora do crime de roubo, pode redundar tanto uma interpretação extensiva quanto restritiva, se levarmos em consideração o emprego de simulacro de arma de fogo.

A redação anterior do dispositivo deixava a questão ainda mais polêmica, eis que se limitava a indicar o emprego de arma como elemento qualificador. O que abria intensa discussão acerca da abrangência ou não da expressão para incluir a arma branca.

A nova redação, de certa forma, põe fim a essa polêmica, mas ainda mantém a discussão sobre o uso de simulacro de arma de fogo.

Assim, ao interpretamos a partir da capacidade de temor à vítima, podemos entender que *emprego de arma de fogo* deve ser expressão estendida para alcançar o emprego de simulacro. Por outro lado, se entendermos a partir do ponto de vista objetivo, da real capacidade lesiva à vítima, teríamos uma interpretação restritiva do mesmo dispositivo.

Em suma, na interpretação extensiva, a norma "disse" menos do que deveria, ao passo que, na interpretação restritiva, "disse" mais do que deveria. Havendo coincidência, temos a interpretação declarativa. Mais uma vez, recorremos a um esquema gráfico demonstrativo:

Figura 3.12 – Processo de interpretação quanto ao resultado

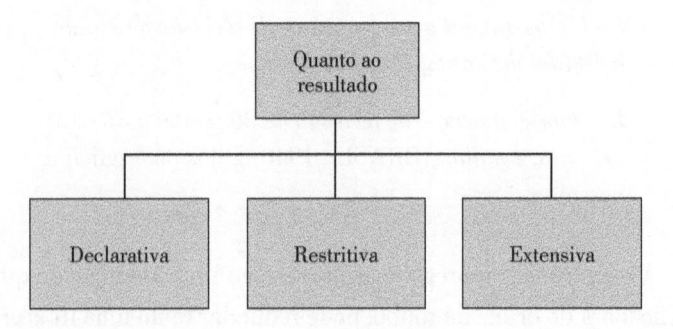

```
                    ┌──────────────┐
                    │  Quanto ao   │
                    │  resultado   │
                    └──────┬───────┘
         ┌─────────────────┼─────────────────┐
   ┌──────────┐      ┌──────────┐      ┌──────────┐
   │Declarativa│      │Restritiva│      │Extensiva │
   └──────────┘      └──────────┘      └──────────┘
```

3.4.3 Analogia

Embora muitos autores assim a considerem, a analogia, tecnicamente, não é bem uma fonte de Direito. Na verdade, na qualidade de critério e elemento de interpretação, a analogia tem uma função integrativa. Função integrativa porque, quando recorremos à analogia, não há um texto obscuro, incerto, que dependa de algum recurso interpretativo, mas uma ausência de lei. Em outras palavras, para determinada situação jurídica, não há uma norma geral e abstrata que a regule.

A analogia, portanto, é a aplicação de uma norma aplicável a uma situação semelhante para outra situação não regulada, ou seja, aplica-se a uma hipótese não regulada a legislação de um caso semelhante.

Assim, diante de uma situação concreta não regulada, precisamos recorrer a alguma situação similar, análoga, para "emprestar-lhe" a regulação. O grande desafio hermenêutico, portanto, é reconhecer *primus* a falta de regulação direta e, *secundus*, encontrar uma situação jurídica análoga (semelhante), na medida em que se aproxima da situação em apreço.

No Direito Penal, pelo tantas vezes repetido princípio da legalidade estrita, não é possível utilizar a analogia em caso de norma penal incriminadora, ou seja, é proibida a chamada *analogia in mallan parte*. Utilizemos como exemplo o tipo penal do falso testemunho, assim redigido:

> **Falso testemunho ou falsa perícia**
>
> Art. 342. Fazer afirmação falsa, ou negar ou calar a verdade como testemunha, perito, contador, tradutor ou intérprete em processo judicial, ou administrativo, inquérito policial, ou em juízo arbitral.
>
> Pena – reclusão, de 2 (dois) a 4 (quatro) anos, e multa.
> (BRASIL, 1940, grifo do original)

Pessoas ouvidas em juízo na qualidade de informantes não prestam o formal compromisso de dizer a verdade, logo, não são categorizados propriamente como "testemunhas". Mesmo que façam afirmação falsa, neguem ou calem a verdade, não poderão ser responsabilizados por falso testemunho. Da mesma forma, o assistente da parte não pode ser caraterizado, processualmente, como perito. Tudo porque não é possível utilizar a analogia *in mallam parte*, ou seja, para incriminar condutas.

Por outro lado, será possível a analogia *in bonam parte*, isto é, para beneficiar o sujeito ativo de determinada conduta criminosa. É o que ocorre no art. 181, inc. I, do Código Penal:

> Art. 181. *É isento de pena quem comete qualquer dos crimes previstos neste título, em prejuízo:*
>
> *I – do cônjuge, na constância da sociedade conjugal;*
> (BRASIL, 1940)

Referido dispositivo isenta de pena (exclui a punibilidade) os crimes contra o patrimônio quando praticados pelo cônjuge na constância do casamento. Logo, é possível estender o benefício para o companheiro(a), no caso de união estável. Trata-se de uma analogia *in bonam parte*, ou seja, da aplicação de uma situação regulada (cônjuge) a uma situação similar não regulada (companheiro).

■ Analogia, interpretação analógica e interpretação extensiva

Explicado o entendimento de analogia, cumpre esclarecer uma confusão comum entre os operadores do Direito: as diferenças conceituais entre analogia, interpretação analógica e interpretação extensiva.

A **analogia**, conforme acabamos de ver, é a categoria jurídica de integração das normas jurídicas, com vistas à aplicação a uma situação jurídica não regulada, é a normatização de uma situação similar (análoga) disciplinada.

Já esclarecemos também a **interpretação extensiva** enquanto resultado possível da interpretação, ou seja, a situação em que o texto normativo "disse" menos do que deveria e o intérprete estende seu alcance, ou seja, amplia o alcance e conteúdo da norma em relação ao sentido literal do texto.

A **interpretação analógica**, por sua vez, é uma técnica legislativa aplicada quando o legislador penal, diante das inúmeras possibilidades de situações a serem disciplinadas, opta por mencionar algumas situações-padrão e deixa o conceito aberto para a adaptação ao caso concreto de situações que sejam semelhantes, isto é, análogas.

Algumas qualificadoras do crime de homicídio nos fornecem alguns exemplos:

Homicídio simples

Art. 121. Matar alguém.

Pena – reclusão, de seis a vinte anos.

[...]

§ 2º Se o homicídio é cometido:

I – mediante paga ou promessa de recompensa, **ou por outro motivo torpe;**

II – [...];

III – com emprego de veneno, fogo, explosivo, asfixia, tortura **ou outro meio insidioso ou cruel**, *ou de que possa resultar perigo comum;*

IV – à traição, de emboscada, ou mediante dissimulação **ou outro recurso** *que dificulte ou torne impossível a defesa do ofendido;*

V – [...] (BRASIL, 1940, grifos do original e nosso)

Observemos que o legislador, ao qualificar o homicídio, utilizou-se da técnica redacional da interpretação analógica. Qualificou o homicídio quando realizado por motivo torpe, preferindo citar duas hipóteses de torpeza, vale dizer, a paga ou promessa, e deixando o conceito aberto para outras situações análogas, ou seja, torpes, de acordo com o caso concreto.

Fez o mesmo com a qualificadora do meio insidioso ou cruel, citando veneno, fogo, explosivo, asfixia e tortura, mas deixando abertura para uma análise casuística. Da mesma forma ocorre quanto à expressão "recurso que dificulte ou torne impossível a defesa do ofendido", citando traição, emboscada e dissimulação, mas permitindo que a qualificadora seja aplicada a todos os casos em que haja emprego de situações análogas. Bem por isso, interpretação analógica.

Esquematicamente, temos:

Figura 3.13 – Interpretação extensiva, interpretação analógica e analogia

3.5 Lei penal no tempo e no espaço

Nesta seção, trataremos da lei penal e de suas interações no tempo e espaço.

Primeiramente, abordaremos a lei penal no tempo, retomando pontos já tratados, como a conjugação dos princípios da irretroatividade e da retroatividade benigna.

Em seguida, examinaremos a aplicação da lei penal para além de seu período de vigência, ou a aplicação a casos anteriores à sua vigência (retroatividade), ou, ainda, a aplicação mesmo após deixar de viger (ultratividade), fenômeno que ocorre com as chamadas *leis penais temporárias* ou *excepcionais*.

Também evidenciaremos outras questões relevantes quanto à lei penal no tempo, abordando os efeitos civis ou patrimoniais em caso de *abolitio criminis*, a possibilidade de lei intermediária e a conjugação de leis e, por fim, a retroatividade das leis penais em branco.

Na sequência, elucidaremos sobre quando o crime terá sido cometido, com efeitos práticos relevantes de acordo com a opção adotada pelo legislador brasileiro.

De modo semelhante, analisaremos a lei penal no espaço. Iniciaremos com os critérios de territorialidade e de extraterritorialidade para o reconhecimento ou o afastamento da legislação brasileira de acordo com o local de cometimento dos crimes.

Seguiremos com algumas questões essenciais à lei penal no espaço, tratando dos crimes cometidos a bordo de navios ou aeronaves, públicos ou privados em alto-mar, retomando a questão da imunidade diplomática e da imunidade parlamentar. E, ainda que brevemente, trataremos da perspectiva do Direito Penal Internacional.

Por fim, de forma semelhante ao que faremos quanto ao tempo do crime, enfrentaremos a questão do lugar do crime, isto é, onde o crime é considerado como realizado e seus efeitos no âmbito criminal.

São os temas que passaremos a expor.

3.5.1 Lei penal no tempo

Boa parte das questões atinentes à lei penal no tempo já foi abordada ao tratarmos do princípio da irretroatividade da lei penal ao lado do princípio da retroatividade benigna. Retomaremos a temática.

Em regra, a lei penal alcança os fatos ocorridos durante sua vigência, mas admite exceções que serão analisadas quando examinarmos, em seguida, a extra-atividade temporal da lei penal. Encerraremos o tema contemplando algumas questões teóricas das ciências penais com interesse para a atividade policial na área de segurança pública.

■ Irretroatividade e retroatividade benigna

Já tivemos a oportunidade de tratar desse tema quando apresentamos os princípios do Direito Penal. A regra é que as normas jurídicas em geral, leis penais em particular, apliquem-se aos fatos ocorridos durante sua vigência. É a materialização da máxima latina do *tempus regit actum*.

Como decorrência, a lei penal não retroagirá para atingir fatos ocorridos anteriormente à sua vigência. Em outras palavras, considerando a regra geral do *tempus regit actum*, somente as condutas praticadas após a entrada em vigor da lei penal poderão ser alcançadas pela nova lei penal. É a ideia básica do princípio da irretroatividade.

Porém, essa regra, ou melhor dizendo, esse princípio, admite temperamentos e exceções.

É que, se a nova lei de alguma forma trouxer algum benefício jurídico ao suspeito, acusado, condenado, a lei penal retroagirá para atingir fatos ocorridos anteriormente à sua vigência. É o princípio da retroatividade benigna.

Enfim, o ponto é relativamente simples. Em regra, a lei penal não retroage (irretroatividade), mas retroagirá se, de alguma forma, beneficiar o agente que praticar a conduta penalmente relevante (retroatividade benigna).

Visualmente, temos:

Figura 3.14 – Irretroatividade e retroatividade benigna

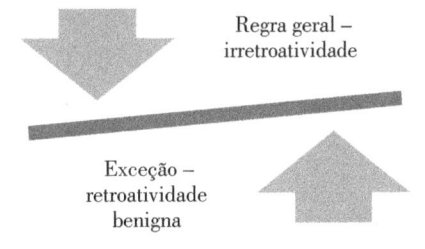

Regra geral – irretroatividade

Exceção – retroatividade benigna

O tema tem assento tanto na Constituição Federal quanto no Código Penal:

Constituição Federal:

Art. 5º [...]

[...]

XL – A lei penal não retroagirá, salvo para beneficiar o réu. (BRASIL, 1988)

Código Penal:

Art. 2º Ninguém pode ser punido por fato que lei posterior deixa de considerar crime, cessando em virtude dela a execução e os efeitos penais da sentença condenatória.

Parágrafo único. A lei posterior, que de qualquer modo favorecer o agente, aplica-se aos fatos anteriores, ainda que decididos por sentença condenatória transitada em julgado. (BRASIL, 1940)

Podemos vislumbrar, portanto, quatro cenários possíveis. Dois deles em que a norma é prejudicial e, portanto, não retroagirá; e dois em que a norma será benéfica e, portanto, atingirá fatos ocorridos anteriormente à sua vigência.

No caso de uma norma que deixa de considerar determinada conduta como criminosa (*abolitio criminis*), ou que, de alguma forma, acarrete algum benefício jurídico (*novatio legis in mellius*), a nova norma penal retroagirá para atingir fatos praticados anteriormente à sua vigência.

A contrario sensu, a lei penal que estipule uma nova conduta criminosa (*novatio legis* incriminadora) ou que acarrete alguma situação prejudicial à situação jurídica não retroagirá e atingirá apenas fatos ocorridos a partir de sua vigência.

Vale a pena reapresentar o quadro esquemático do presente tema, que oferece uma visual e prática noção do que ora tratamos:

Figura 3.15 – Cenários da irretroatividade e da retroatividade da lei penal

```
    » Retroatividade          » Irretroatividade
          ┌─────────┬─────────┐
          │Abolitio │Novatio  │
          │criminis │legis    │
          │         │incrimina│
          │         │-dora    │
          ├─────────┼─────────┤
          │Novatio  │Novatio  │
          │legis    │legis    │
          │in mellius│in pejus │
          └─────────┴─────────┘
    » Retroatividade          » Irretroatividade
```

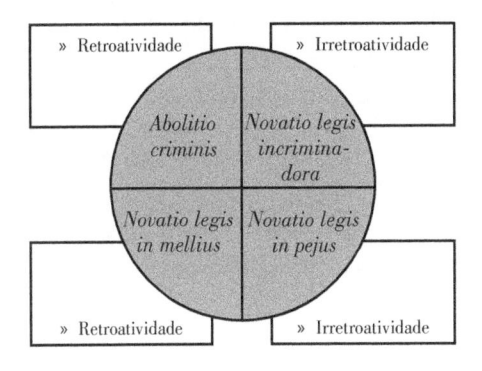

Extra-atividade da lei penal: retroatividade e ultratividade

A extra-atividade da lei penal é o fenômeno pelo qual ela ultrapassa seu período de vigência para ser aplicada a fatos ocorridos antes de entrar em vigor ou após sua revogação.

Quando a lei penal for aplicada a fatos anteriores à sua vigência, teremos o fenômeno da retroatividade, que, como vimos, só será juridicamente possível se a situação for favorável ao agente (retroatividade benigna), sendo a irretroatividade da lei penal a regra.

Quando a lei penal aplicar-se a fatos mesmo após perder sua vigência, ou seja, quando ela não estiver mais em vigor, estaremos diante do fenômeno da ultratividade.

Em suma, a extra-atividade é gênero do qual a retroatividade e a ultratividade são espécies.

A primeira hipótese de ultratividade pode ser extraída do conceito anterior, vale dizer, se a nova lei incriminadora ou *in pejus* não retroage, significa que a lei anterior será aplicada, mesmo não estando mais em vigor, pela cumulação dos princípios da irretroatividade e do *tempus regit actum*.

Mas essa não é a única hipótese. O Direito Penal regula a ultratividade das chamadas *leis penais excepcionais* ou *temporárias*, conforme previsto no Código Penal:

> **Lei excepcional ou temporária**
>
> Art. 3º *A lei excepcional ou temporária, embora decorrido o período de sua duração ou cessadas as circunstâncias que a determinaram, aplica-se ao fato praticado durante sua vigência.* (BRASIL, 1940, grifo do original)

É dizer, por expressa disposição do Código Penal, tratando-se de lei de natureza excepcional ou temporária, referida lei penal será ultrativa, ou seja, aplica-se ao fato praticado durante sua vigência mesmo não vigendo mais.

As leis penais excepcionais, como o próprio nome indica, são leis editadas em situações especiais. São raras, mas podemos mencionar a hipótese dos crimes praticados em tempo de guerra. Os fatos aparentemente criminosos ocorridos em tempo de guerra serão processados e julgados como tais, mesmo após eventualmente encerrado o período bélico, isto é, trata-se de lei excepcional e, enquanto tal, ultrativa.

As leis temporárias, como o próprio nome indica, são leis penais criadas para vigorar em determinado período. Também são raras. Na década de 1980, por exemplo, em razão de planos econômicos e de tabelamento de preços, era comum a fixação de crimes a partir da violação ao tabelamento ou ao racionamento de determinados produtos, segundo normas administrativas. Nesse caso, mesmo não estando mais em vigor a "tabela" específica, os fatos serão processados segundo a norma em vigor à época da prática, em razão da ultratividade da lei penal temporária.

Assim, com relação à lei penal no tempo, podemos apresentar o seguinte quadro esquemático:

Figura 3.16 – Extra-atividade da lei penal

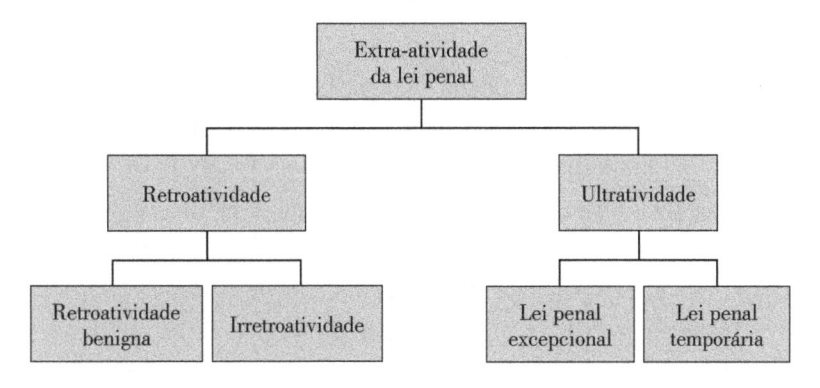

```
                    Extra-atividade
                     da lei penal
                    /            \
            Retroatividade    Ultratividade
            /         \         /         \
   Retroatividade  Irretroatividade  Lei penal    Lei penal
      benigna                        excepcional  temporária
```

■ Outras questões relativas à lei penal no tempo

A fim de encerrar a apresentação do assunto da lei penal no tempo, cumpre evidenciar, ainda que superficialmente, alguns temas de relevância da dogmática penal, com certo potencial de repercussão na atividade policial de segurança pública no plano da repressão imediata.

Em primeiro lugar, é importante destacar que a *abolitio criminis* é causa de extinção de punibilidade, afasta os efeitos (resposta) penal da conduta, mas não afasta os efeitos civis, ou seja, os efeitos extrapenais, especialmente os patrimoniais, permanecem. Assim prevê o Código Penal:

> Art. 2º Ninguém pode ser punido por fato que lei posterior deixa de considerar crime, cessando em virtude dela a execução e os efeitos penais da sentença condenatória.
>
> [...]

> Art. 107. Extingue-se a punibilidade:
>
> [...]
>
> III – pela retroatividade de lei que não mais considera o fato como criminoso. (BRASIL, 1940)

Já tivemos a oportunidade de mencionar que o Direito Penal moderno tende a voltar-se para o patrimônio do agente criminoso, na resposta patrimonial ao fenômeno criminal, ao lado da clássica resposta privativa de liberdade. Porém, a resposta patrimonial não deixa de ser uma resposta extrapenal e, como tal, remanesce ainda que diante da hipótese de *abolitio criminis*.

O segundo tema a ser enfrentado diz respeito à lei intermediária e à conjugação de leis. Portanto, é imperioso saber como fica a questão da lei penal no tempo se parte da nova lei for favorável e parte for prejudicial.

A questão ainda é polêmica, mas a jurisprudência tende a considerar não ser possível a combinação de leis, ou ela no todo é favorável e aplica-se totalmente, ou não é e, como tal, deixa de ser aplicada.

O Superior Tribunal de Justiça já sumulou o tema com base na combinação das leis sucessivas relativas ao combate ao tráfico de drogas nos seguintes termos:

> *Súmula STJ n. 501:* É cabível a aplicação retroativa da Lei n. 11.343/2006, desde que o resultado da incidência das suas disposições, na íntegra, seja mais favorável ao réu do que o advindo da aplicação da Lei n. 6.368/1976, sendo vedada a combinação de leis. (BRASIL, 2013)

Por fim, cumpre tecer rápidas considerações sobre a retroatividade das leis penais em branco.

Conforme já tivemos a oportunidade de elucidar, as leis penais em branco, também chamadas de *normas imperfeitas*, são aquelas que necessitam de um complemento para sua perfeita compreensão, interpretação e aplicação. São normas penalmente incompletas, que necessitam de um complemento para a correta adequação típica dos comportamentos incriminados.

A questão que se coloca é como tratar o complemento da norma penal em branco em relação ao tempo. Sem maiores aprofundamentos e ressalvada a polêmica, podemos dizer que depende, basicamente, da natureza desse complemento.

Se o complemento da norma penal em branco apresentar uma natureza de norma excepcional ou temporária, assumirá a natureza de tal, sendo, portanto, ultrativa, como já vimos. Caso contrário, não tendo natureza de norma excepcional ou temporária, segue a regra geral, vale dizer, somente retroagirá se for em benefício do agente.

Esquematicamente, foram estes os pontos abordados:

Figura 3.17 – Abolitio criminis e efeitos civis

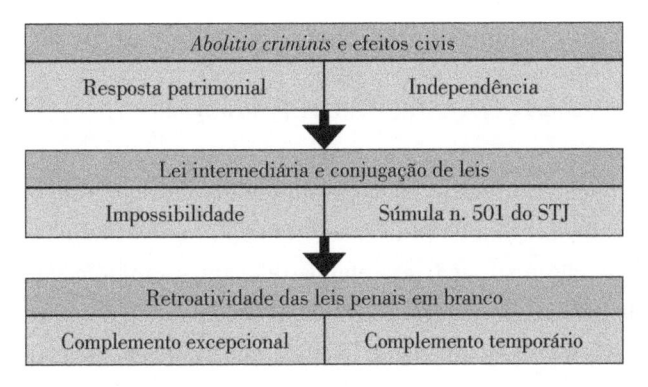

Abolitio criminis e efeitos civis	
Resposta patrimonial	Independência

Lei intermediária e conjugação de leis	
Impossibilidade	Súmula n. 501 do STJ

Retroatividade das leis penais em branco	
Complemento excepcional	Complemento temporário

3.5.2 Tempo do crime

Com relação ao tempo do crime, precisamos estabelecer o momento em que o crime é considerado cometido, ou seja, quando ocorre um ilícito penal. A doutrina do Direito Penal apresenta três teorias principais: a teoria da ação ou da atividade, a teoria do resultado ou do evento e a teoria mista ou da ubiquidade. Os nomes das teorias são intuitivos, mas vale uma rápida descrição.

Pela **teoria da ação ou da atividade**, o momento do crime seria o momento em que é realizada a conduta, independentemente do resultado.

A **teoria do resultado ou do evento**, por sua vez, considera o crime a partir do resultado, e não da conduta.

E a **teoria mista ou da ubiquidade** adota uma posição eclética, considerando o crime praticado tanto no momento da ação quanto no momento do resultado.

O Direito Penal adotou a teoria da ação ou da atividade, conforme a dicção do art. 4º do Código Penal, *in verbis*:

> **Tempo do crime**
> Art. 4º *Considera-se praticado o crime no momento da ação ou da omissão, ainda que outro seja o momento do resultado.* (BRASIL, 1940, grifo do original)

A opção do legislador acarreta efeitos práticos relevantes, como a contagem do prazo prescricional, por exemplo.

Mas não é só, acarreta efeitos relevantes também na atividade policial de segurança pública, especialmente a partir da ideia de repressão imediata, ligada umbilicalmente ao momento da ocorrência do ilícito penal e aos próprios limites temporais dessa repressão imediata.

Nesse contexto, nos crimes de resultado, salvo expressa previsão do tipo penal, a partir do núcleo verbal, o crime considera-se praticado no momento da conduta, ou seja, da ação ou da omissão, independentemente do momento em que o resultado se verifique. Repita-se, salvo se o próprio tipo penal também incriminar o momento do resultado, como fez, por exemplo, no crime de corrupção passiva, em que são incriminados tanto a solicitação quanto o recebimento da vantagem indevida.

Sobre o tempo do crime, esquematicamente, temos:

Figura 3.18 – Teorias relativas ao tempo do crime

(Pie chart with three sections: "Mista ou da ubiquidade", "Ação ou da atividade", "Resultado ou do evento")

■ **Crime continuado e crime permanente**
Questão interessante ocorre nos crimes permanentes e nos crimes continuados.

Crimes permanentes são aqueles em que a consumação do delito protrai-se no tempo, de forma que são considerados permanentemente em execução, enquanto perdurar a conduta. Como efeito importante para a atividade policial, o crime permanente protrai também a situação flagrancional, de modo que possibilita o ato prisional em flagrante enquanto perdurar a conduta típica. Exemplo dessa espécie de crime é a extorsão mediante sequestro.

Crime continuado, por sua vez, tem definição no próprio texto do Código Penal:

> **Crime continuado**
>
> *Art. 71. Quando o agente, mediante mais de uma ação ou omissão, pratica dois ou mais crimes da mesma espécie e, pelas condições de tempo, lugar, maneira de execução e outras semelhantes, devem os subsequentes ser havidos como continuação do primeiro, aplica-se-lhe a pena de um só dos crimes, se idênticas, ou a mais grave, se diversas, aumentada, em qualquer caso, de um sexto a dois terços.*
>
> *Parágrafo único. Nos crimes dolosos, contra vítimas diferentes, cometidos com violência ou grave ameaça à pessoa, poderá o juiz, considerando a culpabilidade, os antecedentes, a conduta social e a personalidade do agente, bem como os motivos e as circunstâncias, aumentar a pena de um só dos crimes, se idênticas, ou a mais grave, se diversas, até o triplo, observadas as regras do parágrafo único do art. 70 e do art. 75 deste Código.*
>
> (BRASIL, 1940, grifo do original)

Como mencionamos, questão interessante diz respeito à sucessão de leis em caso de crimes permanentes ou crimes continuados e condutas praticadas na vigência de ambas, isto é, iniciado o comportamento sob a égide de uma lei, encerrada a conduta sob a égide de outra.

Sem aprofundar o tema, o tema foi sumulado pelo Supremo Tribunal Federal com a seguinte redação:

Súmula STF n. 711: A lei penal mais grave aplica-se ao crime continuado e permanente, se a sua vigência é anterior à cessação da continuidade ou da permanência. (BRASIL, 2003)

O Direito sumular, portanto, determina a aplicação da pena mais grave, ou seja, faz incidir o tipo penal mais grave se a vigência é anterior à cessação da continuidade ou da permanência, sem maiores discussões sobre retroatividade benigna ou irretroatividade na espécie.

3.5.3 Lei penal no espaço

Semelhantemente ao que fizemos na análise da lei penal no tempo, no presente tópico, analisaremos a lei penal no espaço, ou seja, o local de incidência da norma penal.

▎Territorialidade

A territorialidade decorre da ideia de soberania da aplicação das normas jurídicas no território respectivo. Com o Direito Penal não ocorre de modo diverso, a lei penal aplica-se aos fatos ocorridos em território nacional. O Direito Penal, portanto, segue o princípio da territorialidade. Essa é a regra insculpida no *caput* do art. 5º do Código Penal:

> **Territorialidade**
>
> *Art. 5º Aplica-se a lei brasileira, sem prejuízo de convenções, tratados e regras de direito internacional, ao crime cometido no território nacional.* (BRASIL, 1940, grifo do original)

Não nos compete aqui fazer uma revisão, a partir da ciência política, dos diversos aspectos que envolvem a noção de território nacional na qualidade de elemento integrante da própria ideia de Estado.

De modo singelo, podemos indicar que o **território nacional** engloba a porção de terra nacional, incluídos o solo o subsolo, o mar territorial (as 12 milhas náuticas), a plataforma continental (200 milhas consideradas zona de exploração econômica), bem como o espaço aéreo correspondente. Esse é o território brasileiro, onde a lei brasileira tem incidência e onde, por consequência, os fatos de relevância penal são julgados, decorrência da soberania do Estado brasileiro.

Esquematicamente, temos:

Figura 3.19 – Territorialidade

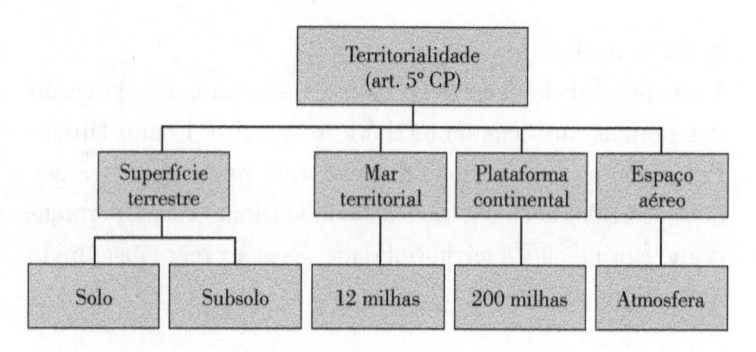

```
                    Territorialidade
                      (art. 5º CP)
      ┌──────────────┬──────────────┬──────────────┐
  Superfície        Mar         Plataforma       Espaço
  terrestre      territorial    continental       aéreo
  ┌────┬────┐
 Solo  Subsolo    12 milhas     200 milhas     Atmosfera
```

■ Extraterritorialidade

Apesar da regra geral da territorialidade, em algumas situações excepcionais, alguns fatos, apesar de terem sido cometidos fora do território nacional, são processados e julgados segundo a lei penal brasileira. É a regra da extraterritorialidade. A questão está disciplinada no art. 7º do Código Penal:

Extraterritorialidade

Art. 7º Ficam sujeitos à lei brasileira, embora cometidas no estrangeiro:

I – os crimes:

a) contra a vida ou liberdade do Presidente da República;

b) contra o patrimônio ou a fé pública da União, do Distrito Federal, de Estado, de Território, de Município, de empresa pública, sociedade de economia mista, autarquia ou fundação instituída pelo Poder Público;

c) contra a administração pública, por quem está a seu serviço;

d) de genocídio, quando o agente for brasileiro ou domiciliado no Brasil;

II – os crimes:

a) que, por tratado ou convenção, o Brasil se obrigou a reprimir;

b) praticados por brasileiro;

c) praticados em aeronaves ou embarcações brasileiras, mercantes ou de propriedade privada, quando em território estrangeiro e aí não sejam julgadas.

§ 1º Nos casos do inciso I, o agente é punido segundo a lei brasileira, ainda que absolvido ou condenado no estrangeiro.

§ 2º Nos casos do inciso II, a aplicação da lei brasileira depende do concurso das seguintes condições:

a) entrar o agente no território nacional;

b) ser o fato punível também no país em que foi praticado;

c) estar o crime incluído entre aqueles pelos quais a lei brasileira autoriza a extradição;

d) não ter sido o agente absolvido no estrangeiro ou não ter aí cumprido a pena;

e) não ter sido o agente perdoado no estrangeiro ou, por outro motivo, não estar extinta a punibilidade, segundo a lei mais favorável.

§ 3º A lei brasileira aplica-se também ao crime cometido por estrangeiro contra brasileiro fora do Brasil, se, reunidas as condições previstas no parágrafo anterior:

a) não foi pedida ou negada a extradição;

b) houve requisição do Ministro da Justiça.
(BRASIL, 1940, grifo do original)

A doutrina costuma apresentar alguns critérios pelos quais há a aplicação extraterritorial da lei penal brasileiro.

O primeiro critério é o da proteção ou da defesa, o qual tem por objetivo salvaguardar algum interesse nacional. Inserem-se nesse critério o previsto no inciso I, alíneas "a", "b" e "c", combinado com o § 1º do dispositivo em análise.

O segundo critério é o da personalidade ou nacionalidade, que se desdobra em nacionalidade ativa e nacionalidade passiva. Enquadram-se no critério da nacionalidade ativa as previsões do inciso II e do inciso I, alínea "d", primeira parte. No critério da personalidade (ou nacionalidade) passiva, enquadra-se o previsto no referido art. 7º, § 3º, combinado com o § 2º.

Por fim, temos o critério da competência universal. Nesse critério inserem-se o inciso I, alínea "d", segunda parte, e o inciso II, alíneas "a" e "c", combinado com o § 2º.

Esquematicamente, temos:

Figura 3.20 – Extraterritorialidade

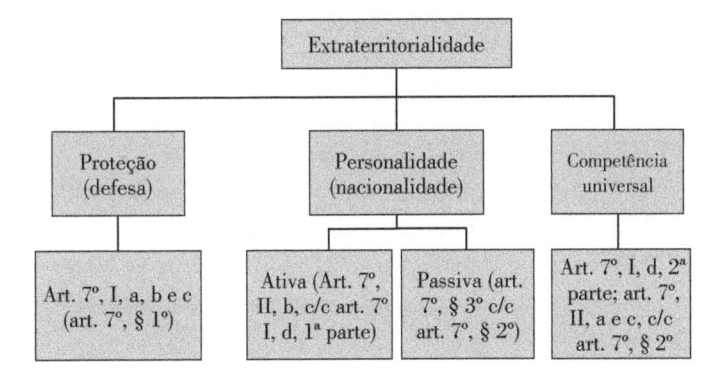

```
                        Extraterritorialidade
          ┌───────────────────┼───────────────────┐
      Proteção            Personalidade       Competência
      (defesa)           (nacionalidade)       universal
          │              ┌──────┴──────┐           │
    Art. 7º, I, a, b e c  Ativa (Art. 7º,  Passiva (art.   Art. 7º, I, d, 2ª
      (art. 7º, § 1º)    II, b, c/c art. 7º  7º, § 3º c/c   parte; art. 7º,
                         I, d, 1ª parte)    art. 7º, § 2º)  II, a e c, c/c
                                                            art. 7º, § 2º
```

■ **Outras questões relativas à lei penal no espaço**

A fim de fechar a apresentação do tema lei penal no espaço, cumpre tecer rápidas considerações sobre algumas questões de relevância para o contexto do conteúdo da presente obra.

A primeira questão que abordaremos diz respeito à situação dos fatos ocorridos a bordo de embarcações ou aeronaves. Para tanto, precisaremos diferenciar a natureza pública ou privada da embarcação ou aeronave.

As **embarcações ou aeronaves públicas**, ou que estejam a serviço do governo brasileiro, são consideradas extensões do território nacional. É dizer, aos fatos criminosos ocorridos em tais locais, aplica-se a lei penal brasileira.

Com as **embarcações e aeronaves privadas**, a situação é diversa, porque não são elas extensões do território nacional, como as públicas ou a serviço do governo. Nesse caso, a lei penal brasileira somente será aplicável enquanto a embarcação ou a aeronave (privada) estiver em território nacional ou em alto mar ou espaço aéreo correspondente. É o que preveem os parágrafos do art. 5º do Código Penal:

Territorialidade

Art. 5º Aplica-se a lei brasileira, sem prejuízo de convenções, tratados e regras de direito internacional, ao crime cometido no território nacional.

§ 1º Para os efeitos penais, consideram-se como extensão do território nacional as embarcações e aeronaves brasileiras, de natureza pública ou a serviço do governo brasileiro onde quer que se encontrem, bem como as aeronaves e as embarcações brasileiras, mercantes ou de propriedade privada, que se achem, respectivamente, no espaço aéreo correspondente ou em alto-mar.

§ 2º É também aplicável a lei brasileira aos crimes praticados a bordo de aeronaves ou embarcações estrangeiras de propriedade privada, achando-se aquelas em pouso no território nacional ou em voo no espaço aéreo correspondente, e estas em porto ou mar territorial do Brasil. (BRASIL, 1940, grifo do original)

O segundo ponto que enfocaremos, ainda que brevemente, diz respeito às **imunidades materiais**.

Já tivemos a oportunidade de examinar a questão das imunidades prisionais. Quando essas imunidades se verificam a partir do afastamento da própria conduta criminal, como acontece na imunidade diplomática ou dos cônsules (por fato ligado ao serviço consular), haverá uma verdadeira exceção ao princípio da territorialidade, de modo que a lei penal deixará de ser aplicada mesmo para fatos ocorridos no espaço físico sujeito à soberania nacional.

Nas relações diplomáticas e consulares, por força de tratados e de convenções, multi ou bilaterais, os Estados signatários costumam abrir mão de parcelas de sua soberania, inclusive no campo penal, deixando de aplicar a lei (penal) brasileira mesmo para fatos ocorridos em território nacional.

Por fim, cumpre registrar os esforços das nações das últimas décadas em estabelecer um **Direito Penal Internacional**.

Em sede de Direito Penal, diferentemente do que ocorre na área privada, especialmente comercial, a aplicação da lei está intimamente atrelada ao atributo da soberania, de forma que o processo de instalação e de funcionamento de tribunais internacionais ainda caminha a passos lentos, ou envolve o manejo de leis sem efetivo poder de coerção, como ocorre nas chamadas *soft laws*.

No continente americano de forma geral, na América Latina em particular, diversamente do que tem ocorrido no Direito europeu, a questão está ainda mais incipiente. Nesse contexto, é válido registrar o interessante processo, ocorrido nas últimas décadas, de incorporação ao sistema penal nacional de categorias penais e processuais penais de origem e desenvolvimento em países de tradição anglo-saxã, como, *verbia gratia*, a crescente utilização de técnicas especiais de investigação de crimes empresariais econômicos, incluindo a colaboração premiada.

Em suma, como questões de Direito Penal no espaço (territorialidade), relevantes direta ou indiretamente para a atividade policial na área de segurança pública, foram abordados os seguintes temas:

Figura 3.21 – Direito Penal no espaço: temas de destaque

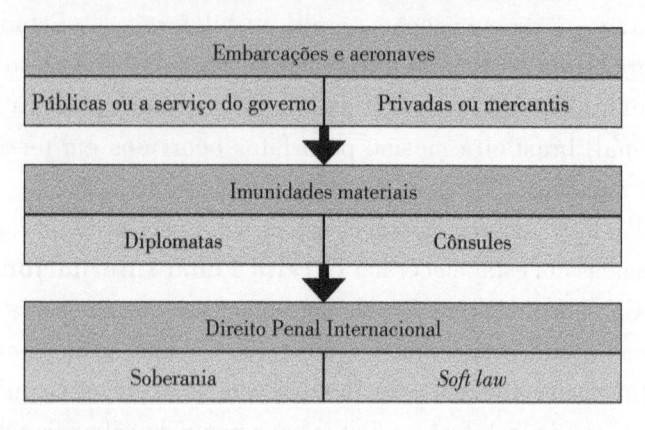

Embarcações e aeronaves	
Públicas ou a serviço do governo	Privadas ou mercantis

Imunidades materiais	
Diplomatas	Cônsules

Direito Penal Internacional	
Soberania	*Soft law*

3.5.4 Lugar do crime

O estabelecimento do local do crime apresenta grande interesse prático, pois muitas outras questões jurídicas são decorrentes da definição do local em que um crime é considerado praticado.

É muito comum a expressão *lucus comissi delicti*, de origem latina, para se referir, literalmente, ao local de ocorrência de um delito, de um ilícito penal.

Da definição do local de cometimento do crime depende, muitas vezes, a verificação da jurisdição com atribuições para aplicação da lei penal. No plano interno, o local do crime pode definir o juízo competente para o processo e o julgamento de determinada causa penal, além de outras potenciais consequências jurídico-penais.

Da mesma forma que ocorre no tempo do crime, a doutrina costuma referir três teorias principais: teoria da ação, teoria do resultado e teoria mista ou da ubiquidade.

Pela **teoria da ação ou da atividade**, o lugar do crime seria o lugar em que a conduta (ação ou omissão) é praticada.

Pela **teoria do resultado ou do evento**, por sua vez, o lugar do crime seria o local em que ocorreu ou deveria ocorrer o resultado.

Por fim, pela **teoria mista ou da ubiquidade**, ambos são considerados lugar do crime: tanto o local da prática da conduta quanto o local do resultado, ou o local onde deveria tal resultado ser produzido.

O sistema penal brasileiro apresenta uma perspectiva expansionista nesse aspecto, tendo adotado a teoria mista ou da ubiquidade, conforme observamos no seguinte dispositivo do Código Penal:

Lugar do crime

Art. 6º Considera-se praticado o crime no lugar em que ocorreu a ação ou a omissão, no todo ou em parte, bem como onde se produziu o deveria produzir-se o resultado.
(BRASIL, 1940, grifo do original)

Assim, esquematicamente, temos:

Figura 3.22 – Teorias relativas ao lugar do crime

IV

Teoria do crime

Vimos, no capítulo anterior, a teoria da norma penal. Conforme já tivemos a oportunidade de tratar, há três principais pilares na doutrina do Direito Penal, objeto de nossos estudos, a teoria da norma penal, a teoria do crime e a teoria da pena. Chegou o momento de aprofundarmos os estudos sobre a segunda dessas vigas mestras, vale dizer, a teoria do crime.

Para tanto, em um primeiro momento, abordaremos questões introdutórias sobre a teoria do crime, destacando temas como noções e aspectos gerais da teoria geral do delito, sujeitos do crime, objeto do crime, os critérios bipartido e tripartido de infração penal, o conceito formal e o conceito material de crime.

Ainda com ênfase nas noções introdutórias, apresentaremos uma visão panorâmica e esquemática do conceito analítico de crime, que nos servirá de suporte e aprofundamento em todo o capítulo presente.

A partir de então, seguindo a esteira do conceito analítico do crime, iniciaremos com as noções relativas à conduta típica, abordando temas como o conceito de conduta, positiva ou negativa, as hipóteses em que o Direito Penal considera excluída a própria conduta, bem como as questões ligadas à tipicidade penal e as respectivas noções de atipicidade.

Em um segundo momento, superada a análise de tipicidade penal, evidenciaremos temas relacionados à ilicitude ou antijuridicidade, abordando as hipóteses em que o sistema penal, diante de uma conduta tipificada em lei penal, afasta o caráter ilícito dessa conduta, é dizer, as hipóteses de exclusão da ilicitude ou antijuridicidade. Isso engloba tanto as hipóteses regradas pelo Direito Penal (como estado de necessidade, legítima defesa, estrito cumprimento do dever legal, exercício regular de um direito), como as chamadas *causas supralegais de exclusão da ilicitude*, a exemplo do consentimento do ofendido nos casos em que seja possível tal consentimento.

Por fim, fechando o tema da teoria do crime, analisaremos as questões relativas à culpabilidade e suas hipóteses de exclusão. Abordaremos, na sequência, a imputabilidade, a potencial consciência da ilicitude e, ao final, a inexigibilidade de conduta diversa.

Como nosso foco é a doutrina penal em convergência com a atividade policial na área de segurança pública, não nos deteremos às questões relativas à punibilidade. Embora a punibilidade seja parte integrante da teoria do crime, deixaremos de aprofundá-la, pois é tema de interesse apenas da doutrina penal, com pouca ou nenhuma utilidade para os estudos da doutrina penal aplicada à atividade policial. Nada obstante, esclareceremos alguns temas a ela relacionados, mas apenas naquilo que apresentar algum interesse de acordo com o objeto da presente obra.

4.1 Noções introdutórias sobre a teoria do crime

Iniciando os trabalhos relativos à teoria do crime, vejamos, a seguir, as noções introdutórias sobre a teoria do crime.

Em um primeiro momento, abordaremos a teoria geral do delito principalmente naquilo que se compara com a teoria da norma penal, que vimos no capítulo anterior, e a teoria da pena.

Em seguida, examinaremos duas categorias jurídicas de fundamental importância para a compreensão de outras: os sujeitos e os objetos do crime. Então, retomaremos um tema que já fora apresentado *en passant*: os critérios de classificação das infrações penais – critério tripartido (crime, delito e contravenção) e critério bipartido (crime e contravenção), este último o critério adotado pela legislação nacional.

Sequencialmente, agora já adentrando especificamente em conceitos diretamente ligados à teoria do crime, apresentaremos algumas possibilidades de conceituação de crime. Para tanto, iniciaremos com a apresentação de um conceito meramente formal, que dá enfoque à violação da norma penal, seguida do conceito material, que, por sua vez, leva em consideração aspectos materiais do bem jurídico penalmente protegido.

Após o exame dos conceitos formal e material de crime, adentraremos na categoria que nos acompanhará em boa parte da presente obra: uma visão panorâmica e esquemática do conceito analítico de crime. Embora o crime seja um conceito unitário, um fenômeno total, é possível, por questões didáticas e de entendimento, dividi-los em algumas partes que permitirão sua melhor compreensão e a solução de inúmeras questões teóricas e práticas sobre a infração penal.

Nosso objetivo neste Capítulo será apenas apresentar os contornos gerais do conceito analítico, com uma visão superficial de seus elementos integrantes, vale dizer, a conduta típica, a ilicitude, a culpabilidade e, por fim, a punibilidade.

Conforme antecipamos, a punibilidade não apresenta interesse direto para a atividade policial de segurança pública, com interesse meramente reflexo, razão pela qual não aprofundaremos seu estudo, mas apenas os aspectos que possam ser úteis para tal mister.

Sem maiores delongas, é o que passaremos a apresentar.

4.1.1 Introdução à teoria geral do delito

Dando sequência ao nosso plano de trabalho, chegou o momento de análise de uma das principais categorias de estudo do Direito Penal em convergência com a atividade policial.

Já tivemos a oportunidade de apresentar os conceitos operacionais para o presente estudo, com enfoque na atividade policial dentro da estrutura de Estado e a concepção de repressão imediata, ao lado das inúmeras outras funções policiais. Na ocasião, ressaltamos as questões relativas à prisão em flagrante delito.

Seguimos com as noções introdutórias do Direito Penal e os conceitos básicos das ciências criminais, contemplando um rápido esboço histórico.

Somente após estávamos prontos para aprofundar os três grandes pilares das ciências penais, iniciando pela teoria da norma penal, que vimos no capítulo anterior e, doravante, a teoria do delito.

A teoria geral do delito, ou teoria do crime ou teoria do fato punível, constitui uma das vigas mestras do Direito Penal. Trata-se do que se costuma referir como *dogmática penal em sentido estrito*.

Já tivemos a oportunidade de mencionar que nosso principal objetivo é a apresentar a dogmática do Direito Penal, sem evidenciar maiores aspectos críticos.

Nesse sentido, aumenta a relevância da teoria geral do delito, por constituir, como vimos, a essência da dogmática penal, enfim, a própria dogmática penal em sentido estrito.

O Direito Penal e, de modo geral, as ciências penais, giram em torno do fenômeno criminal, ou seja, do crime, do delito, do fato punível.

A infração penal é a ideia central do Direito Penal, de forma que não há de se falar em Direito Penal sem a ideia de infração penal. A infração penal é o centro, o início e o fim dos estudos de Direito Penal.

Os temas que passaremos a expor orbitam na ideia do fenômeno criminal, bem por isso se trata de dogmática penal em sentido estrito.

Contudo, mais do que uma categoria central do Direito Penal, o fenômeno criminal é também uma categoria central da atividade policial. Aliás, é a ideia de fenômeno criminal que dá sentido à própria atividade criminal policial, na classificação orgânica e funcional que desenvolvemos no primeiro capítulo.

A chamada *polícia criminal* está toda estruturada em torno do crime, do fenômeno criminal, seja com vistas a prevenir sua ocorrência (tutela inibitória criminal), seja reprimindo-a em curto período de tempo (repressão imediata), seja apurando a infração penal nos aspectos de relevância.

4.1.2 Sujeitos e objetos do crime

Iniciaremos nossos estudos com uma questão bem dogmática, mas não menos importante dentro da temática da teoria geral do delito.

Contemplaremos as questões relativas aos sujeitos do delito, ou seja, as pessoas penalmente responsáveis pela prática e as pessoas que sofrem lesão pela prática da infração penal. Indicaremos um ponto específico no tema: a possibilidade de responsabilização penal da pessoa jurídica, especialmente no âmbito da repressão policial imediata.

Fecharemos o tópico com o desenvolvimento da temática relacionada ao objeto do ilícito penal, seja o objeto jurídico, seja o objeto material.

É o que passaremos a explanar.

▨ Sujeitos ativo e passivo da conduta criminosa

Os sujeitos do crime, com soa intuitivo, são as pessoas envolvidas no ilícito penal.

O **sujeito ativo** do ilícito penal é todo aquele que pode ser penalmente responsabilizado pela conduta criminosa, seja por ter praticado o fato descrito como crime na norma penal incriminadora (autor ou coautor), seja por ter, de alguma forma juridicamente relevante, contribuído para a prática (partícipe).

Teremos a oportunidade de desenvolver as noções de autoria e participação ao tratar da tipicidade penal. Por ora, podemos dizer que *autor* é aquele que diretamente pratica a conduta incriminada ou tem um domínio sobre a realização de tal conduta, e *partícipe* é aquele que contribui para a prática delituosa, instigando, auxiliando ou induzindo determinada conduta criminosa.

De qualquer forma, todo aquele que concorre para o crime incide nas penas a este cominadas, na medida de sua respectiva culpabilidade, conforme a dicção do art. 29 do Código Penal.

Figura 4.1 – Sujeito ativo do crime

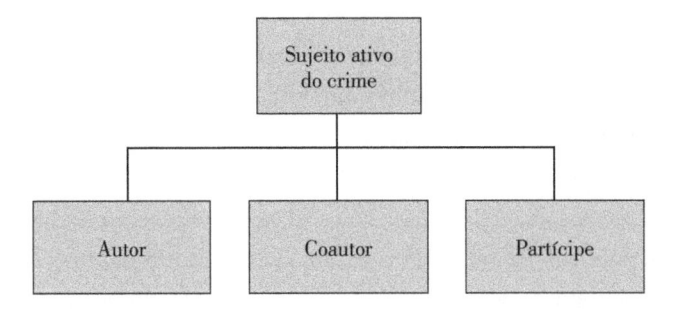

```
         ┌──────────────┐
         │ Sujeito ativo│
         │   do crime   │
         └──────┬───────┘
      ┌────────┼────────┐
   ┌──┴──┐  ┌──┴───┐ ┌──┴────┐
   │Autor│  │Coautor│ │Partícipe│
   └─────┘  └──────┘ └────────┘
```

A partir da ideia de sujeito ativo enquanto quem pratica o fato descrito como crime na norma penal incriminadora, surge uma importante classificação das infrações penais: crime comum, crime próprio e crime de mão própria.

O crime comum é aquele que pode ser praticado por qualquer pessoa, ou seja, o autor pode ser qualquer sujeito juridicamente capaz.

No crime próprio, por sua vez, exige-se uma qualidade ou condição especial do autor da infração penal. Para a caracterização do ilícito penal, é necessário que o autor se insira em determinada categoria ou apresente alguma condição especial. Não pode ser praticado por qualquer pessoa, portanto, senão com a situação pessoal prevista na norma. Como exemplo temos o crime previsto no art. 123 do Código Penal:

> **Infanticídio**
>
> *Art. 123. Matar, sob a influência do estado puerperal, o próprio filho, durante o parto ou logo após.*
> *Pena – detenção, de dois a seis anos.* (BRASIL, 1940, grifo do original)

Não é qualquer pessoa que pode praticar o crime de infanticídio senão a mãe (próprio filho) durante o parto ou logo após, enquanto estiver sob influência do estado puerperal.

É importante observar, porém, que a referida lei penal incriminadora exige uma condição especial do autor como sujeito ativo da conduta.

A mesma situação ocorre nos crimes praticados por funcionários públicos contra a Administração em geral, como os crimes de peculato, concussão, excesso de exação, corrupção passiva, prevaricação etc. São todos crimes próprios, na medida em que somente podem ser praticados (autor) por funcionários públicos.

Nos crimes próprios, embora exija-se uma qualidade ou condição especial ao autor da infração, a infração penal, ou melhor, a conduta incriminada, não precisa necessariamente ter sido realizada pelo autor direto da infração. Nesse sentido, os crimes próprios admitem a chamada *autoria mediata*, ou seja, a prática da conduta criminosa por meio da conduta de outrem (autoria mediata). É o que ocorre, por exemplo, nos crimes praticados mediante recompensa, situação em que são autores tanto o executor material da conduta quanto o mandante (autor mediato).

Caso um pouco diverso ocorre na terceira categoria de crimes dentro da classificação ora em análise, ou seja, nos chamados *crimes de mão própria*. Isso porque os crimes de mão própria são crimes personalíssimos, ou seja, não podem ser praticados por outrem, direta ou indiretamente.

Em outras palavras, são crimes que não admitem a autoria mediata, mas somente a autoria imediata, isto é, que o autor seja quem efetivamente pratica o núcleo verbal incriminado. Como exemplo temos o crime de falso testemunho, assim previsto no Código Penal:

Falso testemunho ou falsa perícia

Art. 342. *Fazer afirmação falsa, ou negar ou calar a verdade como testemunha, perito, contador, tradutor ou intérprete em processo judicial, ou administrativo, inquérito policial, ou em juízo arbitral.*

Pena – reclusão, de 02 (dois) a 04 (quatro) anos, e multa. (BRASIL, 1940, grifo do original)

O crime de falso testemunho é personalíssimo, ou seja, crime de mão própria, só admite a prática direta pela pessoa na condição especial de testemunha. Contudo, ressaltamos que, embora a autoria seja somente a autoria direta, não se admitindo a autoria mediata (bem por isso *crime de mão própria*), todo aquele que, de alguma forma, tenha contribuído para a infração penal responderá na condição de partícipe.

Os crimes de mão própria, portanto, ainda que não admitam autoria mediata, permitem a responsabilização de eventuais partícipes da infração penal.

No caso dado como exemplo, se, eventualmente, o advogado da parte tiver contribuído à infração, orientando e inventando a versão a ser apresentada, poderá ser responsabilizado por participação no crime de falso testemunho.

Assim, esquematicamente, temos:

Figura 4.2 – Sujeito ativo do crime

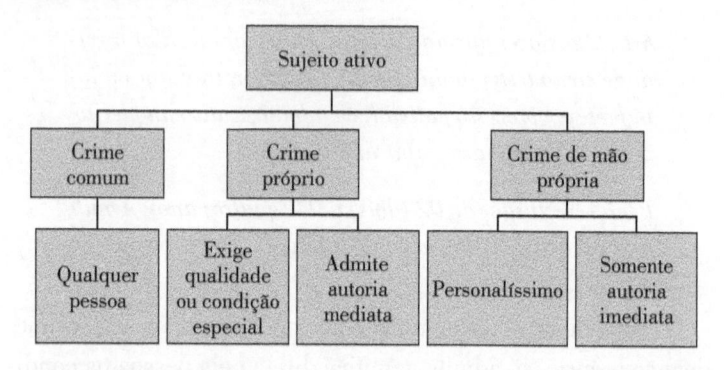

```
                         Sujeito ativo
        ┌───────────────────┼───────────────────┐
    Crime              Crime               Crime de mão
    comum              próprio             própria
      │              ┌────┴────┐         ┌────┴────┐
  Qualquer        Exige      Admite   Personalíssimo  Somente
  pessoa       qualidade    autoria                   autoria
               ou condição  mediata                   imediata
               especial
```

O **sujeito passivo**, por sua vez, é o titular do bem jurídico atingido pela conduta criminosa, é a pessoa que sofre diretamente as consequências da infração penal.

Nas noções introdutórias, tivemos a oportunidade de mencionar que a prática delituosa, de modo geral, afeta toda a sociedade, tendo em vista que significa uma lesão a bens jurídicos sensíveis para a convivência social, bem por isso, penalmente tutelados.

É a partir dessa ideia que surge uma classificação básica entre sujeito passivo imediato ou sujeito passivo mediato.

O sujeito passivo imediato, também chamado de *sujeito passivo material* ou *eventual*, coincide com a ideia geral de vítima, ou seja, é aquele que sofre diretamente os efeitos deletérios da infração penal. Poderá ser o ser humano e sua integridade corporal (nos delitos contra a pessoa), o Estado (nos delitos fiscais), as pessoas jurídicas, e assim por diante.

O sujeito passivo mediato, também chamado de *sujeito passivo formal* ou *constante*, é o Estado. Isso porque, conforme vimos, o Estado e a coletividade são as primeiras vítimas das práticas criminosas, considerando que o crime é uma violação por natureza grave aos bens sensíveis de convivência social.

Mais uma vez recorrendo a uma visão esquemática do que apresentamos, temos:

Figura 4.3 – Sujeitos passivos do crime

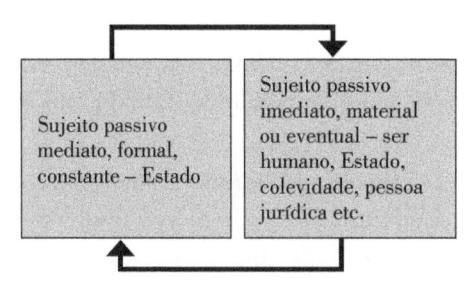

```
┌─────────────────────┐   ┌─────────────────────┐
│  Sujeito passivo    │   │  Sujeito passivo    │
│  mediato, formal,   │──▶│  imediato, material │
│  constante – Estado │   │  ou eventual – ser  │
│                     │◀──│  humano, Estado,    │
│                     │   │  coletividade, pessoa│
│                     │   │  jurídica etc.      │
└─────────────────────┘   └─────────────────────┘
```

Pessoa jurídica como sujeito ativo do crime

Uma questão rápida, mas de profundo interesse para a dogmática jurídica e para a atividade policial no campo da repressão imediata, diz respeito à possibilidade de responsabilização de pessoa jurídica por práticas criminosas.

Diferentemente do que acontece em alguns países, o Brasil não admite a ampla possibilidade de responsabilização penal das empresas, a única hipótese atualmente admitida é a responsabilização por infrações de natureza criminal ambiental. Isso por força de previsão constitucional expressa:

> *Art. 225. Todos têm direito ao meio ambiente ecologicamente equilibrado, bem de uso comum do povo e essencial à sadia qualidade de vida, impondo-se ao Poder Público e à coletividade o dever de defende-lo e preservá-lo para as presentes e futuras gerações.*
>
> *[...]*
>
> *§ 3º As condutas e atividades consideradas lesivas ao meio ambiente sujeitarão os infratores, pessoas físicas ou* ***jurídicas, a sanções penais*** *e administrativas, independentemente da obrigação de reparar os danos causados.* (BRASIL, 1988, grifo nosso)

A fim de regulamentar referido dispositivo constitucional, a Lei n. 9.605/1998 dispõe sobre as sanções penais e administrativas derivadas de condutas e atividades lesivas ao meio ambiente. Entre outras disposições, tal lei assim prescreve:

> Art. 3º **As pessoas jurídicas serão responsabilizadas** administrativa, civil e **penalmente** conforme o disposto nesta lei, nos casos em que a infração cometida por decisão de seu representante legal ou contratual, ou de seu órgão colegiado, no interesse ou benefício da sua entidade.
>
> Parágrafo único. A responsabilidade das pessoas jurídicas não exclui a das pessoas físicas, autoras, coautoras ou partícipes do mesmo fato. (BRASIL, 1998, grifo nosso)

Obviamente, as consequências penais da pessoa jurídica são diversas da pessoa física. Não há como imaginar, por exemplo, um ato prisional em flagrante em face da empresa, senão apenas das pessoas físicas responsáveis pela prática.

Por outro lado, é comum, na atividade de policiamento ambiental, os agentes policiais de segurança pública se depararem com atividades em flagrante descompasso com a legislação ambiental, mormente, prática de crimes ambientais, devendo ser adotadas as medidas necessárias e suficientes não somente com relação às pessoas físicas encarregadas, mas também quanto à pessoa física eventualmente responsável pela prática criminosa.

A possibilidade de responsabilização da pessoa jurídica ainda sofre críticas na doutrina nacional, contudo, é instituto consagrado na jurisprudência e tem sido praticada no cotidiano forense brasileiro.

Os agentes policiais que se depararem com uma situação flagrancional de crime ambiental, como o de poluição, por exemplo, praticado no exercício de atividade empresarial, deverão adotar as devidas providências documentais necessárias à responsabilização, inclusive, da pessoa jurídica envolvida.

Objetos jurídico e material do crime

Os objetos do crime, tanto o jurídico quanto o material, são temas de fácil entendimento, porém, importantes de acordo com os propósitos da presente obra.

O **objeto jurídico** é o bem jurídico tutelado. Conforme temos insistido, o sistema penal seleciona bens jurídicos que, por uma série de interações e decisões políticas e legislativas, mereçam uma proteção especial, mediante a proteção da *ultima ratio* representada pelo Direito Penal.

Esses bens jurídicos penalmente protegidos correspondem à ideia de objeto jurídico do ilícito penal. Para compreendermos quais são tais bens jurídicos, basta observarmos os títulos e os capítulos em que estiverem inseridos os crimes em espécie, de modo a verificar os bens jurídicos protegidos, *rectius*, o objeto jurídico do ilícito penal.

Nesse sentido, são bens jurídicos: a vida, a integridade corporal, a honra, o patrimônio etc.

O **objeto material**, ou substancial, por sua vez, é o bem, a pessoa ou a coisa sobre o qual recai a conduta tida como criminosa. Enfim, é o bem da vida especificamente lesado, o objeto furtado roubado, apropriado, o corpo humano especificamente lesionado, a vida ceifada, e assim por diante.

Recorrendo aos nossos esquemas visuais, temos:

Figura 4.4 – Objetos do crime

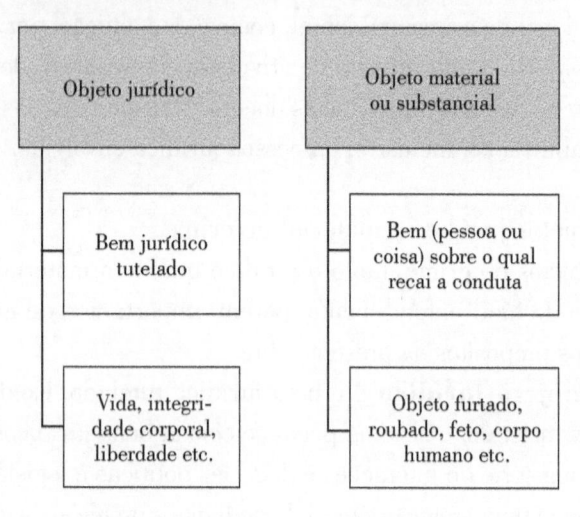

```
         Objeto jurídico              Objeto material
                                       ou substancial

         Bem jurídico               Bem (pessoa ou
           tutelado                coisa) sobre o qual
                                    recai a conduta

        Vida, integri-              Objeto furtado,
        dade corporal,             roubado, feto, corpo
         liberdade etc.              humano etc.
```

4.1.3 Critérios bipartido e tripartido de infração penal

Conforme já havíamos informado, o Brasil adotou o sistema bipartido de infração penal. É dizer, a infração penal, na qualidade de gênero, desdobra-se em crime ou contravenção, como espécies. No sistema bipartido brasileiro, delito é sinônimo de crime.

Alguns países adotam o sistema chamado *tripartido*, no qual a infração penal (gênero) é dividida em crime, delito e contravenção.

Esquematicamente, temos:

Figura 4.5 – Infração penal

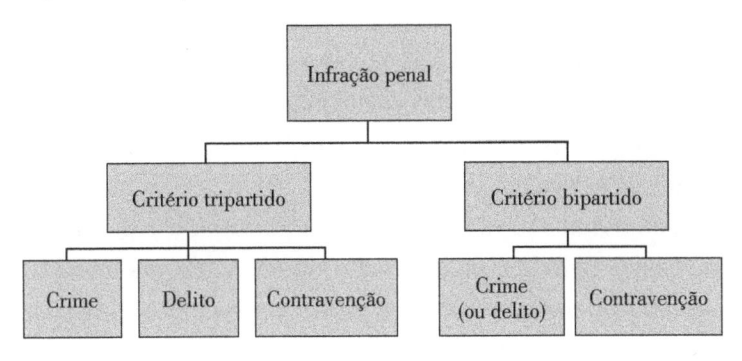

```
                    Infração penal
                   ┌──────┴──────┐
          Critério tripartido   Critério bipartido
         ┌────┬────┴─────┐      ┌────┴─────┐
       Crime Delito Contravenção  Crime    Contravenção
                                (ou delito)
```

Basicamente é uma questão de simples opção dos respectivos sistemas penais. Não há uma diferença ontológica entre as espécies.

Toda infração penal representa, com vimos, uma grave violação à valores essenciais de convivência social.

O que existe é uma diferença de grau, de forma que as contravenções penais seriam crimes menores (bem por isso, por alguns, chamados de *crime anão*), assim como os delitos (para os que adotam o sistema tripartido) seriam as infrações de média gravidade, e o crime seria reservado para as condutas de maior gravidade.

O sistema penal apresenta definição legal de *crime* e de *contravenção*, conforme o art. 1º da Lei de Introdução ao Código Penal (Decreto-Lei n. 3.914/1941), assim redigido:

> *Art. 1º Considera-se crime a infração penal que a lei comina pena de reclusão e detenção, quer isoladamente, quer alternativamente ou cumulativamente com a pena de multa; contravenção, a infração penal a que a lei comina, isoladamente, pena de prisão simples ou de multa, ou ambas, alternativa ou cumulativamente.*
> (BRASIL, 1941c)

Referido dispositivo deixa bem clara a opção do legislador brasileiro em adotar o sistema bipartido de infração penal. Define as categorias a partir do preceito secundário, ou seja, com base na natureza da consequência ou da resposta pelo cometimento da infração penal. O dispositivo, porém, não está imune às críticas.

Como vimos, a diferença básica entre as categorias de infrações penais é de grau, não de natureza, eis que não há uma diferença ontológica entre as espécies. O dispositivo, ao definir as infrações penais pelas consequências, não é capaz de abarcar todas as hipóteses de infrações penais. Isso porque, no atual ordenamento jurídico, existem algumas condutas criminosas que não se enquadram exatamente no conceito apresentado pela chamada *Lei de Introdução ao Código Penal*.

É o caso, por exemplo, da possibilidade de responsabilização penal da pessoa jurídica. Conforme já destacamos, as consequências penais às empresas devem ser adaptadas à natureza das pessoas jurídicas, sendo logicamente incompatível a aplicação de medidas semelhantes às aplicáveis à pessoa física, especialmente no campo da privação da liberdade.

Mas não é o único exemplo. Observemos o crime de uso de drogas, previsto na Lei n. 11.343/2006:

> Art. 28. *Quem adquirir, guardar, tiver em depósito, transportar ou trouxer consigo, para consumo pessoal, drogas sem autorização ou em desacordo com determinação legal ou regulamentar será submetido às seguintes penas:*
>
> *I – advertência sobre os efeitos das drogas;*
>
> *II – prestação de serviços à comunidade;*

III – medida educativa de comparecimento a programa ou curso educativo.

§ 1º Às mesmas medidas submete-se quem, para seu consumo pessoal, semeia, cultiva ou colhe plantas destinadas à preparação de pequena quantidade de substância ou produto capaz de causar dependência física ou psíquica.

§ 2º Para determinar se a droga destinava-se a consumo pessoal, o juiz atenderá à natureza e à quantidade da substância apreendida, ao local e às condições em que se desenvolveu a ação, às circunstâncias sociais e pessoais, bem como à conduta e aos antecedentes do agente.

§ 3º As penas previstas nos incisos II e III do caput deste artigo serão aplicadas pelo prazo máximo de 5 (cinco) meses.

§ 4º Em caso de reincidência, as penas previstas nos incisos II e III do caput deste artigo serão aplicadas pelo prazo máximo de 10 (dez) meses.

§ 5º A prestação de serviços à comunidade será cumprida em programas comunitários, entidades educacionais ou assistenciais, hospitais, estabelecimentos congêneres, públicos ou privados, sem fins lucrativos, que se ocupem, preferencialmente, da prevenção do consumo ou da recuperação de usuários e dependentes de drogas.

§ 6º Para garantia do cumprimento das medidas educativas a que se refere o caput, nos incisos I, II e III, a que injustificadamente se recuse o agente, poderá o juiz submetê-lo, sucessivamente:

I – admoestação verbal;

II – multa.

> *§ 7º O juiz determinará ao Poder Público que coloque à disposição do infrator, gratuitamente, estabelecimento de saúde, preferencialmente ambulatorial, para tratamento especializado.* (BRASIL, 2006)

Como podemos perceber, o crime do uso de drogas não se enquadra na definição de crime prevista na Lei de Introdução ao Código Penal em razão da ausência de qualquer medida privativa de liberdade como consequência pela violação da norma penal.

Notemos que mesmo as chamadas *medidas substitutivas das penas privativas de liberdade*, ainda que potencialmente, preveem a possibilidade, em algum momento e sob determinadas circunstâncias, de aplicação de medidas privativas de liberdade, afinal, são medidas que substituem os parâmetros das medidas privativas de liberdade, o que não ocorre no delito em análise.

As "penas" previstas para tal crime levaram parte da doutrina a interpretar que não haveria mais o crime de uso de drogas, que teria ocorrido uma revogação do crime, que se trataria, doravante, de mera infração administrativa. Na verdade, o dispositivo apenas reforça a imprecisão do conceito apresentado pela Lei de Introdução ao Código Penal.

Embora o crime seja caracterizado pela natureza da consequência (da "pena"), não são somente as medidas privativas de liberdade que caracterizam a consequência penal, e esse dispositivo é prova disso. O uso ilegal de droga continua sendo uma conduta criminosa, sujeitando o infrator a uma resposta de natureza "penal", embora não privativa de liberdade.

Vale lembrar, contudo, conforme fizemos ao tratar das imunidades prisionais, que o crime de uso de drogas não admite ato prisional em flagrante delito, mas não impede, e até obriga, que os agentes policiais de segurança pública adotem medidas coercitivas e documentais referentes à prática da infração penal.

4.1.4 Conceitos formal e material de crime

O crime pode ser conceituado de diversas formas. Há uma imensa variação de conceitos, de acordo com cada autor da área do Direito Penal. Contudo, os doutrinadores costumam agrupar os conceitos de crime a partir de três principais enfoques: o formal, o material e o analítico.

Os conceitos **formais** de crime voltam-se à violação da lei, ou seja, ao aspecto aparente da conduta criminosa representada pela afronta às leis de natureza penal. São conceitos de crime como conduta que afronta a lei penal, conduta penalmente punível, conduta que se amolda ao modelo penal incriminador etc.

Do ponto de vista **material**, o crime é definido a partir de seu conteúdo, ou seja, com base na violação do bem jurídico penalmente tutelado. Sob a perspectiva material, o crime é definido como o comportamento violador de valores e bens jurídicos penalmente tutelados, a violação dos valores essenciais de convivência social etc.

Na verdade, são perspectivas relativas ao mesmo fenômeno, vale dizer, fenômeno criminal, infração penal, crime ou contravenção – um enfoque embasado na aparência do fenômeno jurídico, na forma, o outro fundamentado no conteúdo, na matéria, sob a perspectiva da violação do bem jurídico tutelado.

Esquematicamente, temos:

Figura 4.6 – Conceitos de crime

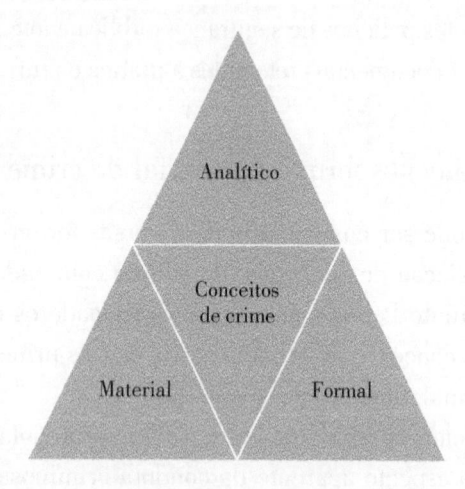

(Pirâmide: Analítico / Conceitos de crime / Material / Formal)

Ao lado dos conceitos formal e material, o conceito analítico, o mais importante para nossos propósitos, será objeto de análise de nosso próximo tópico.

4.1.5 Visão panorâmica e esquemática do conceito analítico

Como vimos, ao lado das perspectivas formais e materiais para a definição de crime, temos o conceito analítico de crime, o mais importante para os estudos aqui desenvolvidos.

Embora o crime seja um fenômeno unitário, total e completo, é possível desdobrá-lo a fim de estudar, isoladamente, suas partes integrantes. É esse justamente o principal objetivo do conceito analítico de crime, vale dizer, separar os elementos que compõem a infração penal com vistas a estudar isoladamente esses elementos integrantes.

Fica evidente que o principal objetivo, diferencial e vantagem do conceito analítico é didático. Ao dividir as partes componentes do crime, é possível aprofundar os estudos relativos às suas partes integrantes. E mais, há certa lógica nas partes estruturantes, de modo que a análise de uma parte ou etapa, conforme o resultado, interrompe a própria ideia de crime.

A doutrina costuma dividir o conceito analítico em até quatro partes. Em "até" quatro partes porque, como veremos em breve, há certa divergência doutrinária sobre quantas e quais são as partes integrantes do conceito analítico de crime.

Nesse sentido, são apresentadas como partes integrantes do crime: o fato típico, a ilicitude, a culpabilidade e, para alguns, a punibilidade.

Considerando que o principal propósito do conceito analítico é didático, os próximos tópicos seguirão justamente a esteira do conceito analítico, analisando isoladamente suas partes integrantes, mas sem nunca perder de vista que o crime é um todo unitário, um fenômeno total, dividido apenas para fins didáticos e analíticos (bem por isso, *conceito analítico*).

Por ora, façamos uma rápida, superficial e panorâmica passagem sobre esses elementos integrantes, que serão doravante aprofundados.

Em síntese, na perspectiva analítica, para a doutrina majoritária, o crime é um fato **típico**, **ilícito** e **culpável** (ou, como veremos em breve, para alguns, é apenas fato típico e ilícito, para outros, fato típico, ilícito, culpável e punível).

No âmbito da **tipicidade**, ou seja, enquanto fato típico, todo o crime é composto pela conduta, pelo resultado (quando houver), pelo nexo de causalidade e pela tipicidade propriamente dita.

A conduta, no Direito Penal, é a dolosa ou a culposa, porquanto, como vimos, o Direito Penal não admite a chamada *responsabilidade penal objetiva*, somente sendo possível a conduta criminosa se culposa ou dolosa, pois são elementos subjetivos da conduta.

Essa conduta pode ser, ainda, comissiva ou omissiva, enquanto envolver uma ação (conduta positiva) ou omissão (conduta negativa). A omissão poderá ser própria ou imprópria, também chamada de *crime comissivo por omissão*, conforme em breve será aprofundado.

Veremos também que, em algumas hipóteses excepcionais, o Direito Penal sequer considera como conduta alguns comportamentos corporais involuntários ou inconscientes. Não havendo conduta, não há crime, assim como, não havendo conduta (ação ou omissão) dolosa ou culposa, da mesma forma, não haverá crime.

Boa parte dos crimes ainda exige, para sua caracterização, um resultado. São os chamados *crimes materiais* ou *de resultado*.

Além do resultado, quando exigível de acordo com o tipo de crime, é necessário que haja um nexo de causalidade, isto é, uma ligação entre a conduta e o resultado obtido com a mesma conduta, de forma que o resultado tenha sido causado por ela. Como veremos, nem sempre será fácil estabelecer esse nexo de causalidade, especialmente quando envolvidas concausas para um mesmo resultado, sejam concausas preexistentes, sejam concausas concomitantes, sejam concausas posteriores.

Enfim, nos crimes materiais ou de resultado, não ocorrendo o resultado exigido na norma penal ou não havendo um nexo causal entre a conduta e o resultado obtido, não há de se falar em conduta criminosa.

Por fim, para a caraterização do fato típico, é necessário que haja tipicidade, isto é, adequação do fato à previsão da norma penal incriminadora. Como veremos, o tipo penal apresenta inúmeros elementos, objetivos, normativos e subjetivos que precisam estar completamente presentes para que haja tipicidade penal da conduta.

Por isso, fala-se em tipicidade *objetiva* e em tipicidade *subjetiva*, tendo em vista a necessária presença de elementos objetivos do tipo (como circunstâncias de tempo, lugar, modo de execução etc.), bem como a presença de elementos anímicos específicos (dolo, culpa ou elementos subjetivos diversos do dolo).

Para a ocorrência de um fato típico, em suma, é necessária a ocorrência de uma conduta, omissiva ou comissiva, dolosa ou culposa, que tenha provocado determinado resultado, quando assim exigido pela norma penal (resultado e nexo causal), e que tal ocorrência adapte-se perfeitamente ao modelo geral e abstrato previsto na norma penal incriminadora.

Faltando qualquer um desses elementos, o fato não será típico, é dizer, será atípico, não havendo, *a fortiori*, conduta criminosa.

Como mencionamos, o conceito analítico permite a análise em partes do fenômeno criminal. Mas não é só, para a atividade policial de segurança pública, ele permite uma análise com certa coerência e lógica para verificar, diante de determinada ocorrência policial, se está perfectibilizada, ou não, uma conduta criminal que mereça uma resposta penal imediata pelos agentes policiais na área de segurança pública.

Assim, à míngua de algum dos elementos do fato típico, é desnecessário perquirir os demais elementos do crime, eis que conduta criminosa não haverá.

Por outro lado, verificando a ocorrência de um fato típico, é preciso avançar para a próxima parte, ou melhor, para a próxima etapa do conceito analítico de crime, vale dizer, a ilicitude ou antijuridicidade.

A **ilicitude** ou **antijuridicidade** é um conceito negativo, ou seja, como regra, todo fato típico será, em tese, ilícito, salvo em algumas hipóteses que excluem o caráter ilícito da conduta.

Assim, na ocorrência de algum fato típico, é necessário indagar a presença de eventuais elementos que excluam a ilicitude ou antijuridicidade da conduta. São as chamadas *causas de exclusão da ilicitude* ou *exclusão da antijuridicidade*.

O Código Penal, conforme iremos pormenorizar oportunamente, estabelece quatro causas excludentes da ilicitude ou antijuridicidade: o estado de necessidade, a legítima defesa, o estrito cumprimento do dever legal e o exercício regular de direito.

Além dessas causas expressamente previstas, o sistema penal ainda prevê as chamadas *causas supralegais de exclusão da ilicitude*, com destaque para o consentimento do ofendido quando juridicamente possível ao tratar de bens disponíveis.

Assim, diante da ocorrência de um fato típico, porém, praticado em situações especiais que se enquadrem em algumas das hipóteses de exclusão da ilicitude ou antijuridicidade, não há de se falar em conduta criminosa. Isso porque, apesar de típica, a conduta não terá violado o sistema jurídico penal, eis que praticada em situação agasalhada pelo ordenamento, por alguma circunstância que torna legítimo aquele determinado comportamento.

Mais uma vez, ao se depararem com alguma ocorrência policial que exija intervenção penal imediata, os agentes policiais de segurança pública, diante de fato típico, mas claramente acobertado por causa excludente da ilicitude, não estarão perante uma conduta criminosa.

Por outro lado, caso não seja evidente uma das situações excludentes, cabe perquirir a próxima etapa do conceito analítico, vale dizer, a culpabilidade.

A **culpabilidade** mescla conceitos negativos e positivos. Nem sempre é fácil distinguir culpabilidade de ilicitude, porém, em linhas gerais, ao passo que a exclusão da ilicitude significa que aquela conduta (típica) não violou a ordem jurídica, no campo da culpabilidade a conduta (típica e ilícita) violou, sim, a ordem jurídica, mas seu agente, em algumas situações especiais, não poderá ser responsabilizado pela conduta, isto é, não será culpável, não preencherá todos os requisitos legais de culpabilidade para sofrer resposta penal pela conduta.

Conforme entendimento dominante na doutrina, a culpabilidade desdobra-se em três aspectos: a imputabilidade, a potencial consciência da ilicitude e a exigibilidade de conduta diversa.

Na imputabilidade temos, novamente, um juízo negativo. Como regra, todos são imputáveis, isto é, passíveis de ser responsabilizados penalmente pelos seus atos. Porém, em algumas circunstâncias legalmente previstas, o sistema penal retira ou interpreta ausente essa capacidade de ser responsabilizado, ou seja, considera o agente inimputável.

Assim o faz ao entender que o agente não tem capacidade cognitiva de entender o caráter ilícito da conduta e de se guiar conforme esse entendimento, que são requisitos básicos da imputabilidade.

Conforme veremos, o Código Penal presume essa incapacidade ao menor de 18 anos, bem como algumas hipóteses de doença mental. São hipóteses em que o Código Penal considera o agente incapaz de sofrer pena, inimputável, portanto.

O segundo elemento da culpabilidade é a potencial consciência da ilicitude. Para que o agente possa ser responsabilizado por determinada conduta, ele precisa ou estar consciente da ilicitude de seu comportamento, ou, pelo menos, ter a potencial consciência, isto é, poder alcançar tal entendimento.

No início da construção das teorias penais, exigia-se o real conhecimento da ilicitude da conduta. Modernamente, basta a potencial consciência. Isso porque se presume que todos conhecem, ou devam conhecer, as leis, especialmente as leis penais, embora, na prática, pela imensa quantidade de dispositivos penais incriminadores, nem os agentes públicos diretamente envolvidos no sistema penal têm esse conhecimento global.

Veremos que algumas circunstâncias especiais são capazes de excluir a potencial consciência da ilicitude, como ocorre, por exemplo, no caso de erro de proibição escusável, justificável ou invencível.

O último elemento da culpabilidade é a exigibilidade de conduta diversa.

Trata-se de um conceito aberto. O sistema penal, como regra, exige um comportamento conforme o Direito, porém, em algumas situações, ponderando valores, admite que determinadas condutas sejam praticadas, eis que, no caso concreto, não seria exigível um comportamento diverso.

Tal situação ocorre, por exemplo, nos casos de obediência hierárquica e coação moral irresistível.

Aquele que pratica uma conduta típica e ilícita, porém sob ordem de um superior hierárquico, ordem esta não manifestamente ilegal, não responderá pela conduta, já que o sistema penal não considera exigível uma conduta diversa, ou seja, abster-se de cumprir a ordem que não aparentava ser ilegal.

O mesmo raciocínio daquele que haja compelido por alguma intensa coação moral, em hipóteses e requisitos que serão oportunamente desenvolvidos.

Contudo, notemos que, no caso da culpabilidade, a conduta típica fere o Direito, bem por isso, trata-se de conduta ilícita, porém o agente não terá culpabilidade, seja porque não é imputável, seja porque desconhecia e não tinha condições de conhecer o caráter ilícito da conduta praticada, seja, enfim, por não lhe ser exigível juridicamente um comportamento diverso daquele por ele adotado.

A partir da ocorrência de uma conduta típica, ilícita e culpável, estaremos diante, portanto, da ocorrência de uma infração penal, permitindo a resposta penal ao fenômeno verificado, o que inclui a possibilidade de ato prisional em flagrante delito, presentes todos os demais elementos e pressupostos já estudados.

Porém, alguns doutrinadores incluem no conceito analítico do crime uma quarta etapa ou parte, vale dizer, a **punibilidade**. Para a maioria da doutrina, a punibilidade não está inclusa no conceito analítico de crime. É dizer, para a ocorrência de um crime, não é necessário aferir se a conduta é punível ou não, isso porque a punibilidade não está ligada à existência do crime, mas à possibilidade de aplicação de pena. Assim, a punibilidade está relacionada à presença de elementos capazes e suficientes para a aplicação da pena.

O primeiro desses pressupostos, obviamente, é a própria ocorrência de uma conduta criminosa. Entretanto, para que uma conduta criminosa possa ser efetivamente punida, é necessário que haja outros pressupostos, ou melhor, que não incidam causas que afastam a possibilidade de o Estado aplicar uma pena diante da ocorrência de um crime. São as causas excludentes da punibilidade.

No espectro das causas excludentes da punibilidade inserem-se, por exemplo, a prescrição. A prescrição é a perda da possibilidade de o Estado impor uma pena a alguém, pelo decurso do tempo. Notemos, no entanto, que ocorreu uma conduta criminosa, o crime existiu, portanto, mas o Estado, pelo lapso temporal transcorrido, perdeu a possibilidade de impor a pena ao autor da infração penal.

A mesma situação se verifica no chamado *perdão* judicial, hipótese prevista para situações em que o sistema jurídico permite deixar de aplicar uma pena em decorrência de alguma situação especial, como por razões de ordem humanitária.

Com o indulto, a comutação de pena, a anistia e a graça também ocorre a mesma situação. Diante da ocorrência de uma infração penal, os referidos institutos afastam ou reduzem a aplicação de pena.

Nunca é demais insistir que a punibilidade não integra a conceituação analítica do crime, porquanto diz respeito à possiblidade jurídica de aplicação da pena, mas a partir da ideia de ocorrência do crime, de existência de uma infração penal.

Nada obstante, como é um tema de colateral importância de acordo com o presente estudo, que enfatiza a repressão imediata na atividade policial, em convergência com a dogmática penal, não aprofundaremos a questão, pois despicienda.

Estamos em condições, agora, de observar uma representação visual dos principais aspectos dessa visão panorâmica do conceito analítico do crime e suas partes componentes.

Figura 4.7 – Conceito analítico de crime

Fato típico	Ilícito (antijurídico)	Culpável
» Conduta	» Estado de necessidade	» Imputabilidade
» Dolosa/culposa	» Legítima defesa	» Potencial consciência da ilicitude
» Comissiva/omissiva	» Estrito cumprimento do dever legal	» Exigibilidade de conduta diversa
» Resultado (quando exigido)	» Exercício regular do direito	
» Nexo de causalidade	» Causas supralegais	
» Tipicidade		
» Formal e material		
» Objetiva e subjetiva		

■ Questões relevantes no conceito analítico de crime

Ainda no âmbito da visão panorâmica e esquemática do conceito analítico de crime, mister algumas considerações que permitirão seu completo entendimento, insertas, ainda, na profundidade e na perspectiva que nos acompanham na presente obra, vale dizer, a apresentação dogmática penal básica em convergência com a matéria e com os temas de interesse da atividade policial cotidiana.

A primeira observação já foi de alguma forma antecipada. Diz respeito aos **elementos mínimos** para a caracterização de uma infração penal na temática do conceito analítico do crime.

Já tivemos a oportunidade de mencionar que, para a maioria da doutrina, o crime engloba a ocorrência de uma conduta típica, ilícita e culpável. Cumpre informar, contudo, que existem correntes minoritárias na doutrina penal que incluem a punibilidade no conceito analíticoe outras que afirmam que o crime se perfaz com a mera ocorrência de uma conduta típica e ilícita (antijurídica).

Para os defensores desta última corrente de pensamento penal, a culpabilidade não é essencial para a ocorrência de um crime, mas mero pressuposto para a aplicação de pena.

Segundo eles, portanto, basta a realização de uma conduta típica e ilícita para a ocorrência de uma infração penal. Se ainda assim for culpável, estariam presentes os pressupostos para aplicação de pena, pois culpabilidade seria pressuposto de punibilidade, mas não afetaria a ocorrência do crime, que já existiria como fenômeno jurídico.

É a cisão dogmática entre o conceito tripartido e bipartido de crime, com prevalência daquele, conforme já esclarecemos.

A segunda observação dogmática diz respeito à relação entre **fato típico** e **ilicitude**. Para a doutrina dominante, como já mencionamos, a conduta típica indica a possível ilicitude do comportamento. Tanto que enfatizamos que o conceito de ilicitude é um conceito negativo, isto é, em regra, a conduta típica é ilícita, salvo se coberta pelas hipóteses excludentes da antijuridicidade.

Nesse contexto, a tipicidade é a *ratio cognoscendi*, a razão de conhecer a ilicitude. Foi justamente o que fizemos no tópico anterior, é dizer, a partir da verificação de uma conduta típica, parte-se para a próxima etapa do conceito analítico de crime: a ilicitude ou antijuridicidade.

Porém, para uma parcela da doutrina, a tipicidade é a *ratio essendi* da ilicitude, ou seja, a razão de ser da ilicitude. Em outras palavras, tipicidade e ilicitude estariam no mesmo contexto, perfazendo uma categoria única, o tipo do injusto. Basicamente, é a unificação dos conceitos de tipicidade e de ilicitude em uma única categoria, o tipo do injusto, sem maiores implicações práticas para o enfoque policial adotado nesta obra.

Ainda nesse contexto de dogmática dominante e minoritária, cumpre mencionar, *en passant*, uma interessante teoria que vem disseminando-se nos meios acadêmicos: **a teoria da imputação objetiva**.

Obviamente, pelo fôlego que estamos imprimindo à presente obra, não será possível aprofundar a moderna teoria da imputação objetiva, que não se confunde com responsabilidade objetiva, mas rearranja as categorias do conceito analítico do crime, principalmente por meio da reanálise dos elementos subjetivos da conduta, com conceitos como criação e execução de risco não permitido.

Fica, contudo, a observação diante da tendência moderna da dogmática penal relativa ao conceito analítico de crime. A propósito, é bom que fique registrado que existem tantos conceitos analíticos quanto autores de Direito Penal.

Os principais doutrinadores de Direito Penal tendem a apresentar uma concepção própria de conteúdo do conceito analítico de crime. Fazemos referência, por exemplo, à *teoria conglobante* de Eugênio Raúl Zaffaroni, que, como o nome indica, engloba, congloba, todo o conteúdo do conceito analítico em uma única categoria.

Enfim, tendo em vista a perspectiva da dogmática penal em convergência com a atividade policial de segurança pública, cumpre-nos seguir a doutrina majoritária, mas não sem fazer referência a eventuais divergências que poderão ser encontradas no acesso a material diverso de pesquisa e análise.

4.2 Conduta típica

Na temática da teoria do crime, chegou o momento de analisarmos um de seus pontos fundamentais: a conduta típica.

Trataremos de alguns aspectos iniciais que servirão de conceitos operacionais para o melhor entendimento do instituto. Dessa forma, faremos uma introdução da abordagem penal dos aspectos relacionados à conduta, com o conceito e a evolução nas ciências penais.

Seguiremos com a análise do centro da temática relativa à conduta típica, ou seja, a análise da tipicidade propriamente dita, enquanto adequação da conduta à moldura prevista na norma penal incriminadora.

Ainda, abordaremos algumas ideias importantes para o conhecimento da conduta típica, apresentando as funções do tipo penal, os elementos estruturais do tipo penal, bem como a classificação do tipo penal.

Desenvolveremos a conduta do ponto de vista das ciências criminais, estudando as formas de comportamento punível, bem como as teorias que tentam explicar a ação ou a omissão como fenômeno de interesse penal. Basicamente: teoria causal naturalista, teoria final e teoria social da ação.

Apresentaremos as circunstâncias em que o Direito Penal não considera praticada a conduta, em razão da falta de elementos essenciais para sua caracterização, enquanto significante como requisito de punibilidade.

Também destacaremos a omissão e suas consequências para o Direito Penal.

Após estudar o comportamento, examinaremos o resultado da conduta, para os crimes materiais que exigem o resultado como requisito para a punição do agente.

Para tanto, apresentaremos como conceito operacional o chamado *iter criminis* e, a partir de seu entendimento, desenvolveremos a ideia de consumação do delito e as hipóteses em que a consumação não ocorre, seja por iniciativa do agente, seja por fatores alheios à sua vontade, mediante estudos de categorias como consumação, tentativa, desistência voluntária, arrependimento eficaz, arrependimento posterior e crime impossível.

A fim de ligar a ideia de conduta e a ideia de resultado, analisaremos o nexo de causalidade entre eles, apresentando as teorias que tentam explicar tal nexo, bem como destacando eventuais concausas que podem incidir sobre o fato, contribuindo para o resultado (concausas preexistentes, concomitantes ou supervenientes).

Ato contínuo, analisaremos os crimes dolosos e, em seguida, os crimes culposos, apresentando as noções gerais, a estrutura e a classificação de cada uma dessas categorias.

Como misto entre ambas, trataremos dos chamados *crimes preterdolosos* ou *preterintencionais* e, ao final, da difícil, mas fundamental, diferenciação entre dolo eventual e culpa consciente.

Fecharemos a análise da conduta típica com a abordagem da teoria do erro do tipo, situações em que o agente age por desconhecimento ou ignorância sobre alguma situação relacionada à prática do crime.

É o que passaremos a desenvolver.

4.2.1 Aspectos iniciais

Nos aspectos iniciais, apresentaremos conceitos e categorias operacionais para o completo entendimento da conduta típica. Veremos o conceito de conduta típica, bem como um esboço de evolução história da abordagem doutrinária do tipo penal na história recente das ciências criminais.

Após tratar do conceito de tipicidade, explanaremos sobre as funções do tipo penal e seus elementos estruturais, finalizando com a apresentação de possível classificação do tipo.

Conceito e evolução

A noção de tipo penal é relativamente simples. *Tipo penal é*, basicamente, o conjunto de elementos do fato punível descrito na lei penal.

A norma penal incriminadora, como todas as normas jurídicas, é geral e abstrata.

A fim de atender seu caráter capilar e de proibição, o tipo penal é composto por diversos elementos, que serão apresentados oportunamente, definindo circunstâncias objetivas e subjetivas que constituem elementos necessários para a ocorrência de determinado crime.

Sendo o princípio da legalidade estrita fundamental para o Direito Penal, o tipo penal apresenta-se como uma garantia do Estado Democrático de Direito, na definição das condutas puníveis, isto é, condutas que são consideradas criminosas pelo sistema penal e sua legislação.

Embora a ideia básica do tipo penal seja relativamente simples, na história da doutrina penal, houve certa mutação no instituto.

Como um esboço histórico, sem a mínima pretensão exaustiva, podemos dizer que a evolução conceitual do tipo penal passou por quatro grandes fases.

Em uma fase inicial, quando a ideia de tipo penal começava a ganhar corpo como figura autônoma, o tipo penal era considerado meramente descritivo, objetivo, com as considerações objetivas do tipo, já que as questões subjetivas deveriam estar inseridas no campo da culpabilidade, e não da tipicidade. É a fase da independência.

Nas duas fases posteriores, começou-se a estudar o tipo penal e sua relação com a ilicitude ou antijuridicidade.

Em uma primeira etapa, temos a fase da *ratio cognoscendi* da antijuridicidade ou ilicitude. É a concepção que até hoje prevalece, como vimos ao apresentar a visão panorâmica do conceito analítico de crime. O tipo penal indica a ocorrência de um crime, como regra, excepcionado no caso da incidência de alguma causa de exclusão da ilicitude.

Nesse sentido, o tipo penal teria a função indiciária da antijuridicidade ou ilicitude. É nessa fase que o tipo penal supera a mera ideia de elementos puramente objetivos, passando a conviver com conceitos de maior abertura interpretativa, os chamados *elementos normativos do tipo*, ou seja, elementos que exigem um juízo de valor para seu completo entendimento.

Em uma terceira fase ou perspectiva, o tipo penal passou a ser encarado como a *ratio essendi* da antijuridicidade, ou seja, a razão de ser da antijuridicidade.

Nessa perspectiva, há a união dos campos da tipicidade de ilicitude como um único complexo jurídico. É a ideia de tipo total que já tivemos a oportunidade de apresentar, um tipo penal que inclua seus elementos estruturais, ao lado de elementos negativos do tipo, isto é, a ausência de alguma causa de exclusão de ilicitude. Conforme já enfatizamos, não é a perspectiva que atualmente prevalece da doutrina penal.

Por fim temos a concepção finalista do tipo penal. Ao estudar a conduta e suas teorias, constataremos que, a partir da teoria finalista da ação, o comportamento humano, mais do que mera descrição objetiva, deveria, já na tipicidade, ser observado na perspectiva subjetiva. É dizer, ao lado da descrição objetiva da conduta, o tipo penal deve abordar elementos subjetivos, como dolo, culpa, entre outros.

Surge, então, a ideia de tipo subjetivo ao lado do tipo objetivo (que era o único na fase inicial da independência). Há um deslocamento de alguns aspectos subjetivos, como o dolo e a culpa, da culpabilidade para a tipicidade, sendo a concepção que hoje prevalece na doutrina penal, especialmente na doutrina penal brasileira.

A evolução conceitual, portanto, pode ser apresentada na seguinte forma esquemática:

Figura 4.8 – Evolução conceitual de tipo penal

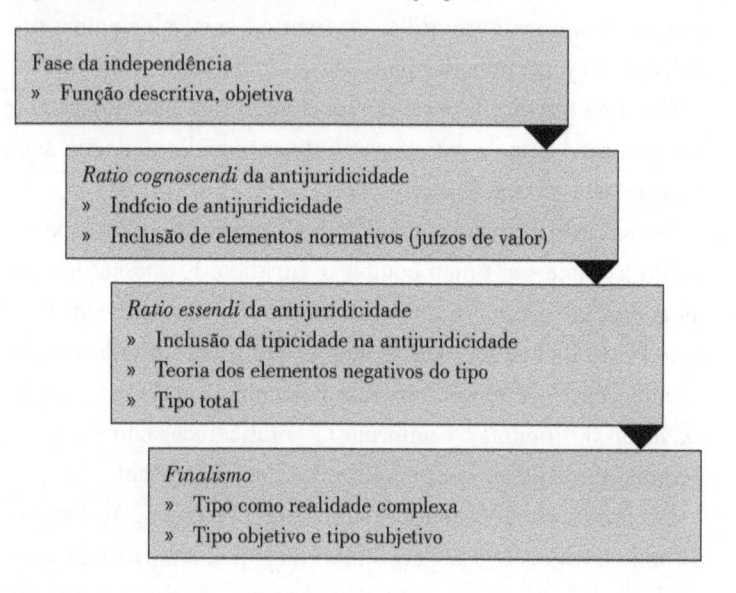

Fase da independência
» Função descritiva, objetiva

Ratio cognoscendi da antijuridicidade
» Indício de antijuridicidade
» Inclusão de elementos normativos (juízos de valor)

Ratio essendi da antijuridicidade
» Inclusão da tipicidade na antijuridicidade
» Teoria dos elementos negativos do tipo
» Tipo total

Finalismo
» Tipo como realidade complexa
» Tipo objetivo e tipo subjetivo

Tipicidade

A tipicidade, ou juízo de tipicidade, é a operação intelectual de conexão entre a infinita variedade de fatos possíveis na vida real e o modelo típico descrito na lei.

Ao apresentar as noções gerais sobre as normas jurídicas e as normas penais, foi possível desenvolver a ideia de generalidade e abstração das normas. As normas jurídicas em geral, penais em particular, são necessariamente gerais e abstratas, dependentes de um esforço interpretativo para a verificação da compatibilidade de determinado fato à previsão da lei.

É por isso que a tipicidade é essa conformidade do fato praticado, do fato em análise, com a previsão da norma penal, especialmente da norma penal incriminadora. Costuma-se mencionar a conformidade do fato com a moldura abstrata da lei penal, bem por isso o surgimento de expressões como *o fato "se amolda" à norma penal incriminadora*.

Como a imagem da luva, para que determinado fato se amolde completamente à figura penal, é necessária a presença de todos seus elementos. Assim, a presença de todos os elementos do tipo penal é requisito necessário e suficiente para a existência de tipicidade penal, isto é, a conformidade, conexão, do fato concreto, com a previsão abstrata da lei penal incriminadora.

Vale recordar o que já destacamos: a tipicidade, modernamente, não é mais encarada em seu sentido meramente formal, ou seja, como mera adequação mecânica dos fatos à norma. Fala-se, modernamente, em *tipicidade material*, para a verificação se o conteúdo do comportamento é, materialmente, uma conduta criminosa, o que faz afastar do âmbito penal condutas que, embora formalmente típicas, não são materialmente criminosas, como nos casos, por exemplo, das condutas de bagatela, vistas ao analisarmos a principiologia do Direito Penal.

Situação similar verifica-se nos casos de adequação social, lesividade e outros princípios denominados *descriminalizantes*.

A tipicidade penal pode ser imediata ou mediata.

A **tipicidade imediata**, melhor dizendo, adequação típica imediata ou de subordinação imediata ou direta, é aquela em que o juízo de tipicidade pode ser obtido a partir e somente do próprio dispositivo penal incriminador. É o que ocorre na maioria dos crimes em que o dispositivo penal incriminador é suficiente para a verificação completa da adequação dos fatos à previsão da lei penal incriminadora.

Noutro lado temos a **tipicidade mediata**, melhor dizendo, a adequação típica mediata ou de subordinação mediata ou indireta. Nesses casos, para o juízo de tipicidade, é necessária uma combinação de dispositivos penais, ou seja, a tipicidade não pode ser extraída unicamente do dispositivo penal incriminador, mas a partir da combinação deste com outra norma penal não incriminadora.

Como exemplo, citamos os casos de crimes tentados (que, em breve, serão objeto de análise). O Código Penal assim define *tentativa*:

> Art. 14. Diz-se o crime:
>
> [...]
>
> **Tentativa**
>
> III – tentado, quando, iniciada a execução, não se consuma por circunstâncias alheias à vontade do agente. Parágrafo único. Salvo disposição em contrário, pune-se a tentativa com a pena correspondente ao crime consumado, diminuída de um a dois terços. (BRASIL, 1940, grifo do original)

Aprofundaremos a análise da tentativa em breve. Por ora, fica o registro de que, para a verificação de tipicidade de um crime tentado, não bastará a análise do respectivo crime e de sua previsão típica, senão necessariamente teríamos de recorrer ao previsto no art. 14 do Código Penal para concluir, ou não, pela tipicidade da conduta concreta. Isto é, para a adequação típica de um crime tentado, é necessária a combinação de leis, bem por isso, adequação típica mediata ou de subordinação mediata ou indireta.

Esquematicamente, temos:

Figura 4.9 – Adequação típica

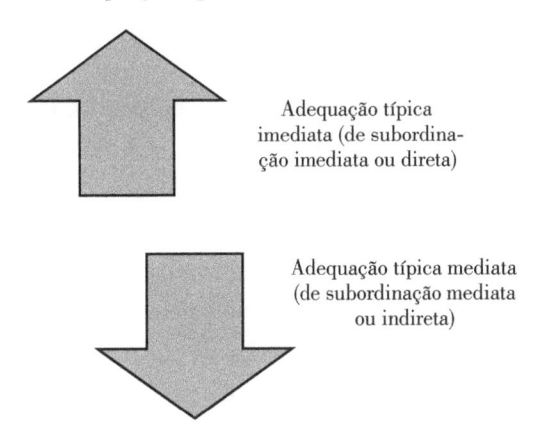

Adequação típica imediata (de subordinação imediata ou direta)

Adequação típica mediata (de subordinação mediata ou indireta)

Funções do tipo penal

De tudo o que já analisamos, as funções do tipo penal saltam aos olhos de forma intuitiva. De qualquer forma, a fim de atender aos fins didáticos da presente obra, cumpre-nos apresentá-los na forma de rol.

A doutrina defende quatro funções básicas do tipo penal.

A primeira função do tipo penal é a função ou **limitadora**, ou de garantia. Considerando a importância, ou melhor, a essencialidade do princípio da legalidade estrita no Direito Penal, de modo que não haverá crime sem uma lei que o defina como tal, o tipo penal consubstancia-se em garantia do cidadão, que somente será penalmente punido em caso de prática de fato definido previamente como criminoso.

A segunda função do tipo penal é de ser **fundamentadora** da reação do Estado. É dizer, considerando o já visto poder-dever do Estado de reagir diante da ocorrência de uma conduta criminosa, especialmente pelos seus órgãos de controle social (entre eles as agências policiais de segurança pública), o tipo penal, ou melhor, a ocorrência de uma conduta típica, fundamenta a reação do Estado, a resposta do Estado ao fenômeno criminal, o que inclui a possibilidade de resposta imediata mediante prisão em flagrante delito.

A terceira função do tipo penal é de **selecionadora** de conduta. Conforme vimos, o Direito Penal é fragmentário, selecionando condutas especialmente lesivas a bens jurídicos penalmente protegidos. O tipo penal, assim, desempenha esse papel de apoio na seleção de condutas tais, dando azo aos princípios penais já estudados e apresentados.

A quarta função do tipo penal é de ser **indiciária** da ilicitude ou antijuridicidade. Já vimos que prevalece, na atualidade, a distinção entre os campos da tipicidade e da ilicitude ou antijuridicidade, de forma que a tipicidade é a *ratio cognoscendi* da ilicitude, ou seja, a razão de conhecer, de modo que a conduta típica indica uma possível prática ilícita, salvo os casos de causas excludentes da ilicitude. Nessa perspectiva, o tipo penal atende a essa função indiciária da ilicitude ou da antijuridicidade.

Esquematicamente, temos:

Figura 4.10 – Funções do tipo penal

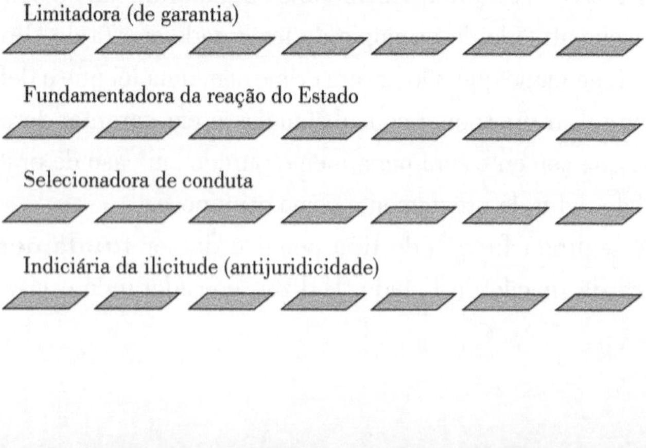

Limitadora (de garantia)

Fundamentadora da reação do Estado

Selecionadora de conduta

Indiciária da ilicitude (antijuridicidade)

Elementos estruturais do tipo

O tipo penal é composto por diversos elementos. Situações de fato capazes e suficientes para a caracterização de uma infração penal.

Doutrinariamente, esses elementos podem ser agrupados em três grandes categorias: subjetivos, normativos e objetivos-descritivos. São os chamados *elementos estruturais do tipo penal*.

Os elementos **objetivos-descritivos** são aqueles de simples e literal entendimento. São elementos de simples compreensão que não necessitam de maiores esforços interpretativos.

O ideal de um sistema de justiça criminal seria que os tipos penais fossem constituídos apenas por elementos objetivos-descritivos, contudo, a dinâmica social e a necessidade de adequada proteção aos bens jurídicos exigem, por vezes, que os tipos penais apresentem elementos que exigem um juízo de valor para sua compreensão, até como vetor de fortalecimento do princípio da legalidade (estrita). Estes são os elementos **normativos**, ou seja, elementos que demandam um juízo de valor para sua completa compreensão; são termos, elementos do tipo, que exigem maior esforço hermenêutico, interpretativo. Como exemplo temos o termo *ato obsceno*, previsto no art. 233 do Código Penal:

> ***Ato obsceno***
>
> *Art. 233. Praticar ato obsceno em lugar público, ou aberto ou exposto ao público.*
>
> *Pena – detenção, de três meses a um ano, ou multa.*
> (BRASIL, 1940, grifo do original)

O termo *ato obsceno* é um elemento normativo, na medida em que exige certo grau de juízo de valor para sua perfeita compreensão.

De certa forma, os elementos normativos enfraquecem a ideia de legalidade estrita, porém, a necessidade de proteção adequada aos bens jurídicos, não raro, exige a opção de inserção de elementos normativos no tipo penal, como no exemplo dado, em que o entendimento sobre o que é ou não é *ato obsceno* vai depender da riqueza das circunstâncias do caso concreto.

Por fim, os elementos **subjetivos**. Como verificaremos em breve, para uma concepção causalista da conduta, o tipo penal é constituído apenas por elementos objetivos, sejam puramente objetivos ou, eventualmente normativos.

Com o advento do finalismo, o tipo penal inseriu questões subjetivas já na tipicidade penal, bem por isso, na concepção finalista que hoje prevalece no Direito Penal brasileiro, os elementos subjetivos são estruturais do tipo penal.

Os elementos subjetivos incluem a ideia de dolo, de culpa ou de elementos subjetivos diversos do dolo.

Assim, esquematicamente, podemos apresentar os elementos estruturais do tipo penal:

Figura 4.11 – Elementos do tipo penal

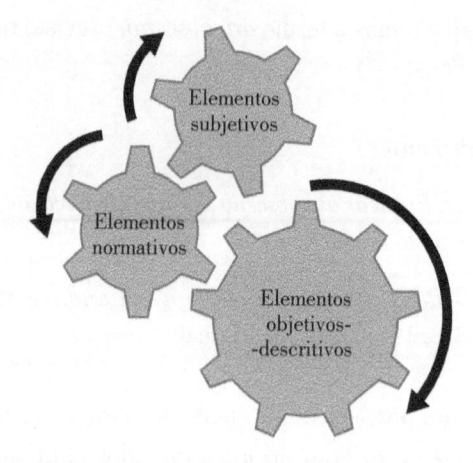

Classificação do tipo

Os tipos penais podem ser classificados de diversas formas. Entre as inúmeras possibilidades, apresentaremos as que mais despertam interesse para a atividade policial de segurança pública durante a aqui chamada *repressão imediata*.

Nesse sentido, destacaremos três das classificações possíveis: tipo básico e tipo derivado, tipo fechado e tipo aberto, tipo simples e tipo misto.

Os **tipos básicos**, também chamado de *tipos simples*, como o próprio nome indica, descrevem a figura típica básica, principal, em relação à determinada conduta criminosa, por exclusão, sem qualificadores ou causas privilegiadoras. Normalmente, são as figuras típicas previstas no *caput* do dispositivo penal incriminador, embora esta não seja uma regra absoluta.

Os **tipos derivados**, por sua vez, são aqueles que, a partir do tipo básico, qualificam ou privilegiam o crime, ou seja, preveem alguma circunstância especial que aumenta o desvalor da conduta, ou lhe diminui o grau de reprovação, respectivamente, com um incremento ou uma diminuição do preceito secundário da norma penal (pena em sentido estrito). Os tipos derivados são tipos especiais em relação ao tipo básico, que, nesse sentido, assume papel de tipo geral. Normalmente, estão inseridos em parágrafos do tipo básico, embora essa também não seja uma regra absoluta.

Utilizemos, como exemplo, o crime de lesões corporais, que apresenta as três modalidades de tipos em análise:

> ***Lesão corporal***
>
> Art. 129. *Ofender a integridade corporal ou a saúde de outrem:*
>
> Pena – *detenção, de três meses a um ano.*

Lesão corporal de natureza grave

§ 1º Se resulta:

I – Incapacidade para as ocupações habituais, por mais de trinta dias;

II – perigo de vida;

III – debilidade permanente de membro, sentido ou função;

IV – aceleração de parto:

Pena – reclusão, de um a cinco anos.

§ 2º Se resulta:

I – Incapacidade permanente para o trabalho;

II – enfermidade incurável;

III – perda ou inutilização do membro, sentido ou função;

IV – deformidade permanente;

V – aborto:

Pena – reclusão, de dois a oito anos.

Lesão corporal seguida de morte

§ 3º Se resulta morte e as circunstâncias evidenciam que o agente não quís o resultado, nem assumiu o risco de produzí-lo:

Pena – reclusão, de quatro a doze anos.

Diminuição de pena

§ 4º Se o agente comete o crime impelido por motivo de relevante valor social ou moral ou sob o domínio de

violenta emoção, logo em seguida a injusta provocação da vítima, o juiz pode reduzir a pena de um sexto a um terço.

Substituição da pena

§ 5º O juiz, não sendo graves as lesões, pode ainda substituir a pena de detenção pela de multa, de duzentos mil réis a dois contos de réis:

I – se ocorre qualquer das hipóteses do parágrafo anterior;

II – se as lesões são recíprocas.

Lesão corporal culposa

§ 6º Se a lesão é culposa:

Pena – detenção, de dois meses a um ano.

Aumento de pena

§ 7º Aumenta-se a pena de 1/3 (um terço) se ocorrer qualquer das hipóteses dos §§ 4º e 6º do art. 121 deste Código.

§ 8º Aplica-se à lesão culposa o disposto no § 5º do art. 121.

Violência Doméstica

§ 9º Se a lesão for praticada contra ascendente, descendente, irmão, cônjuge ou companheiro, ou com quem conviva ou tenha convivido, ou, ainda, prevalecendo-se o agente das relações domésticas, de coabitação ou de hospitalidade:

Pena – detenção, de 3 (três) meses a 3 (três) anos.

§ 10. Nos casos previstos nos §§ 1º a 3º deste artigo, se as circunstâncias são as indicadas no § 9º deste artigo, aumenta-se a pena em 1/3 (um terço).

§ 11. Na hipótese do § 9º deste artigo, a pena será aumentada de um terço se o crime for cometido contra pessoa portadora de deficiência.

§ 12. Se a lesão for praticada contra autoridade ou agente descrito nos arts. 142 e 144 da Constituição Federal, integrantes do sistema prisional e da Força Nacional de Segurança Pública, no exercício da função ou em decorrência dela, ou contra seu cônjuge, companheiro ou parente consanguíneo até terceiro grau, em razão dessa condição, a pena é aumentada de um a dois terços.
(BRASIL, 1940, grifo do original)

Outra forma de classificação dos tipos pode ser tipo fechado e tipo aberto.

Os **tipos fechados** são os tipos penais constituídos apenas por elementos descritivos objetivos, ou seja, constituídos apenas por elementos de objetivo e literal entendimento, sem necessidade de maiores esforços hermenêuticos para sua compreensão e interpretação.

Os **tipos abertos**, por outro lado, são aqueles que apresentam algum elemento normativo em seu conteúdo, ou seja, conforme vimos, algum elemento que exige maior esforço interpretativo, hermenêutico, eis que necessário um juízo de valor para sua compreensão, como é o exemplo do termo *ato obsceno*. É dizer, para a perfeita compreensão do que se entende por *ato obsceno*, é necessário recorrer a um juízo de valor, de acordo com as diversas circunstâncias caracterizadoras do caso concreto, o que é ato obsceno em algum local ou época, pode não o ser em outro lugar ou tempo, e vice-versa.

A terceira e última classificação é aquela que designa os tipos penais em **tipos simples** e **tipos mistos**, estes últimos, em mistos alternativos ou mistos cumulativos.

Os tipos penais apresentam, necessariamente, algum núcleo verbal, que é justamente a conduta incriminada. Obviamente, não há tipo penal sem a incriminação de algum comportamento, descrito na forma de algum verbo que exprima alguma ação ou omissão. A maioria dos crimes apresentam um único núcleo verbal, o seja, uma única ação ou omissão incriminada. Estes são os tipos simples.

Não é incomum, porém, que, no mesmo tipo penal, haja a incriminação de duas ou mais condutas, dois ou mais núcleos verbais. Estes são os tipos mistos. Os tipos mistos subdividem-se em tipos mistos alternativos e tipos mistos cumulativos.

Os tipos mistos alternativos já foram analisados quando tratamos do conflito aparente de norma penais incriminadoras. Por questões de técnica redacional e a partir do bem penalmente protegido, o legislador, por vezes, prefere incriminar diversos comportamentos lesivos.

Muitos seriam os exemplos, fiquemos no caso do crime de receptação e seus núcleos verbais.

Receptação

Art. 180. Adquirir, receber, transportar, conduzir, ou ocultar, em proveito próprio ou alheio, coisa que sabe ser produto de crime, ou influir para que terceiro, de boa-fé, a adquira, receba ou oculte:

Pena – reclusão, de um a quatro anos, e multa.
(BRASIL, 1940, grifo do original)

Assim, para a caracterização do crime de receptação, basta a ocorrência de algumas das condutas incriminadas e, caso o mesmo agente pratique duas ou mais delas, será incriminado por um único crime, pelo critério da alternatividade, conforme visto.

Não raro, porém, o legislador prefere incriminar dois crimes em um único tipo penal. São situações especiais em que um único tipo penal apresenta dois ou mais crimes, cada um com pelo menos um núcleo verbal. Estes são os tipos mistos cumulativos. Considerando se tratar de dois ou mais crimes em um único tipo penal, se o agente incidir em ambas, será responsabilizado duplamente, pelas duas práticas separadamente, afinal, são condutas que se cumulam e não se alternam.

Esses tipos penais não são comuns; citamos como exemplo o abandono material:

Abandono material

Art. 244. Deixar, sem justa causa, de prover a subsistência do cônjuge, ou de filho menor de 18 (dezoito) anos ou inapto para o trabalho, ou de ascendente inválido ou maior de 60 (sessenta) anos, não lhes proporcionando os recursos necessários ou faltando ao pagamento de pensão alimentícia judicialmente acordada, fixada ou majorada; deixar, sem justa causa, de socorrer descendente ou ascendente, gravemente enfermo;

Pena – detenção, de 1 (um) a 4 (quatro) anos e multa, de uma a dez vezes o maior salário mínimo vigente no País. (BRASIL, 1940, grifo do original)

No crime de abandono material, portanto, há a descrição de dois crimes em um único dispositivo, em um único tipo penal, os quais normalmente estão separados por ponto e vírgula, como é o caso.

A partir das classificações apresentadas, temos a seguinte exposição esquemática:

Figura 4.12 – Classificação do tipo penal

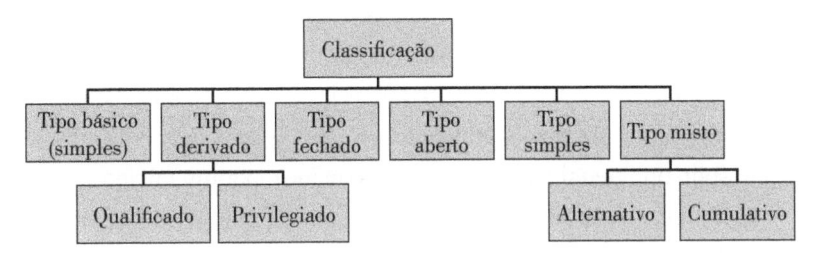

```
                              Classificação
   ┌──────────┬──────────┬──────────┬──────────┬──────────┬──────────┐
Tipo básico  Tipo      Tipo      Tipo      Tipo       Tipo misto
(simples)    derivado  fechado   aberto    simples
             ┌────┴────┐                              ┌────┴────┐
         Qualificado Privilegiado              Alternativo Cumulativo
```

4.2.2 Conduta

Como ciência humana, o Direito enfatiza muito de seus estudos no comportamento humano. No Direito Penal, essa característica é catalisada. A conduta, especialmente, a conduta punível, é objeto central nos estudos das ciências criminais. E esse será nosso objeto de análise no presente tópico.

Primeiramente, estudaremos o próprio conteúdo da conduta punível, suas formas omissiva e comissiva.

Seguiremos com as teorias que tentam explicar o comportamento criminoso e fundamentar a punição, basicamente a teoria causal naturalista, a teoria final (que hoje prevalece na doutrina) e a teoria social da ação.

Ato contínuo, abordaremos as hipóteses em que o Direito Penal sequer considera a realização de uma conduta (penal), à vista de certos comportamentos desprovidos de elementos mínimos para assim serem considerados.

Por fim, estudaremos a omissão e suas implicações, por vezes complexas para o Direito Penal, e o estabelecimento de nexo causal com o resultado não evitado.

É o que passaremos a expor.

Conteúdo da conduta punível

Como temos insistido, toda conduta criminosa é constituída, no mínimo, por um comportamento.

Todo tipo penal é constituído, pelo menos, por um núcleo verbal, a descrição de um comportamento ligado à lesão ao bem jurídico penalmente protegido.

A conduta punível, comportamento incriminado, pode ser tanto uma ação quanto uma omissão.

A **conduta positiva**, ou ação, corresponde a alguma proibição estabelecida na norma penal incriminadora. Constitui a maioria dos tipos penais; são os chamados *crimes comissivos*.

Por outro lado, temos a **conduta negativa**, ou omissão, caracterizadora dos chamados *crimes omissivos*. Teremos a oportunidade, pela importância e complexidade do tema, de desenvolver adiante as questões penais relativas à omissão.

A omissão, por sua vez, envolve não a violação de uma proibição (como ocorre no crime comissivo), mas a violação de uma ordem, uma obrigação, um comportamento que deveria ter sido praticado e não foi.

Esquematicamente:

Figura 4.13 – Conduta punível

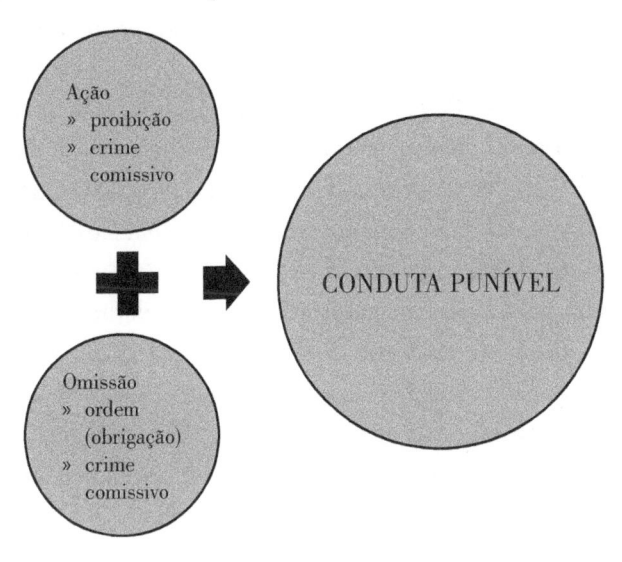

Ação
» proibição
» crime comissivo

+ →

CONDUTA PUNÍVEL

Omissão
» ordem (obrigação)
» crime comissivo

■ **Teorias causal naturalista, final e social da ação**
Na doutrina do Direito Penal, diversos autores tentam explicar a natureza jurídica da conduta. Portanto, trata-se da explicação jurídica para o comportamento humano violador de uma norma penal incriminadora.

No início das ciências penais, na qualidade de ciência autônoma, surgiu e prevaleceu a **teoria causal naturalista**. Surgiu e se desenvolveu a partir da segunda metade do século XIX, principalmente com os estudos de Von Liszt.

Sofreu influência do pensamento científico natural, época em que se procurou aplicar metodologia semelhante às ciências sociais. Foi o auge da busca das explicações causais do comportamento criminoso, do já visto paradigma etiológico, quando, mediante experimentos adequados, acreditava-se possível descobrir as causas da criminalidade e, a partir de tal entendimento, buscar soluções para as ocorrências dessa natureza. São dessa época expressões como *corpo social, patologia criminal* etc.

Nessa corrente de pensamento, a ação é vista como um movimento corporal voluntário que causa modificação no mundo exterior. Essa concepção é decorrência lógica da explicação causal do comportamento humano. E os fenômenos humanos podem ser explicados a partir de leis naturais, sensíveis aos sentidos humanos, consectário lógico considerar a conduta criminosa como a ação que deixa algum vestígio sensível, que modifica materialmente o mundo exterior.

É o auge da evolução de ciências como a criminalística, como elemento essencial para a "descoberta" da verdade com objetivo principal da apuração das infrações penais.

Figuras literárias como Sherlock Holmes são iconográficas nesse movimento.

A ação deve ser, no entanto, voluntária. Característica que logo retomaremos.

Ainda hoje há defensores da explicação da conduta punível a partir da teoria causal naturalista.

A grande dificuldade teórica dessa teoria, contudo, é a explicação do crime omissivo e de mera conduta. Considerando que a conduta é vista como movimento corpóreo que causa modificação no mundo exterior, ela tem dificuldade de explicar a omissão, eis que a omissão, materialmente, nada provoca. Não há relação de causa e efeito entre a omissão e o resultado. A omissão não causa nada, ela poderia ter evitado o resultado, mas não está a ele ligado em uma relação causa naturalista.

No mesmo sentido, a teoria tem dificuldade de explicar os *crimes de mera conduta*, os quais, como o próprio nome indica, são incriminados pelo próprio comportamento, independentemente da produção de algum resultado naturalístico.

Apesar das dificuldades metodológicas, ainda há defensores de tal teoria nos tempos hodiernos. De qualquer forma, quando prevaleceu, exerceu importante papel no desenvolvimento das ciências *criminis*, inseridas em outro contexto científico ou na concepção de ciência hoje hegemônica.

Ao lado da teoria causal naturalista da ação, temos a **teoria final da ação**, que hoje prevalece na doutrina penal nacional. A teoria final ou finalista da ação surgiu e se desenvolveu a partir do início do século XX, principalmente com os estudos de seu corifeu, Welzel.

Para a teoria final da ação, a conduta não é meramente causal, mecânica, mas dotada de um conteúdo subjetivo. Nessa concepção, não há como separar a vontade de seu conteúdo.

Os finalistas criticam a teoria causal por ser meramente mecânica, desconsiderando a finalidade da conduta, que a faz diferenciar o comportamento humano do comportamento de um animal, por exemplo. Dizem os finalistas que, para a teoria causal, não haveria diferença, no que se refere à natureza jurídica da ação, entre um ataque de um cão raivoso e um ataque de um agente criminoso.

Pela teoria final da ação, a ação é o comportamento voluntário conscientemente dirigido a um fim. Aqui, como na teoria anterior, há a ideia de comportamento voluntário.

O finalismo supera as dificuldades da teoria causal naturalista com os crimes omissivos e de mera conduta, uma vez que desvinculados da mera explicação causal do comportamento.

Contudo, conforme crítica da doutrina, teria dificuldade de explicar a conduta no caso de crimes culposos. Isso porque, se a ação é o comportamento conscientemente dirigido a um fim, haveria dificuldade teórica em explicar os crimes culposos, haja vista que, nessa categoria de crimes, o agente não tem a deliberada intenção de praticar um ilícito.

Os finalistas se defendem, alegando que, nos crimes culposos, também há uma finalidade, mas uma finalidade lícita ou não ilícita, ao passo que, nos crimes dolosos, haveria a finalidade ilícita da ação dirigida pelo agente.

A discussão é deveras interessante e rica, mas, em razão do fôlego da presente obra, não a aprofundaremos.

Cumpre registrar, por fim, que ganha força nos meios acadêmicos a **teoria social da ação**. Nessa concepção, a conduta que interessa ao Direito Penal é a conduta socialmente relevante, dominada ou dominável pela vontade humana. Na verdade, ela é uma vertente da própria teoria finalista, porém, com ênfase para a relevância social da conduta.

Podemos apresentar o seguinte quadro comparativo entre as duas principais teorias da conduta punível, como segue:

Figura 4.14 – Natureza jurídica da conduta: teorias

Teoria causal-naturalista	Teoria final
Segunda metade do século XIX	Início do século XX
Von Liszt	Welzel
Influência do pensamento científico-natural	Separação entre vontade e seu conteúdo
Ação como movimento voluntário que causa modificação no mundo exterior	Ação como comportamento voluntário consciente dirigido a um fim
Dificuldade teórica: crime omissivo e crime de mera conduta	Dificuldade teórica: crimes culposos

■ Causas excludentes da conduta

Ao tratar das teorias que tentam explicar a natureza jurídica da conduta, seja como teoria causal, final ou social da ação, fizemos questão de frisar a necessária voluntariedade do comportamento como requisito da relevância penal e da possibilidade de aplicação de consequências punitivas ao autor da conduta.

Pois bem, esse destaque ocorreu em razão das chamadas *causas de exclusão da conduta*, tendo em vista a falta de voluntariedade do ato. Em algumas hipóteses específicas, embora no aspecto naturalístico tenha ocorrido um comportamento, para fins de Direito Penal, não haverá sequer conduta.

Não havendo sequer conduta, não haverá, obviamente, crime a ser punido. Assim, para o Direito Penal, não haverá conduta quando o ato for praticado sob **coação física irresistível** (*vis absoluta*), em ato ou movimento reflexo, ou em estados anímicos de inconsciência.

A coação física irresistível, também chamada de *vis absoluta*, é a situação em que o agente é compelido, fisicamente, a praticar a conduta de forma tal que não tenha condições físicas de resistir ao estímulo.

Para excluir a conduta, frise-se, é necessário que a coação seja irresistível, é dizer, o agente deve ser fisicamente levado à prática da conduta, sem possibilidade material de resistir.

Imaginemos uma hipótese em que o agente é preso, nas pontas dos pés, a uma corda, tendo no outro extremo o gatilho de uma arma. Com o tempo, ele não suportará ficar nas pontas dos pés por muito tempo e, fatalmente, acionará o gatilho da arma. Nesse caso, embora tenha sido o agente o responsável material por apertar o gatilho, obviamente não haverá voluntariedade na conduta, e a ele não poderá ser imputada a prática, senão àquele que o compeliu fisicamente.

Importante não confundir a coação física com a coação moral (*vis morales*). Neste último caso, não há uma força física, material, no sentido do comportamento, mas uma pressão psicológica para a realização da conduta. A coação moral não retira a voluntariedade da conduta, mas retira a culpabilidade do agente por não exigibilidade de conduta diversa, conforme veremos oportunamente.

A segunda hipótese de exclusão da conduta é o caso de **atos ou movimentos reflexos**. Nessas hipóteses, a conduta, da mesma forma, não será voluntária, mas decorrente de questões orgânicas que impulsionam o corpo a determinado movimento corpóreo.

Já se tem notícias, por exemplo, de agentes policiais que, por reflexo ao tentar agarrar uma arma de fogo em queda, acabam por acionar o gatilho. Obviamente, há de se perquirir eventual culpa ao deixar a arma de fogo cair, mas a atitude em si, de disparar a arma de fogo, não seria, em tese, atribuída ao agente por falta de voluntariedade, ou seja, por causa excludente de conduta para fins penais.

Por fim, temos a hipótese de **estados anímicos de inconsciência**. Em algumas situações mentais, em que o agente está desprovido de consciência, não haverá de se falar em ato voluntário, portanto, não há de se falar em conduta.

Os estados anímicos de inconsciência têm diversas causas. Citamos as seguintes hipóteses: sonambulismo, hipnose e ataque de epilepsia. O sonâmbulo não tem consciência dos próprios atos, assim como aquele que esteja sob a influência de estado hipnótico, e o mesmo se diga de alguém que esteja em crise de um ataque de epilepsia.

Todas hipóteses que excluem a voluntariedade do ato e, por consequência, não será considerada conduta para fins penais, afastando o caráter criminal.

Esquematicamente, temos as seguintes causas de exclusão da conduta:

Figura 4.15 – Causas de exclusão da conduta

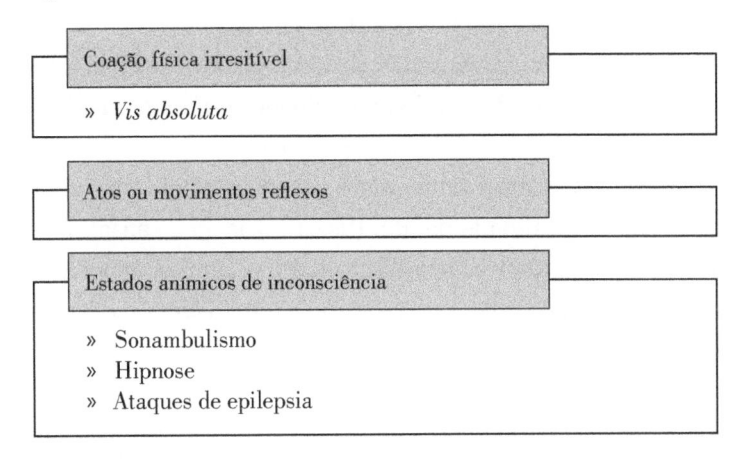

- Coação física irresitível
  - » *Vis absoluta*

- Atos ou movimentos reflexos

- Estados anímicos de inconsciência
  - » Sonambulismo
  - » Hipnose
  - » Ataques de epilepsia

■ Omissão

Conforme demonstramos, a conduta pode ser constituída por uma ação (conduta positiva, crime comissivo) ou por uma omissão (conduta negativa, crime omissivo). É justamente a omissão, pois relevante para o Direito Penal, o objeto de estudos do presente item.

A omissão é um não fazer, um *no facere*. Para caracterizar um crime omissivo, é uma omissão qualificada pelo descumprimento de uma ordem de ação, uma obrigação penalmente imposta.

Em outras palavras, tipifica-se o crime omissivo quando o agente não faz o que deveria fazer, não faz o que lhe é ordenado, comportamento que se enquadra em uma norma penal incriminadora.

Ao analisarmos as teorias que tentam explicar a natureza jurídica da conduta, apontamos que a teoria causal da ação tem dificuldade de lidar com a omissão, justamente porque, naturalisticamente, a omissão não causa nada, ou seja, a omissão não estabelece uma causalidade fática.

A omissão não enseja uma causalidade fática pelo simples fato que poderia ter evitado determinado resultado, mas não tem a capacidade física de causar o evento.

A causalidade entre a omissão e o resultado típico, portanto, não é uma causalidade natural (física), mas uma causalidade jurídica ou normativa, haja vista que é o Direito, especificamente, o Direito Penal, que estabelece o nexo entre a conduta omissiva e a tipicidade penal.

Os crimes omissivos podem ser omissivos próprios (ou puros ou simples) ou omissivos impróprios (crimes comissivos por omissão).

Os **crimes omissivos próprios**, também chamados de *crimes omissivos puros* ou *simples*, são os de mais fácil entendimento, pois coincidem com a própria ideia empírica de omissão. Significam uma desobediência a uma ordem mandamental, uma omissão de um dever de agir imposto pela norma penal.

Importante mencionar que, para a caracterização do crime omissivo próprio, basta a abstenção, ou seja, a simples omissão, independentemente da ocorrência ou não do resultado. Para o crime omissivo próprio, o resultado é irrelevante, basta a omissão tipificada na norma penal.

São exemplos de crimes omissivos próprios (simples, puros), os seguintes crimes previstos no Código Penal brasileiro:

Omissão de socorro

Art. 135. Deixar de prestar assistência, quando possível de fazê-lo sem risco pessoal, à criança abandonada ou extraviada, ou à pessoa inválida ou ferida, ao desamparo ou em grave e iminente perigo; ou não pedir, nesses casos, o socorro da autoridade pública.

Pena – detenção, de um a seis meses, ou multa.

Parágrafo único. A pena é aumentada de metade, se da omissão resulta lesão corporal de natureza grave, e triplicada, se resulta morte.

Abandono material

Art. 244. Deixar, sem justa causa, de prover a subsistência do cônjuge, ou de filho menor de 18 (dezoito) anos ou inapto para o trabalho, ou de ascendente inválido ou maior de 60 (sessenta) anos, não lhes proporcionando os recursos necessários ou faltando ao pagamento de pensão alimentícia judicialmente acordada, fixada ou majorada; deixar, sem justa causa, de socorrer descendente ou ascendente, gravemente enfermo.

Pena – detenção, de 1 (um) a 4 (quatro) anos e multa, de uma a dez vezes o maior salário mínimo vigente no País.

Parágrafo único. Nas mesmas penas incide que, sendo solvente, frustra ou ilide, de qualquer modo, inclusive por abandono injustificado de emprego ou função, o pagamento de pensão alimentícia judicialmente acordada, fixada ou majorada.

Omissão de notificação de doença

Art. 269. Deixar, o médico de denunciar à autoridade pública doença cuja notificação é compulsória.

Pena – detenção, de seis meses a dois anos, e multa.

Prevaricação

Art. 319. Retardar ou deixar de praticar, indevidamente, ato de ofício, ou praticá-lo contra disposição expressa de lei, para satisfaze interesse ou sentimento pessoal.

Pena – detenção, de três meses a um ano, e multa. (BRASIL, 1940, grifo do original)

Por outro lado, temos os **crimes omissivos impróprios**, também chamados de *crimes comissivos por omissão*.

Os crimes omissivos impróprios ou, tecnicamente, os crimes comissivos por omissão são crimes originalmente comissivos, mas praticados a partir de uma omissão. Em outras palavras, são crimes essencialmente comissivos, ou seja, praticados por ação, mas que são imputados ao agente em razão de alguma omissão dele quando a lei impõe o dever de atitude perante aquela situação específica.

São situações em que a lei penal atribui a obrigação de agir para evitar o resultado, ou seja, trata-se das hipóteses em que a lei constitui a figura do "garante" ou, dizendo de modo mais completo, garantidor da não superveniência do resultado, basicamente previstas no art. 13, § 2°, do Código Penal.

Os crimes omissivos impróprios merecem certo aprofundamento de análise, mas não sem antes apresentarmos um esquema gráfico do que vimos até o momento:

Figura 4.16 – Crimes omissivos

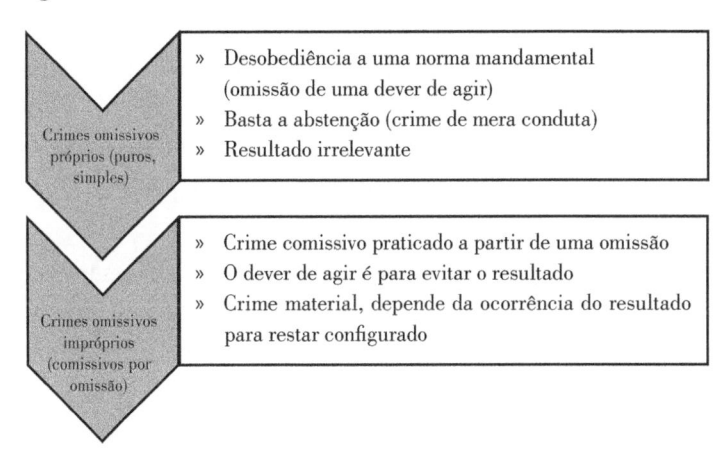

Crimes omissivos próprios (puros, simples)
» Desobediência a uma norma mandamental (omissão de uma dever de agir)
» Basta a abstenção (crime de mera conduta)
» Resultado irrelevante

Crimes omissivos impróprios (comissivos por omissão)
» Crime comissivo praticado a partir de uma omissão
» O dever de agir é para evitar o resultado
» Crime material, depende da ocorrência do resultado para restar configurado

O crime omissivo impróprio, ou comissivo por omissão, portanto, estará configurado a partir das omissões que o Direito Penal considera relevantes, conforme previsto no art. 13, § 2º, do Código Penal, assim redigido:

Relação de causalidade

Art. 13. [...]

§ 2º A omissão é penalmente relevante quando o omitente devia e podia agir para evitar o resultado. O dever de agir incumbe a quem:

a) tenha por lei obrigação de cuidado, proteção ou vigilância;

b) de outra forma, assumiu a responsabilidade de impedir o resultado;

c) com seu comportamento anterior, criou o risco da ocorrência do resultado. (BRASIL, 1940, grifo do original)

Da análise do dispositivo epigrafado, podemos concluir que são elementos para a caracterização da omissão imprópria: a abstenção, a superveniência do resultado e a situação geradora do dever jurídico de agir.

Primus, a abstenção é a própria omissão, o que caracteriza o crime como omissivo, muito embora na forma imprópria (crime comissivo por omissão).

Secundus, é a superveniência do resultado. Diversamente do que ocorre nos crimes omissivos próprios, o resultado que deveria ter sido evitado é elemento essencial para a caracterização do crime omissivo impróprio. Sem a ocorrência do resultado, a conduta resta atípica.

Tertius, uma situação geradora do dever jurídico de agir. Aqui, surge a figura já apresentada do garantidor, aquele responsável por impedir a ocorrência dos fatos, bem por isso, também chamado de *garantidor da não superveniência do resultado*, nas hipóteses que verificaremos em breve.

Também de acordo com o dispositivo em análise, podemos extrair os pressupostos do instituto da omissão imprópria, a saber.

A um, poder de agir. É necessária a possibilidade física da conduta, ainda que com certo risco pessoal. Não se exige uma atuação heroica, ou em desvantagem, mas se proíbe o acovardamento, especialmente dos agentes policiais de segurança pública. Somente a riqueza do caso concreto para oferecer elementos seguros de análise quanto à presença ou à ausência desse pressuposto específico.

Nesse aspecto, inclusive, enfatizamos a peculiaridade da atividade policial quanto tratamos do dilema do cotidiano policial, especificamente nos desvios criminais. De modo muito peculiar, a atividade policial não pode conviver com o erro, eis que, muitas vezes, o erro é caracterizador de algum tipo penal, seja o erro em alguma providência, seja o erro ao deixar de adotar alguma providência diante da ocorrência delituosa.

A dois, evitabilidade do resultado. Nesse caso, é necessário um juízo hipotético para verificar se o resultado seria evitado com a atuação exigida. Caso contrário, não se estabelecerá o nexo jurídico causal.

A três, o dever de impedir o resultado. Esse dever de impedir o resultado, conforme apontamos, é incumbido a quem:

» tem a obrigação legal de cuidado, proteção e vigilância: como é o caso dos agentes policiais de segurança pública, os quais são obrigados a agir em caso de situação flagrancional;

» de outra forma, assumiu a responsabilidade de impedir o resultado: muitas podem ser as origens dessa obrigação jurídica, podemos citar o exemplo da pessoa que se voluntaria a cuidar de um infante em uma praia e deixa de tomar os devidos cuidados, vindo a criança a se afogar;

» com o comportamento anterior, criou o risco: se o agente provocou o risco, assume a responsabilidade para evitar os resultados danosos por ele proporcionados.

Depois de todo o exposto até aqui, podemos apresentar o seguinte esquema sobre a omissão imprópria, ou seja, sobre a conformação do crime omissivo na forma imprópria, crime comissivo por omissão.

Figura 4.17 – Omissão imprópria

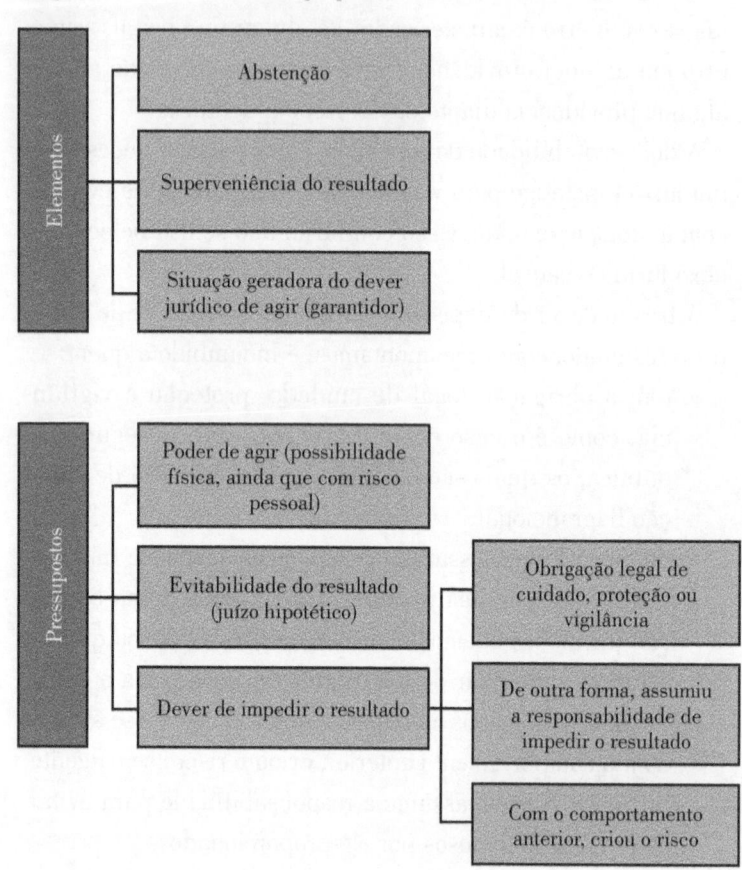

Elementos:
- Abstenção
- Superveniência do resultado
- Situação geradora do dever jurídico de agir (garantidor)

Pressupostos:
- Poder de agir (possibilidade física, ainda que com risco pessoal)
- Evitabilidade do resultado (juízo hipotético)
- Dever de impedir o resultado
  - Obrigação legal de cuidado, proteção ou vigilância
  - De outra forma, assumiu a responsabilidade de impedir o resultado
  - Com o comportamento anterior, criou o risco

4.2.3 Resultado

Boa parte dos crimes definidos na legislação brasileira, sejam os previstos no Código Penal, sejam os crimes previstos na legislação extravagante, trata-se de crimes materiais, ou seja, que exigem um resultado para sua perfeita e completa tipificação.

Os crimes de resultado são aqueles que exigem o que costuma ser mencionado como materialidade, materialidade delitiva, corpo de delito. São esses crimes e suas implicações jurídico-penais que enfocaremos no presente tópico.

Para tanto, será preciso analisar uma categoria fundamental, que nos servirá de conteúdo operacional para o adequando entendimento sobre o resultado: o chamado *iter criminis*, vale dizer, o caminho do crime, o conjunto de etapas percorridas para a ocorrência de alguma infração penal.

A partir da assimilação dessas etapas, seguiremos para a diferenciação entre atos preparatórios e atos de execução, entendimento essencial para a atividade policial na área de segurança pública, haja vista que o ato preparatório, em princípio, é um indiferente penal, ao passo que o ato de execução, por sua vez, entra na órbita de possibilidade jurídica de resposta penal.

Em seguida, estudaremos a noção de consumação, aprofundando hipóteses em que não ocorre a consumação do delito, seja por fatores alheios à vontade do agente, como ocorre na tentativa, seja em razão de atitudes adotadas voluntariamente pelo agente, como é o caso da desistência voluntária e do arrependimento eficaz. Na mesma temática, abordaremos a categoria do arrependimento posterior.

Por fim, examinaremos outro tema relevante para a atividade policial, vale dizer, o crime impossível.

■ *Iter criminis*

Embora o crime seja um todo unitário, a doutrina costuma dividi-lo em algumas etapas. É o chamado *iter criminis*, ou literalmente, o caminho do crime, conjunto de etapas pelo qual o crime perpassa, desde a cogitação em cometer a infração penal até seu efetivo cometimento, obtendo-se o resultado desejado ou assumido.

As etapas básicas da infração penal podem ser visualizadas no seguinte esquema gráfico:

Figura 4.18 – Etapas da infração penal

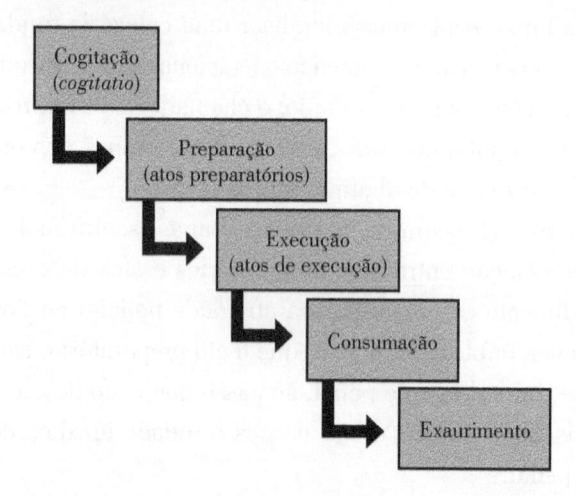

```
Cogitação (cogitatio)
  → Preparação (atos preparatórios)
      → Execução (atos de execução)
          → Consumação
              → Exaurimento
```

A primeira fase é a chamada *fase interna*, aquela que não ultrapassa os limites subjetivos do sujeito ativo da conduta, não supera sua esfera anímica. Parte da doutrina costuma subdividir a fase da *cogitatio* em: cogitação em sentido estrito e deliberação.

Na **cogitação em sentido estrito**, o sujeito imagina o cometimento da infração penal, ou seja, a ideia da prática da infração penal adentra sua psique, de modo que o cometimento do crime passa a integrar seu imaginário.

Já na **deliberação**, como o próprio nome indica, o sujeito delibera, ou seja, decide cometer a infração penal.

Como se trata de fases internas, são intangíveis para o Direito Penal, isto é, ninguém pode ser responsabilizado por pretender, pensar e deliberar cometer alguma infração penal. Para que seja juridicamente possível alguma resposta penal, é necessário um mínimo de exteriorização da conduta, o que não ocorre na fase de cogitação.

Após a cogitação e deliberação do cometimento de uma infração penal, ocorre a fase subsequente, vale dizer, a **preparação**, fase dos atos preparatórios. Nessa fase, o sujeito ativo adota medidas para a realização da conduta típica, ou seja, efetua atos preparatórios para o cometimento da infração penal.

Em regra, os atos preparatórios não são puníveis, isto é, ninguém pode ser responsabilizado penalmente pela preparação do cometimento de uma infração penal.

Contudo, excepcionalmente, algumas condutas preparatórias de crimes podem ser criminalizadas por si só. Em outras palavras, por vezes, o legislador penal resolve incriminar condutas que são teoricamente preparatórias de outras. Nessas hipóteses, obviamente, o comportamento, embora preparatório, é suficiente para a reação penal, e todos os demais atos a ela vinculados, inclusive o ato prisional em flagrante delito.

É o que ocorre, entre muitos outros exemplos, com o porte ilegal de arma de fogo em relação ao roubo ou extorsão, com a ameaça em relação aos crimes contra a vida, especialmente o homicídio. Os exemplos clássicos de atos preparatórios incriminadores são os crimes de associação criminosa e constituição de milícia privada, assim definidos no Código Penal:

Associação criminosa

Art. 288. Associarem-se 3 (três) ou mais pessoas, para o fim específico de cometer crimes.

Pena – reclusão, de 1 (um) a 3 (três) anos.

Parágrafo único. A pena aumenta-se até a metade se a associação é armada ou se houver a participação de criança ou adolescente.

Constituição de milícia privada

Art. 288-A. Constituir, organizar, integrar, manter ou custear organização paramilitar, milícia particular, grupo ou esquadrão com a finalidade de praticar qualquer dos crimes previstos neste Código.

Pena – reclusão, de 4 (quatro) a 8 (oito) anos.
(BRASIL, 1940, grifo do original)

Em suma, o ato preparatório é, em tese, impunível, salvo se a conduta for criminalizada pelo legislador penal.

Após a realização de atos preparatórios, inicia-se a **execução** do crime propriamente dita, é a fase dos atos de execução.

Nem sempre será simples distinguir os atos preparatórios dos atos de execução, conforme aprofundaremos em breve. Nos atos executórios, de forma geral, inicia-se o cometimento da infração penal. São os golpes na lesão corporal, a pressão no gatilho da arma de fogo no crime de homicídio, etc.

Com os atos de execução, a conduta passa a ter significância direta para o Direito Penal, é dizer, a partir da fase do ato de execução, o comportamento passa a permitir a resposta penal ao fenômeno, incluindo a possibilidade de ato prisional em flagrante delito.

Após a execução do crime, temos a fase de **consumação**, a fase em que o crime se conforma em todos os seus elementos típicos. Obviamente, a consumação do delito depende da previsão inscrita no tipo penal, especialmente de acordo com a opção do núcleo verbal previsto no tipo penal. Assim, o crime de homicídio consuma-se com a morte da vítima, a lesão corporal, com a efetiva ofensa à integridade física da vítima, e assim por diante.

Por fim, alguns delitos ainda permitem o **exaurimento**, isto é, quando o delito é levado às últimas consequências deletérias ao bem jurídico penalmente protegido. O exemplo clássico é o recebimento da vantagem no crime de extorsão mediante sequestro. Para a consumação do delito, basta o sequestro da vítima, porém, o agente criminoso, ainda sem receber o resgate, estará exaurindo a conduta criminosa, isto é, levando o comportamento criminoso às últimas consequências.

Para tanto, vejamos a previsão do Código Penal:

Extorsão mediante sequestro

Art. 159. Sequestrar pessoa com o fim de obter, para si ou para outrem, qualquer vantagem, como condição ou preço do resgate.

Pena – reclusão, de oito a quinze anos.

§ 1º se o sequestro dura mais de 24 (vinte e quatro) horas, se o sequestrado é menor de 18 (dezoito) ou maior de 60 (sessenta) anos, ou se o crime é cometido por bando ou quadrilha.

Pena – reclusão, de doze a vinte anos.

§ 2º Se do fato resulta lesão corporal de natureza grave.

Pena – reclusão, de dezesseis a vinte a quatro anos.

§ 3º Se resulta a morte.

Pena – reclusão, de vinte e quatro a trinta anos.

§ 4º Se o crime é cometido em concurso, o concorrente que o denunciar, à autoridade, facilitando a liberação do sequestrado terá sua pena reduzida de um a dois terços. (BRASIL, 1940, grifo do original)

O exaurimento, portanto, não interfere na ocorrência da conduta típica, mas poderá influenciar na intensidade da resposta penal, ou seja, na ampliação da punibilidade da conduta.

Conforme mencionamos no início, nem sempre é fácil distinguir uma fase da outra, por vezes, elas serão simultâneas, pois o crime é um todo unitário. Por outro lado, o entendimento sobre o *iter criminis* permitirá a melhor compreensão sobre a estrutura do crime e sua sucessão de etapas no tempo, principalmente a partir da significância ou da insignificância direta da conduta para fins de resposta penal.

Em termos de punibilidade, temos o seguinte esquema comparativo, de acordo com o *iter criminis*:

Figura 4.19 – Iter criminis: esquema comparativo

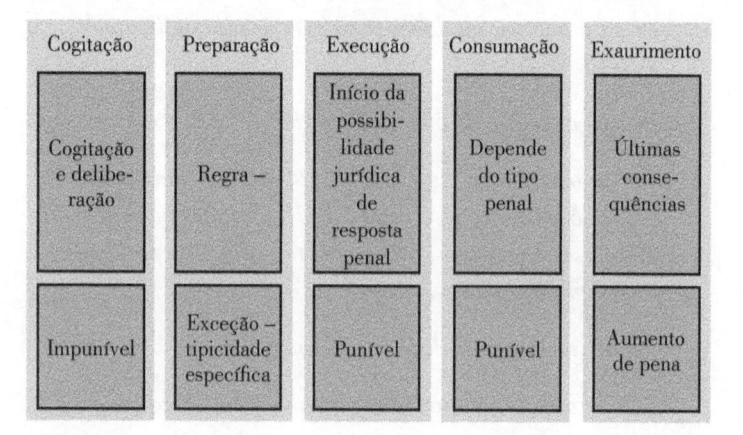

Cogitação	Preparação	Execução	Consumação	Exaurimento
Cogitação e deliberação	Regra –	Início da possibilidade jurídica de resposta penal	Depende do tipo penal	Últimas consequências
Impunível	Exceção – tipicidade específica	Punível	Punível	Aumento de pena

■ **Diferenças entre atos preparatórios e atos de execução**
Mais do que uma discussão acadêmica, a distinção entre os atos preparatórios e os atos de execução apresenta importância prática, na medida em que é a partir dos atos de execução que se abre a possibilidade jurídica da resposta penal. Isso significa, para os fins aqui pretendidos, a possiblidade de ato

prisional em flagrante delito. É dizer, antes do início da fase de execução, não é possível o ato prisional, que somente será legítimo a partir, pelo menos, do início dos atos de execução.

Na doutrina, existem inúmeras teorias que tentam apresentar critérios distintivos entre tais fases. É um dos temas mais controversos das ciências penais, não há um critério seguro, tudo vai depender da riqueza do caso concreto. Não apresentaremos todas as teorias, até porque são muitas; pelo fôlego da presente obra, vamos abordar as principais.

Basicamente, temos dois grupos de teorias: as subjetivas e as objetivas.

Pela **teoria subjetiva**, inicia-se a fase de execução quando o agente exterioriza, de modo inequívoco, sua intenção. É subjetiva porque parte da análise do comportamento do sujeito ativo da conduta.

Pela vagueza de seu conteúdo, a dificuldade em se estabelecer quando o sujeito exterioriza, ou não, sua inequívoca intenção em cometer a infração penal, não é um critério que tem prevalecido.

Prevalecem, portanto, as chamadas *teorias objetivas*, que, como o próprio nome indica, contemplam critérios diferenciadores objetivos.

Quatro são as principais **teorias objetivas** apresentadas pela doutrina: da impressão, da hostilidade, objetivo-material e objetivo-formal.

Pela **teoria da impressão**, a fase da execução dependeria da impressão comunitária do que seja ou não seja execução de um crime. Não é, também, uma teoria segura, pois padece do mesmo problema da teoria subjetiva, isto é, a vagueza do entendimento sobre o que seja impressão comunitária, bem como a dinâmica social do entendimento sobre o crime em si e, especialmente, sobre determinadas condutas criminosas.

A **teoria da hostilidade** leva em consideração o bem jurídico protegido. É uma teoria muito aceita, pois trabalha com um conceito central nas ciências penais, o bem jurídico protegido. Apesar de aceita, não é a que tem prevalecido, nem sempre é tranquila a distinção a partir do bem jurídico protegido, até mesmo porque, muitas vezes, existem inúmeros bens jurídicos protegidos em determinados tipos penais, especialmente os crimes mais complexos.

Dessa forma, adentramos na análise das teorias mais aceitas: a objetivo-formal e objetivo-material.

Pela **teoria objetivo-formal**, inicia-se a prática da execução de um crime quando se inicia o comportamento descrito no núcleo verbal do crime. Essa teoria leva em consideração, portanto, o verbo previsto no tipo penal, de forma que iniciará a execução do crime quando se iniciar a realização da conduta incriminada.

Tal teoria tem a vantagem de apresentar um critério mais fechado, seguro, do início dos atos de execução, bem por isso é amplamente aceita na doutrina. Contudo, para algumas situações práticas, ela acaba sendo insuficiente, pois existem condutas criminosas em que o ato executório se inicia antes da realização do núcleo verbal.

Imaginemos, por exemplo, que uma equipe policial surpreenda algumas pessoas em um túnel, construído para ter acesso ao cofre de alguma instituição financeira ou de transporte e depósito de valores. Naturalmente, tais pessoas poderão ser presas em flagrante, contudo, teoricamente, não terão iniciado, ainda, a realização do núcleo verbal incriminado. Não iniciaram, por exemplo, a subtração dos valores, se levarmos em consideração apenas o crime de furto, mesmo que qualificado.

É para essas situações específicas que ganha força a **teoria objetivo-material**, que justamente amplia a noção de atos executórios para algumas ações anteriores às condutas vinculadas ao núcleo verbal, desde que inequivocamente vinculadas ao ilícito penal, como no caso apresentado como exemplo.

Assim, com relação às diferenças entre atos preparatórios e atos de execução, temos o seguinte quadro esquemático:

Figura 4.20 – Atos preparatórios e atos de execução

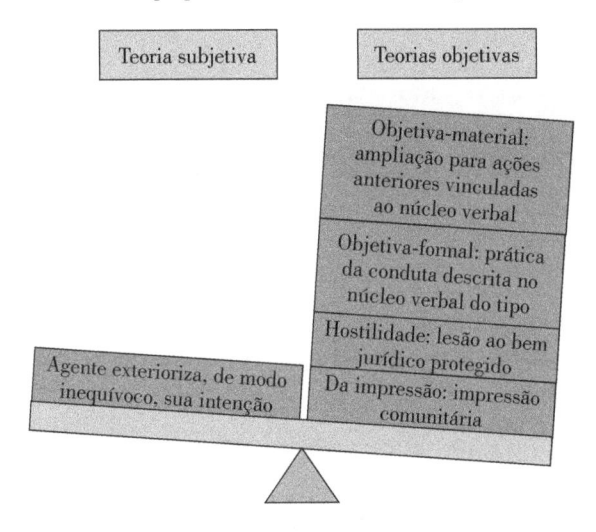

Teoria subjetiva | Teorias objetivas

Objetiva-material: ampliação para ações anteriores vinculadas ao núcleo verbal

Objetiva-formal: prática da conduta descrita no núcleo verbal do tipo

Hostilidade: lesão ao bem jurídico protegido

Da impressão: impressão comunitária

Agente exterioriza, de modo inequívoco, sua intenção

■ Tentativa

O entendimento sobre a tentativa perpassa, necessariamente, pelo perfeito entendimento de sua categoria antagônica, o crime consumado. Assim, ao passo que, no crime consumado, estão presentes todos os elementos da definição legal, no crime tentado, esses elementos não estão totalmente presentes.

Contudo, conforme vimos, para que haja relevância direta para o Direito Penal, é mister o início, pelo menos, dos atos de execução.

A tentativa, então, restará caracterizada quando iniciada a execução; o crime não se consuma, porém, essa consumação não ocorre por fatores alheios à vontade do agente, ou seja, independentemente do que o agente pretendia, o crime não se consuma pela conjugação de algum elemento externo.

Esquematicamente, temos:

Figura 4.21 – Crime consumado versus crime tentado

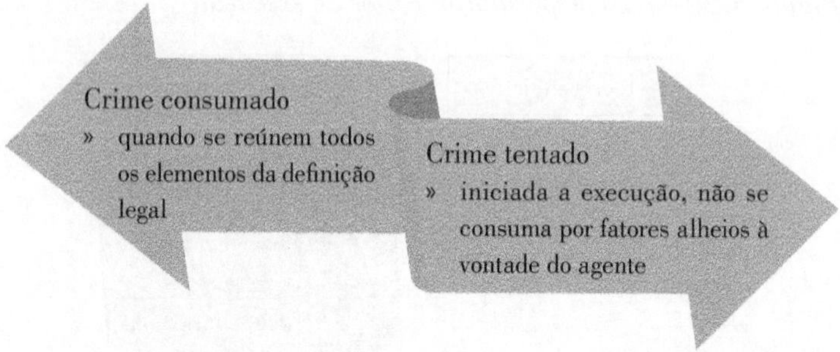

Crime consumado
» quando se reúnem todos os elementos da definição legal

Crime tentado
» iniciada a execução, não se consuma por fatores alheios à vontade do agente

Acompanhando as fases do *iter criminis*, portanto, o crime tentado encontra-se entre as fases da execução (iniciada) e da consumação (ainda não completada).

A partir do que apresentamos, podemos, agora, extrair os elementos da tentativa.

A um, uma **conduta dolosa**. A ideia de tentativa é incompatível com o crime culposo, haja vista, entre outros fatores, que a não consumação ocorre por fatores alheios à vontade do agente, somente é compatível com a vontade consumativa, presente apenas no crime doloso.

A dois, o **início dos atos executórios**. Conforme vimos, os atos preparatórios não são suficientes para motivar uma resposta penal, somente haverá tentativa se iniciada, pelo menos, a fase de execução do crime.

A três, por fim, a **não consumação por fatores alheios à vontade do agente**. Se a não consumação acontecer por vontade do agente, poderá ocorrer alguma das hipóteses que veremos em breve, como na desistência voluntária, por exemplo, mas, para que haja tecnicamente uma tentativa, a não ocorrência do fato deve ser independente, isto é, alheia à vontade do agente que pretendia a consumação do delito.

Apresentado o conceito e, a partir dele, vistos os elementos da tentativa, a questão que salta aos olhos é saber como ocorre a punibilidade na tentativa, se o sujeito responde pelo fato como se consumado fosse, ou não.

Nas ciências criminais foram formuladas diversas teorias sobre a punibilidade na tentativa. Três são as principais teorias: a objetiva, a subjetiva e a mista ou temperada.

A **teoria subjetiva** leva em conta a vontade de agente. Partindo dessa premissa, se a vontade do agente era justamente consumar o crime, a pena a ser aplicada ao crime tentado seria a mesma pena do crime consumado.

A **teoria objetiva**, por sua vez, leva em consideração o fato (objetivo), assim, como o crime não se consumou, essa teoria defende que a menor lesão ao bem jurídico penalmente protegido deve significar, necessariamente, em redução da resposta penal, isto é, redução da pena.

Em uma zona intermediária entre ambas as teorias, temos a **teoria mista ou temperada**, que é uma solução de compromisso entre os dois extremos apresentados. Por essa teoria, adota-se a redução da pena como regra, mas permite que o legislador estipule a mesma pena em caso de tentativa para alguns casos especiais. É a teoria adotada pelo Código Penal brasileiro, senão vejamos:

Art. 14. Diz-se o crime:

Crime consumado

I – consumado, quando nele se reúnem todos os elementos de sua definição legal;

Tentativa

II – tentado, quando, iniciada a execução, não se consuma por circunstâncias alheias à vontade do agente.

Pena de tentativa

Parágrafo único. Salvo disposição em contrário, pune-se a tentativa com a pena correspondente ao crime consumado, diminuída de um a dois terços. (BRASIL, 1940, grifo do original)

Pela dicção do parágrafo único, fica evidente a adoção, pelo sistema penal brasileiro, da teoria mista ou temperada, haja vista que, como regra, a pena do crime tentado será um a dois terços menor que a do crime consumado, porém, o próprio parágrafo único permite punição diversa ao mencionar "salvo disposição em contrário".

Surgem, a partir dessas considerações, os chamados *crimes de atentado* ou *de empreendimento*, em que a pena da tentativa é a mesma do crime tentado, como ocorre, por exemplo, no crime de evasão mediante violência contra pessoa:

Evasão mediante violência contra pessoa

Art. 352. Evadir-se ou tentar evadir-se o preso ou o indivíduo submetido a medida de segurança detentiva, usando de violência contra pessoa.

Pena – detenção, de três meses a uma no, além da pena correspondente à violência. (BRASIL, 1940, grifo do original)

Esquematicamente, temos:

Figura 4.22 – Teorias relativas à punibilidade na tentativa

- Subjetiva (vontade – mesma pena)
- Mista ou temperada (redução como regra, admite exceções)
- Objetiva (menor lesão ao bem jurídico – redução da pena)

A categoria *tentativa* permite inúmeras classificações.

De acordo com o ponto que nos interessa, apresentaremos, basicamente, as chamadas *formas de tentativa*, que poderão ser: tentativa perfeita, tentativa imperfeita e tentativa branca.

A **tentativa perfeita**, também chamada de *tentativa acabada* ou *crime falho*, é aquela em que o agente esgota todos os meios de execução que estão ao seu alcance. Ocorre, *verbia gratia*, no caso de o sujeito "descarregar" todos os cartuchos que estavam no tambor do revólver ou no carregador da pistola que portava, por ocasião do homicídio.

A **tentativa imperfeita**, também chamada de *tentativa inacabada*, por outro lado, é aquela em que a execução é interrompida, mesmo que o agente ainda tivesse condições de dar continuidade aos atos executórios.

Utilizando o mesmo exemplo, seria o caso de o agente efetuar alguns disparos de arma de fogo e, mesmo dispondo de munição, resolve interromper os disparos, pois considera que os primeiros disparos já seriam suficientes para provocar a morte da vítima.

Por fim, temos a **tentativa branca** ou incruenta, que ocorre quando o agente não atinge a pessoa ou a coisa visada. Verifica-se, por exemplo, no caso de o sujeito errar a mira do disparo efetuado com a pretensão de matar a vítima.

Esquematicamente, temos:

Figura 4.23 – Formas de tentativa

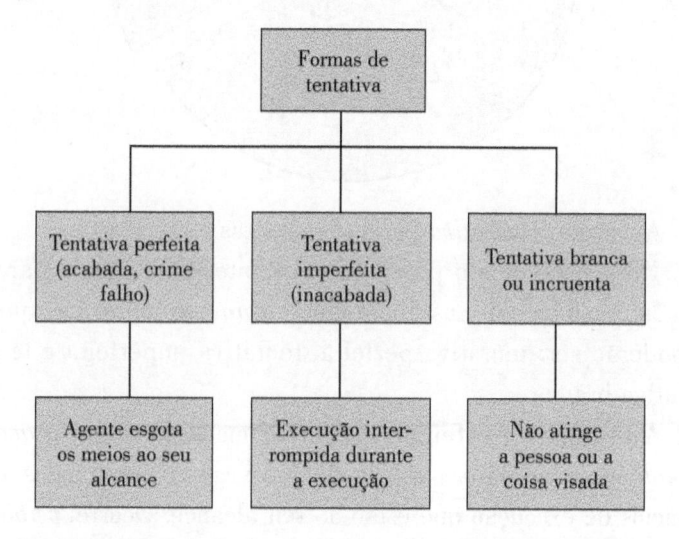

```
                    Formas de
                    tentativa
      ┌────────────────┼────────────────┐
Tentativa perfeita   Tentativa        Tentativa branca
(acabada, crime      imperfeita       ou incruenta
falho)               (inacabada)
      │                │                │
Agente esgota      Execução inter-    Não atinge
os meios ao seu    rompida durante   a pessoa ou a
alcance            a execução        coisa visada
```

Por fim, a fim de fechar a análise da tentativa, cumpre apresentar o rol de infrações penais que não admitem a tentativa. Os ilícitos penais que **não admitem tentativa** são os seguintes:

a) **Contravenções penais**

Em tese, algumas contravenções penais admitiriam a tentativa, uma vez que seria possível, no plano teórico, diferenciar a realização de atos de execução e a não consumação por fatores alheios à vontade do agente.

Contudo, as contravenções penais não admitem tentativa por força de previsão da própria Lei de Contravenções Penais, conforme a dicção do art. 4º do Decreto-Lei n. 3.688/1941 (Lei das Contravenções Penais), assim redigido: "Não é punível a tentativa de contravenção" (BRASIL, 1941a).

b) **Crimes habituais**

Os crimes habituais, para sua caracterização, necessitam da realização de um conjunto de atitudes, razão pela qual há certa incompatibilidade lógica entre a necessidade de habitualidade na conduta e o conceito de tentativa. São exemplos de crimes habituais:

Casa de prostituição

Art. 229. Manter, por conta própria ou de terceiro, estabelecimento em que ocorra exploração sexual, haja, ou não, intuito de lucro ou mediação direta do proprietário ou gerente.

Pena – reclusão, de dois a cinco anos, e multa.

Curandeirismo

Art. 284. Exercer o curandeirismo:

I – prescrevendo, ministrando ou aplicando, habitualmente, qualquer substância;

II – usando gestos, palavras ou qualquer outro meio;

III – fazendo diagnósticos.

Pena – detenção, de seis meses a dois anos.
(BRASIL, 1940, grifo do original)

c) Crimes de atentado ou de empreendimento

Os crimes de atentado ou de empreendimento, conforme já apresentamos, são aqueles em que a pena do crime tentado ou consumado são punidos na mesma intensidade.

d) Crimes preterdolosos

Conforme desenvolveremos oportunamente, os crimes preterdolosos são aqueles em que há a incidência de crimes dolosos e culposos, ou seja, quando a conduta do agente é dolosa no antecedente e culposa no consequente.

Vimos que a tentativa é compatível apenas com a ideia de crime doloso. Considerando que o crime preterdoloso apresenta uma parte culposa, não há compatibilidade dele com a categoria da tentativa. É exemplo de crime preterdoloso a lesão corporal seguida de morte:

Lesão corporal

Art. 129. Ofender a integridade corporal ou a saúde de outrem.

Pena – detenção, de três meses a um ano.

[...]

Lesão corporal seguida de morte

§ 3º Se resulta morte e as circunstâncias evidenciam que o agente não quis o resultado, nem assumiu o risco de produzi-lo.

Pena – reclusão, de quatro a doze anos. (BRASIL, 1940, grifo do original)

e) Crimes culposos

Conforme já mencionamos, a tentativa somente se compatibiliza com a estrutura de crime doloso, o que exclui todos os crimes culposos. No crime culposo, não há uma vontade consciente voltada ao cometimento da infração penal ou a assunção do risco, não havendo de se falar em não consumação por fatores alheios à vontade do agente.

f) Crimes unisubsistentes

O crime unisubsistente é a infração penal constituída por um único ato, não admitindo o fracionamento da conduta. Como a conduta não é fracionada, a execução se confunde com a própria consumação. Não havendo a separação entre execução e consumação, há incompatibilidade lógica com a ideia de crime tentado.

O desacato realizado na forma verbal é exemplo de crime unisubsistente, ao proferir as palavras ofensivas, o agente simultaneamente consuma o ilícito penal, não havendo possibilidade lógica de não consumação por fatores alheios à vontade do agente.

Desacato

Art. 331. Desacatar funcionário público no exercício da função ou em razão dela.

Pena – detenção, de seis meses a dois anos, ou multa.
(BRASIL, 1940, grifo do original)

g) Crimes omissivos próprios

Os crimes omissivos próprios, como vimos, independem do resultado para as consequências penais, portanto, não há compatibilidade lógico jurídica entre o crime omissivo próprio e a modalidade de crime tentado, como ocorre no caso da omissão de socorro:

Omissão de socorro

Art. 135. Deixar de prestar assistência, quando possível fazê-lo sem risco pessoal, à criança abandonada ou extraviada, ou à pessoa inválida ou ferida, ao desamparo ou em grave e iminente perigo; ou não pedir, nesses casos, o socorro da autoridade pública.

Pena – detenção, de um a seis meses e multa.

Parágrafo único. A pena é aumentada de metade, se da omissão resulta lesão corporal de natureza grave, e triplicada, se resulta a morte. (BRASIL, 1940, grifo do original)

Desistência voluntária, arrependimento eficaz e arrependimento posterior

Até este momento, estudamos a hipótese da tentativa quando a consumação da infração penal não ocorre por fatores alheios à vontade do agente. Pode ocorrer, contudo, que a consumação não se dê, ou o curso normal dos eventos seja alterado, em decorrência de atitudes adotadas pelo próprio agente. É o que ocorre nas hipóteses que passaremos a estudar.

A desistência voluntária e o arrependimento eficaz têm base legal no art. 15 do Código Penal, assim redigido:

Desistência voluntária e arrependimento eficaz

Art. 15. O agente que, voluntariamente, desiste de prosseguir na execução ou impede que o resultado se produza, só responde pelos atos já praticados. (BRASIL, 1940, grifo do original)

Trata-se, portanto, de resultados alterados voluntariamente pelo agente. Estão calcados em questões de política criminal, o que alguns doutrinadores chamam de "ponte de ouro", como uma última chance de o agente deixar de responder criminalmente pela conduta ou ter a resposta reduzida.

Na *desistência voluntária*, o agente desiste de prosseguir na execução do crime, isto é, iniciada a fase de execução, ela não tem seguimento por decisão do agente que interrompe seus atos.

Basta que essa atitude seja voluntária, não necessita ser espontânea. Em outras palavras, independentemente se a ideia partiu do próprio agente ou sofreu a influência de outrem, basta que tenha sido tomada sem qualquer tipo de pressão física ou psicológica.

Às vezes, nem sempre será simples diferenciar a desistência voluntária da tentativa, considerando que, em ambas, há o início da execução e a ausência de consumação, embora, na primeira, a consumação não ocorra por ato voluntário do agente, e, na segunda, por fatores alheios à sua vontade.

Nada obstante, a doutrina costuma apresentar como solução para eventuais problemas práticos a chamada *fórmula de Frank*. Na tentativa, o sujeito quer prosseguir, mas não pode; na desistência voluntária, o sujeito pode prosseguir, mas não quer.

Conforme vimos do dispositivo legal, no caso de desistência voluntária, o agente responde apenas pelos atos já praticados. Significa dizer que a tentativa é afastada.

Se o agente, por exemplo, inicia um crime de homicídio, mas desiste voluntariamente de prosseguir seu intento, não responderá por tentativa de homicídio, mas por eventuais lesões corporais praticadas.

O **arrependimento eficaz**, por sua vez, é uma categoria semelhante, tanto que disciplinada no mesmo dispositivo penal, como vimos.

Também se fundamenta em questões de política criminal, uma ponte de ouro oferecida pelo Direito Penal a fim de incentivar o arrependimento da conduta e a interrupção da lesão ao bem jurídico penalmente protegido.

Contudo, diversamente do que ocorre na desistência voluntária, no arrependimento eficaz, o agente esgota todos os meios de execução do crime e, depois de encerrar a execução, adota uma postura proativa, tomando providências a fim de evitar a produção do resultado inicialmente pretendido. Mas não basta a adoção das medidas para evitar o resultado, como o nome do instituto indica, é necessário que essa postura seja eficaz, isto é, que efetivamente impeça o resultado.

A consequência jurídica será a mesma, ou seja, o afastamento da punição na forma tentada.

Recorrendo ao mesmo exemplo que utilizamos, se o agente executa um crime de homicídio e, após ferir a vítima aplica-lhe técnicas de primeiros socorros ou aciona equipe de socorro e consegue evitar a morte com tal atitude, não responderá por tentativa de homicídio, mas tão somente por lesões corporais.

Para diferenciar o arrependimento eficaz da desistência voluntária, podemos apresentar a seguinte representação:

Figura 4.24 – Desistência voluntária versus arrependimento eficaz

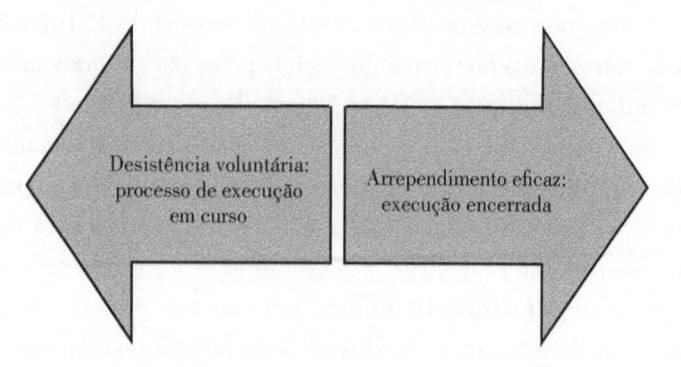

Desistência voluntária: processo de execução em curso

Arrependimento eficaz: execução encerrada

Já o **arrependimento posterior** é uma hipótese um pouco diversa, prevista no art. 16 do Código Penal:

Arrependimento posterior

Art. 16. Nos crimes cometidos sem violência ou grave ameaça à pessoa, reparado o dano ou restituída a coisa, até o recebimento da denúncia ou da queixa, por ato voluntário do agente, a pena será reduzida de um a dois terços. (BRASIL, 1940, grifo do original)

No arrependimento posterior, portanto, o crime já foi executado e consumado, porém, posteriormente, o agente minora suas consequências, reparando o dano ou restituindo a *res*.

A condição para o arrependimento posterior, pela dicção do dispositivo, é que o crime não tenha sido cometido mediante violência ou grave ameaça à pessoa. Necessário, ainda, que a reparação ou a restituição tenha sido total e realizada antes do recebimento da denúncia ou da queixa (momento processual). Mais uma vez, o ato deve ser voluntário, mas não necessariamente espontâneo.

A natureza jurídica do arrependimento posterior é uma causa geral de diminuição de pena, uma minorante, e também se fundamenta em questões de política criminal, uma oportunidade oferecida pelo sistema penal para o agente que já cometeu a infração penal, mas que, atendidos os demais requisitos, procura diminuir os efeitos deletérios da própria conduta.

Crime impossível

O crime impossível também é chamado de *tentativa inidônea*, *tentativa inadequada* ou, ainda, *quase tentativa*, e apresenta base legal no art. 17 do Código Penal:

Crime impossível

Art. 17. Não se pune a tentativa quando, por ineficácia absoluta do meio ou por absoluta impropriedade do objeto, é impossível consumar-se o crime. (BRASIL, 1940, grifo do original)

Assim, se o objeto do crime é absolutamente impróprio ou o meio utilizado é absolutamente ineficaz, a conduta não sofrerá resposta penal, pois a tentativa, nesses casos, é impunível.

Exemplo clássico da primeira hipótese seria a "tentativa" de homicídio contra alguém que já se encontrava em óbito.

Como meio absolutamente ineficaz, podemos citar o exemplo da "tentativa" de apresentar a policiais rodoviários carteira nacional de habilitação grosseiramente falsificada. Ora, pretender apresentar um documento da habilitação, para policiais rodoviários, grosseiramente falsificado, é meio absolutamente ineficaz para os fins pretendidos.

Contudo, é preciso enfatizar que o meio deve ser absolutamente ineficaz ou o objeto deve ser absolutamente impróprio para que haja a incidência do instituto do crime impossível, ou tentativa inidônea. Se o meio for relativamente ineficaz ou o objeto relativamente impróprio, não se aplica a ideia de crime impossível.

Nos exemplos dados, se a pessoa está prestes a entrar em óbito por um ferimento anterior, ou se a falsificação do documento não é grosseira, haverá sim a ocorrência da infração penal. Isso porque o sistema penal brasileiro adotou a chamada *teoria objetiva temperada* para a punição do crime impossível, também chamada de *teoria moderada* ou *matizada*, que pune a tentativa em casos de meios ou objetos relativamente incapazes.

Ao lado da teoria objetiva temperada, temos a teoria subjetiva e a teoria objetiva pura, as quais não foram adotadas pelo legislador brasileiro.

A teoria subjetiva leva em consideração apenas a vontade de agente para a caracterização da tentativa. Segundo essa teoria, a tentativa restará caracterizada independentemente do perigo objetivo a que o bem jurídico está sujeito, punindo o agente.

Na teoria objetiva pura, há o afastamento da tentativa em qualquer hipótese, tanto nos meios e no objeto absolutamente impróprios e ineficazes quanto relativamente impróprios ou ineficazes.

Sobre o tema, vale a transcrição da Súmula n. 145 do Supremo Tribunal Federal:

> *Súmula STF n. 145: Não há crime, quando a preparação do flagrante pela polícia torna impossível a sua consumação.* (BRASIL, 2009)

Já tivemos a oportunidade de abordar o chamado *flagrante preparado*. Nas hipóteses de flagrante preparado, quando o agente policial de alguma forma estimula a prática criminosa, a jurisprudência considera que não haverá crime pela via do crime impossível.

Vale lembrar que o flagrante esperado, quando não há esse estímulo à prática criminosa, mas a espera do momento adequado de ação, é atuação legal e legítima das forças policiais em caso de flagrante delito.

Por fim, cumpre diferenciar o crime impossível do crime putativo, categorias que se aproximam. Isso porque, no chamado *crime putativo*, o agente imagina que está praticando uma conduta criminosa, mas que não é típica, ao passo que, no crime impossível, o agente também imagina que está cometendo uma infração penal, mas não estará em razão da absoluta impropriedade do objeto ou da absoluta ineficácia do meio.

Esquematicamente, temos as seguintes hipóteses na temática do crime impossível, ou tentativa inidônea, tentativa inadequada ou, ainda, quase crime:

Figura 4.25 – Crime impossível

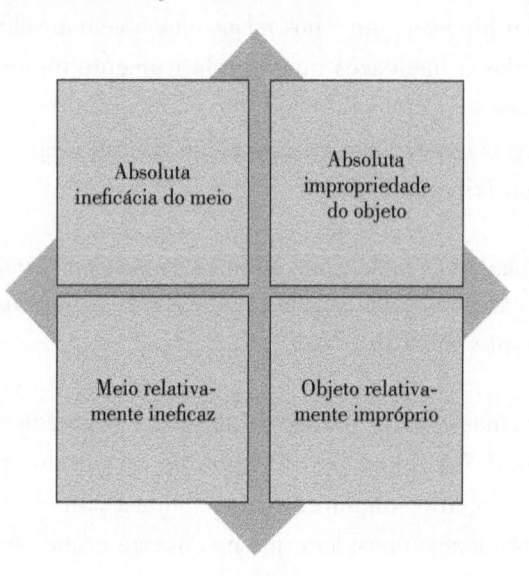

Absoluta ineficácia do meio	Absoluta impropriedade do objeto
Meio relativamente ineficaz	Objeto relativamente impróprio

4.2.4 Nexo de causalidade

Conforme ressaltamos ao apresentar a visão panorâmica do conceito analítico do crime, boa parte dos crimes previstos na legislação brasileira, os chamados *crimes materiais*, apresenta algum resultado. Para que esse resultado seja atribuível ao agente, é necessário que haja um elo entre a conduta praticada e o resultado, elo que é estabelecido mediante o nexo de causalidade.

Analisar o nexo de causalidade entre a conduta e o resultado, bem como analisar superveniência causal (no tema das chamadas *concausas*), é o objeto de estudo do presente tópico.

■ Teorias sobre o nexo de causalidade.

A causalidade ou relação de causalidade é, portanto, o elo entre a conduta praticada pelo agente criminoso e o resultado provocado. Na feliz e clássica expressão de Heleno Fragoso, "causa é todo antecedente que não pode ser suprimido, *in mente*, sem afetar o resultado".

Portanto, todo o antecedente que, em juízo hipotético, for suprimido e interfira na ocorrência ou na não ocorrência da infração penal é considerado causa por estabelecer essa relação entre ambos.

Aplica-se, insistimos, aos delitos de resultados, até por uma questão lógico jurídica, e tem base jurídica no *caput* art. 13 do Código Penal:

> **Relação de causalidade**
>
> Art. 13. *O resultado, de que depende a existência do crime, somente é imputável a quem lhe deu causa. Considera-se causa a ação ou omissão sem o qual o resultado não teria ocorrido.* (BRASIL, 1940, grifo do original)

A redação do dispositivo deixa claro o que desenvolvemos, definindo causa, ou seja, estabelecendo o nexo de causalidade para toda a ação ou omissão sem o qual o resultado não teria ocorrido. É dizer, suprimindo hipoteticamente a ação ou omissão considerada, se o resultado não ocorrer, é porque é causa desse evento.

Contudo, duas informações pontuais são necessárias.

Priumus, mister lembrar que a omissão, fisicamente, não causa o evento, apenas poderia tê-lo evitado, conforme desenvolvemos ao tratar especificamente a omissão. Na omissão, a causalidade é normativa, e não física.

Secundus, como bem aponta a doutrina, a relação de causalidade não se estabelece a partir da ocorrência ou não ocorrência do ilícito, mas a partir de alterações significativas no fluxo normal dos acontecimentos.

O exemplo clássico para essa hipótese é o agente que encontra seu desafeto prestes a cair em uma ribanceira e não só não o socorre como pisa em sua mão, acelerando o evento queda, que seria certo. Em outras palavras, a pisada do agente não foi definitiva para a ocorrência do óbito, que, mais cedo ou mais tarde ocorreria, mas alterou significativamente o fluxo normal dos acontecimentos.

É por isso que boa parte da doutrina entende que o disposto inquinado deve ser interpretado a partir da inserção dessa observação, no sentido que "considera-se causa a ação ou omissão sem o qual o resultado não teria ocorrido", como ocorreu.

Diversas teorias jurídicas procuraram apresentar critérios para o entendimento ou a definição do que seja *causa* para fins penais. Três teorias se destacaram nas ciências criminais: a teoria da causalidade adequada, a teoria da relevância jurídica e a teoria da equivalência dos antecedentes causais, também chamada de *conditio sine qua non*.

A **teoria da causalidade adequada** parte da ideia de uma previsibilidade objetiva. Assim, *causa* seria todo o evento que objetivamente pode-se imaginar como causa de determinado evento.

Pela **teoria da relevância jurídica**, ou da causa juridicamente relevante, como o próprio nome indica, *causa* seria todo o evento que o Direito considera causa ligada ao resultado.

Por fim, temos a **teoria da equivalência dos antecedentes causais**, também chamada de *conditio sine qua non*, que é a teoria adotada pelo sistema penal brasileiro. O Direito Penal brasileiro adotou a teoria da equivalência no art. 13 do Código Penal. Vale a pena transcrever novamente o dispositivo:

> ***Relação de causalidade***
>
> Art. 13. *O resultado, de que depende a existência do crime, somente é imputável a quem lhe deu causa. Considera-se causa a ação ou omissão sem o qual o resultado não teria ocorrido.* (BRASIL, 1940, grifo do original)

Essa teoria não distingue causa ou condição, mas parte da ideia de um juízo hipotético de eliminação, isto é, se retirarmos, hipoteticamente, o evento e o resultado deixar de ocorrer, é porque é causa desse resultado (sem o qual o resultado não teria ocorrido).

Tal teoria é criticada por parte da doutrina, pois pode levar *ad infinintum* à pesquisa da causa, considerando causa de dado crime eventos absolutamente dissociados da conduta criminosa.

Aplicada em todos os seus termos, seria causa de um homicídio, por exemplo, o disparo de arma de fogo, a tocaia, a emboscada, a fabricação da arma de fogo e a fabricação da munição, os pais do homicida, etc. Todos eventos sem o qual o resultado não teria ocorrido.

Na verdade, a crítica não procede, embora todos esses eventos possam ser considerados causa do crime (elo objetivo), não haverá nexo subjetivo na conduta que não esteja ligado ao evento criminoso mediante dolo ou culpa, afinal, como vimos, o sistema penal repele a responsabilidade objetiva.

O processo causal não é ilimitado, portanto, estará sempre limitado ao elemento subjetivo do tipo, dolo ou culpa.

Esquematicamente, assim podemos apresentar as teorias sobre a causalidade penal:

Figura 4.26 – Teorias relativas ao nexo de causalidade

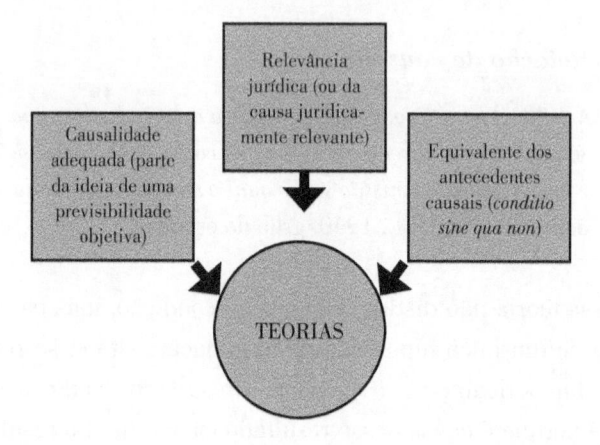

- Causalidade adequada (parte da ideia de uma previsibilidade objetiva)
- Relevância jurídica (ou da causa juridicamente relevante)
- Equivalente dos antecedentes causais (*conditio sine qua non*)

→ TEORIAS

Concausas

A questão da causalidade é mais complexa do que parece. Algumas situações particulares poderão gerar hipóteses de maior complexidade. Isso porque todo evento, especialmente um evento criminoso, é sempre fruto da interação de inúmeros fatores, alguns penalmente relevantes, outros não, nem sempre sendo simples distingui-los.

É nesse contexto que se insere a ideia de concausa, ou seja, o conjunto de eventos que influenciam na ocorrência ou não ocorrência de uma infração penal, com especial destaque para as causas supervenientes, como veremos em seguida. Nesse sentido, a doutrina costuma classificar as concausas em absolutamente independentes e relativamente independentes.

As **concausas absolutamente independentes** são aquelas que por si sós seriam capazes de provocar o resultado, de proporcionar o resultado criminoso.

As **concausas relativamente independentes**, por sua vez, seriam aquelas que não teriam essa mesma capacidade de, isoladamente, provocar o evento, mas influenciaram relevantemente para a produção desse resultado.

A partir do evento tomado como referência, as concausas, tanto as absolutamente independentes quanto as relativamente independentes, podem ser preexistentes, concomitantes ou supervenientes. As preexistentes são as que antecedem o evento tomado por referência. As concomitantes ocorrem no mesmo momento. As supervenientes ocorrem após. Assim decorre da literalidade de cada nomenclatura.

Nesse sentido, combinando as duas mediações, poderemos ter seis possibilidades como tratamentos jurídicos próprios.

As concausas absolutamente independentes, sejam as preexistentes, as concomitantes ou as supervenientes, não são imputáveis ao agente, pois cada qual dos agentes provocadores do evento respondem pelo seu ato, de acordo com o respectivo dolo.

Em um exemplo singelo, se duas pessoas, cada uma sem saber da outra, efetua disparos contra a vítima, e os dois atingem mortalmente a vítima, cada uma das causas seria capaz de provocar o resultado e cada um responderá pelo respectivo ato.

Por outro lado, se a concausa é relativamente independente, cada um responderá de acordo com seu respectivo dolo, ou seja, ambos os provocadores do resultado responderão pelo evento criminoso.

O problema reside na concausa relativamente independente superveniente, para a qual o Direito Penal apresenta disciplina própria. A questão está regulada no art. 13º, § 1º, do Código Penal, assim redigido:

Art. 13. [...]

Superveniência de causa independente

§ 1º A superveniência de causa relativamente independente exclui a imputação quando, por si só, produziu o resultado; os fatos anteriores, entretanto, imputam-se a quem os praticou. (BRASIL, 1940, grifo do original)

A redação do dispositivo não foi a mais feliz. De fato, mas como dissemos, o tema é mais complexo do que parece.

Para tentar solucionar o problema da superveniência causal, utilizemos uma singela ocorrência policial e seus reflexos penais. Imaginemos que, em caso de tentativa de homicídio, a vítima é socorrida e, no caminho para o hospital, o veículo sofre um sinistro de trânsito e a vítima vem a falecer pela conjugação dos ferimentos de arma de fogo e em decorrência do acidente de trânsito. Ou, imaginemos que a mesma vítima venha a falecer em decorrência de algum equívoco médico durante a cirurgia de emergência.

A questão que surge é se o evento *morte* seria ou não imputável àquele que efetuou os disparos de arma de fogo, uma vez que concorreram para o resultado morte, concausas supervenientes, relativamente independentes.

A resposta para a primeira situação é negativa e, para a segunda, positiva. Isso porque tudo vai depender se o evento superveniente faz parte do "fluxo natural" dos fatos ou não. Não faz parte do fluxo normal ou da razoável consequência do evento (disparo de arma de fogo) o acidente automobilístico. Nessa hipótese, o evento *morte* não é atribuível ao autor dos disparos, que deverá responder por tentativa de homicídio. Diversa é a segunda situação. A operação cirúrgica faz parte do fluxo normal dos acontecimentos, razoavelmente ligada ao evento originário, razão pela qual o resultado morte deve ser atribuído ao autor dos disparos de arma de fogo, que responderá por homicídio consumado.

É claro que se trata de um conceito vago, que somente a riqueza do caso concreto poderá fornecer os elementos necessários e suficientes para a solução jurídica. Em suma, como regra geral, as concausas absolutamente independentes excluem a relação causal, e as relativamente independentes não.

A exceção fica por conta da previsão do art. 13, § 1º, do Código Penal, concausa superveniente relativamente independente quando o evento, entre a ideia de desdobramento, fluxo natural, normal dos fatos, por si só provocou o resultado.

Esquematicamente, temos:

Figura 4.27 – Concausas

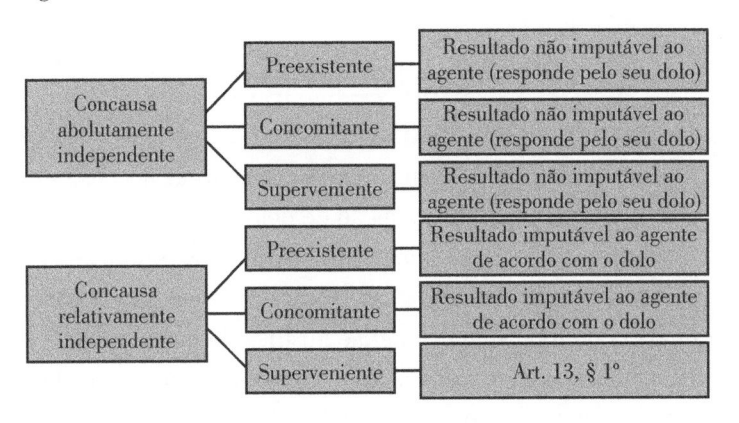

Concausa	Tipo	Resultado
Concausa absolutamente independente	Preexistente	Resultado não imputável ao agente (responde pelo seu dolo)
	Concomitante	Resultado não imputável ao agente (responde pelo seu dolo)
	Superveniente	Resultado não imputável ao agente (responde pelo seu dolo)
Concausa relativamente independente	Preexistente	Resultado imputável ao agente de acordo com o dolo
	Concomitante	Resultado imputável ao agente de acordo com o dolo
	Superveniente	Art. 13, § 1º

4.2.5 Crimes dolosos

Já analisamos o chamado *tipo objetivo*, isto é, os elementos objetivos do tipo penal que, até pouco tempo, segundo a doutrina então predominante, era suficiente para o entendimento do tipo penal. A partir deste momento, considerando a predominância da teoria finalista da ação, passaremos a analisar os aspectos subjetivos da conduta, já a partir da tipicidade, inaugurando aquilo que a doutrina chama de *tipicidade* ou *tipo subjetivo*.

Esquematicamente, temos:

Figura 4.28 – Tipo objetivo versus tipo subjetivo

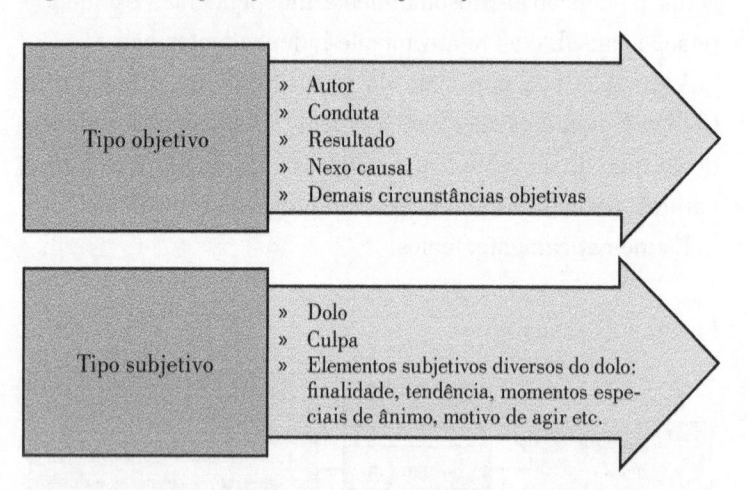

Tipo objetivo	» Autor » Conduta » Resultado » Nexo causal » Demais circunstâncias objetivas
Tipo subjetivo	» Dolo » Culpa » Elementos subjetivos diversos do dolo: finalidade, tendência, momentos especiais de ânimo, motivo de agir etc.

Nessa esteira, inicialmente, apresentaremos as noções introdutórias e uma possível definição de dolo.

Seguiremos com os elementos constitutivos do dolo, especialmente a partir da configuração da tipicidade com a predominância do finalismo na análise jurídica da conduta.

Ato contínuo, abordaremos as principais teorias que tentam explicar a natureza jurídica do dolo. Então, examinaremos o tema dogmático das espécies de dolo, seguindo uma possível classificação da conduta a partir do elemento doloso.

Descortinada a questão do dolo como elemento subjetivo da conduta, ao lado da culpa em sentido estrito, trataremos dos elementos subjetivos diversos do dolo, que, por vezes, são exigidos em tipos penais específicos, tais como finalidade, tendência, elementos especiais de ânimo, especiais motivos de agir etc.

Por fim, tentaremos esclarecer uma confusão relativamente comum entre os operadores do Direito: a distinção entre os dolos geral e genérico, ao lado do dolo específico. Solução que somente é possível a partir do entendimento das teorias causal e final da ação e das respectivas predominâncias temporais nas ciências jurídicas.

É o que passaremos a desenvolver doravante.

Noção e conceito

Como mencionamos ao analisar o conteúdo da conduta, a partir do predomínio do finalismo da ação, no início do século passado, a conduta criminal passou a não ser mais encarada apenas no plano objetivo, mas também com base em um conteúdo subjetivo, em uma ação com certa finalidade.

A ação final diferenciaria a conduta humana do mero comportamento animal, defendem os finalistas.

Até então predominava a noção causal da conduta, composta apenas por elementos objetivos. Pela teoria causal da ação, todos os elementos subjetivos da conduta seriam analisados na culpabilidade, ou seja, seriam questão de culpabilidade, e não de tipicidade.

Nos tempos hodiernos, como vimos, prevalece a concepção finalista da ação, especialmente no sistema penal brasileiro, conforme podemos concluir a partir de uma análise global do Código Penal.

A tipicidade, a partir da perspectiva finalista, portanto, é uma tipicidade objetiva e subjetiva. O elemento subjetivo geral dos crimes é o dolo. É dizer, diversamente do que ocorre na incriminação da conduta culposa, conforme veremos, a definição dolosa da conduta não necessita estar expressa no tipo penal. Sempre que houver a simples definição da conduta é porque a conduta incriminada será a conduta dolosa.

Enfim, repetindo, o dolo é o elemento subjetivo geral dos crimes.

A base legal do crime doloso está insculpida no art. 18 do Código Penal, assim redigido:

Art. 18. Diz-se o crime:

Crime doloso

I – doloso, quando o agente quis o resultado ou assumiu o risco de produzi-lo.

[...]

Parágrafo único. Salvo os casos expressos em lei, ninguém pode ser punido por fato previsto como crime, senão quando o pratica dolosamente. (BRASIL, 1940, grifo do original)

Por vezes escutamos, especialmente nos meios jornalísticos, a expressão "crime doloso" relacionada à vontade de cometer o delito, como: "Ele foi preso por homicídio doloso, isto é, aquele com a intenção de matar!".

Na verdade, não é bem assim. A vontade está intimamente ligada ao dolo, mas não se confunde necessariamente com ele.

Existem hipóteses, algumas delas que veremos em breve, em que haverá a caracterização de crime doloso independentemente de vontade diversa do agente.

Dolo pode ser definido como a consciência e a vontade da realização da conduta prevista em um tipo penal. É constituído, portanto, por esses dois elementos: vontade e consciência, mas de acordo com o tipo penal em análise, isto é, vontade e consciência dirigidas à prática da conduta tipificada como crime.

Definido o dolo, podemos analisar seus elementos.

Elementos do crime doloso

O dolo é constituído por dois elementos principais: um intelectual, **cognitivo** (conhecimento ou consciência do fato constitutivo da ação típica) e um **volitivo** (vontade de realizá-lo ou anuência com sua realização).

Nem sempre foi assim. No início da construção teórica do dolo, além desses dois elementos, normalmente era associado um terceiro elemento subjetivo, vale dizer, a consciência da ilicitude.

Essa é a estrutura da teoria causal da ação, na qual a tipicidade é objetiva, e os elementos subjetivos são questões relacionadas à culpabilidade. Pela estrutura da teoria causal da ação, a culpabilidade tem três elementos subjetivos: o intelectual, o volitivo e a consciência da ilicitude.

Com o predomínio da teoria final da ação, a perspectiva subjetiva da conduta se alterou. A tipicidade objetiva passou a conviver com a tipicidade subjetiva, com isso, os elementos intelectual e volitivo foram deslocados da culpabilidade para a tipicidade (subjetiva). Na culpabilidade, permaneceu a consciência da ilicitude, mas não necessariamente uma consciência real, e sim uma consciência potencial.

Conforme veremos oportunamente, para a caracterização da culpabilidade, não é mais necessária uma consciência real da ilicitude, apenas uma mera consciência potencial dessa ilicitude.

Em suma, na estrutura finalista da ação, o dolo é constituído somente por dois elementos: um intelectual ou cognitivo e um volitivo; a consciência da ilicitude é questão de culpabilidade, na forma potencial, e não real (potencial consciência da ilicitude).

O elemento intelectual ou cognitivo corresponde ao conhecimento ou à consciência do fato constitutivo da ação típica, e o elemento volitivo corresponde à vontade realizá-lo ou à anuência em sua realização, de acordo com o dolo direto ou eventual, respectivamente, conforme veremos em breve.

Visualmente, temos:

Figura 4.29 – Elementos do crime doloso

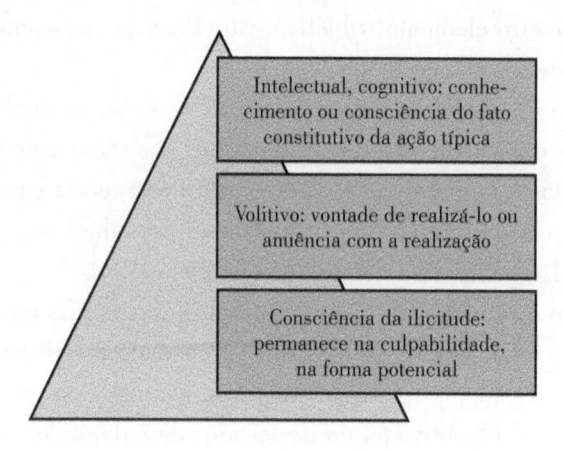

- Intelectual, cognitivo: conhecimento ou consciência do fato constitutivo da ação típica
- Volitivo: vontade de realizá-lo ou anuência com a realização
- Consciência da ilicitude: permanece na culpabilidade, na forma potencial

Teorias sobre o dolo

Existem diversas teorias que tentam explicar a natureza jurídica do dolo. Mais do que questão meramente dogmática, a opção por uma ou outra teoria tem importância prática relevante para a definição e a caracterização da conduta como dolosa ou culposa, com consequências diversas de acordo com uma ou outra. Isso porque, via de regra, as consequências penais pela conduta dolosa são mais gravosas do que a conduta culposa. Além disso, conforme veremos, para a punição por culpa, é necessária a expressa previsão no tipo penal para a punição a título de culpa.

Quatro são as teorias principais que tentam explicar a natureza jurídica do dolo, a teoria da vontade, a teoria do assentimento (ou do consentimento ou da assunção), a teoria da representação e a teoria da probabilidade.

Visualmente, temos:

Figura 4.30 – Teorias relativas ao dolo

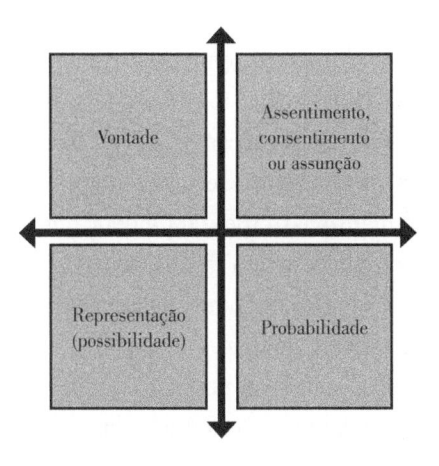

Pela **teoria da vontade**, o dolo corresponderia à vontade de cometer a infração penal. Por essa teoria, e somente por ela, alguns meios jornalísticos estariam corretos ao relacionar o dolo somente à vontade de cometer a conduta. Assim, levando em consideração a teoria da vontade, *dolo* seria a vontade livre e consciente de praticar os elementos descritos na norma penal incriminadora, ou seja, vontade livre e consciente de praticar o fato típico.

Já pela **teoria do assentimento**, é desnecessária a vontade dirigida ao cometimento da infração penal, à prática dos elementos do tipo, bastando que o agente, ao prever a possível ou provável ocorrência do resultado proporcionado pela conduta, assentisse, consentisse ou assumisse o risco pelo seu próprio comportamento. Em outras palavras, independentemente da vontade do sujeito, para a caracterização da conduta dolosa, bastaria assentir com os resultados possíveis da conduta praticada.

As teorias da representação e da probabilidade partem de uma perspectiva diversa, qual seja, da ideia da previsibilidade dos resultados advindos da conduta.

Pela **teoria da representação**, para a caracterização do dolo, bastaria a possibilidade da ocorrência do resultado, a viabilidade de previsão do resultado como possível consequência do ato.

A **teoria da probabilidade** exige uma previsão mais consistente, não a mera possibilidade de ocorrência do resultado, mas a probabilidade concreta de sua ocorrência.

Essas são, em rápidas palavras, as teorias que tentam explicar a natureza jurídica do dolo.

Pela leitura do dispositivo, podemos concluir que o sistema jurídico brasileiro optou por um misto das duas primeiras teorias: a teoria da vontade, no que tange ao dolo direto, e a teoria do assentimento, no que tange ao dolo eventual. Vale novamente transcrever o dispositivo:

Art. 18. Diz-se o crime:

Crime doloso

I – doloso, quando o agente quis o resultado ou assumiu o risco de produzi-lo. (BRASIL, 1940, grifo do original)

Quanto ao dolo direto, este faz parte das espécies de dolo, tema que passaremos a desenvolver em seguida.

■ Espécies de dolo
Existem diversas formas de classificação do dolo. Vejamos a classificação que é mais aceita na doutrina.

Assim, o dolo pode ser direto ou indireto. O **dolo direto ou imediato** é aquele em que há certa convergência entre o desejo do agente, sua vontade, e o resultado pretendido. O dolo direto ou imediato subdivide-se em dolo direto de primeiro grau ou de segundo grau.

Em primeiro grau quando há perfeita convergência entre os fins almejados e os meios escolhidos. É a hipótese em que se pode falar, como comumente se fala, em dolo ser o crime com vontade de cometer o crime.

Já no dolo direto de segundo grau, também chamado de *consequências necessárias*, não há necessariamente a convergência entre os fins almejados e os meios escolhidos, mas as consequências do delito são consequências naturais do meio escolhido para a prática da conduta.

Como exemplo podemos citar o atentado a avião de transporte comercial com a finalidade de matar apenas um de seus passageiros. A intenção do agente até pode ser apenas matar seu desafeto que estava no avião, mas, naturalmente, provocará a morte de todos que estejam ocupando aquele meio de transporte. São os efeitos colaterais necessário da conduta a partir do meio eleito para a obtenção do resultado almejado.

Por outro lado, verifica-se **dolo indireto** quando não há convergência entre vontade e plena consciência, entre cognição e desejo.

O dolo indireto pode ser alternativo quando não há uma definição na vontade do agente, que pretende ofender dois ou mais bens jurídicos, ou duas ou mais pessoas.

Quando o agente não tem definido muito bem o objeto pretendido, diz-se *dolo indireto alternativo objetivo*, por exemplo, quando o agente pretende agredir intensamente a vítima, não tendo bem definido em sua psique se pretende ferir ou matar, indistintamente.

No chamado *dolo indireto alternativo subjetivo*, o agente não tem bem definido quem é seu alvo. É o que ocorre, por exemplo, na rixa de bar ou na briga entre torcidas rivais de futebol, em que, na confusão generalizada, os agentes não têm bem definido quem são os alvos de suas agressões.

Além do dolo alternativo, no dolo indireto temos, ainda, o dolo eventual, em que não há uma intenção voltada para a prática da conduta e produção do resultado, mas uma aceitação, uma anuência, um consentimento com o resultado, considerando, entre outros fatores, a alta probabilidade de sua ocorrência.

Como exemplo de dolo eventual podemos citar a "roleta russa", em que o agente, por alegada brincadeira, carrega um revólver com apenas um cartucho, movimentando aleatoriamente o tambor, de forma que alta será a probabilidade (normalmente, um sexto de chance) de cada disparo provocar a morte de seu oponente. O agente que puxa o gatilho pode até não ter a vontade de matar seu oponente, o que caracterizaria o dolo direto, mas aceita o provável resultado como possível, sendo-lhe indiferente provocar ou não o resultado.

Podemos apresentar a seguinte representação da classificação do dolo:

Figura 4.31 – Classificação do dolo

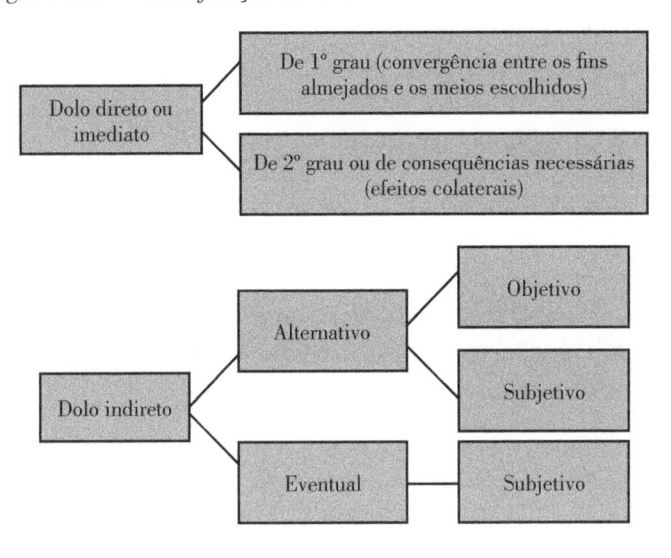

```
Dolo direto ou imediato
    ├── De 1º grau (convergência entre os fins almejados e os meios escolhidos)
    └── De 2º grau ou de consequências necessárias (efeitos colaterais)

Dolo indireto
    ├── Alternativo
    │       ├── Objetivo
    │       └── Subjetivo
    └── Eventual ── Subjetivo
```

Elementos subjetivos diversos do dolo

Como já mencionamos, o Direito Penal não convive com a responsabilidade objetiva, havendo necessidade de que a conduta seja dolosa ou culposa para que possa dar ensejo à responsabilidade penal. É a ideia, *rectius*, do princípio da culpabilidade em uma de suas principais acepções (vide capítulo sobre os princípios de Direito Penal).

Contudo, para além da forma geral do dolo, ou de culpa (que será objeto de análise oportunamente), alguns tipos penais exigem, para sua configuração, elementos subjetivos diversos do dolo. Em outras palavras, além do dolo, que é exigido para a completa tipicidade de determinada conduta, alguns tipos penais exigem algum outro atributo psicológico.

Muitos poderiam ser os exemplos citados, porém, tratando-se de uma obra dogmática, apresentaremos algumas dessas possibilidades.

Alguns tipos penais exigem uma finalidade ou intenção adicional do agente. É o que ocorre, por exemplo, no crime de falsidade ideológica:

> **Falsidade ideológica**
>
> Art. 299. *Omitir, em documento público ou particular, declaração que dele devia constar, ou nele inserir ou fazer inserir declaração falsa ou diversa da que devia ser escrita,* **com o fim de prejudicar direito, criar obrigação ou alterar a verdade sobre fato juridicamente relevante.**
>
> *Pena – reclusão, de um a cinco anos, e multa, se o documento é público, e reclusão de um a três anos, se o documento é particular.* (BRASIL, 1940, grifos do original e nosso)

E há tipos penais que exigem, ainda, momentos especiais de ânimo, tais como elementos psicológicos traduzidos em expressões como: *sem escrúpulo, sem consideração, satisfazer instinto sexual, tendência*. Podemos citar como exemplo a importunação sexual:

> **Importunação sexual**
>
> Art. 215 – A. *Praticar contra alguém e sem a sua anuência ato libidinoso* **com o objetivo de satisfazer a própria lascívia ou a de terceiro.**
>
> *Pena – reclusão, de 1 (um) a 5 (cinco) anos, se o ato não constitui crime mais grave.* (BRASIL, 1940, grifos do original e nosso)

Não raro, ainda, para a caracterização da norma penal incriminadora, o tipo penal pode exigir algum especial motivo de agir, tal como motivo torpe, fútil, nobre, relevante valor social ou moral. Isso se verifica, por exemplo, nas qualificadoras e privilegiadoras do crime de homicídio, que já foi objeto de estudo.

Esquematicamente, temos:

Figura 4.32 – Elementos subjetivos diversos do dolo

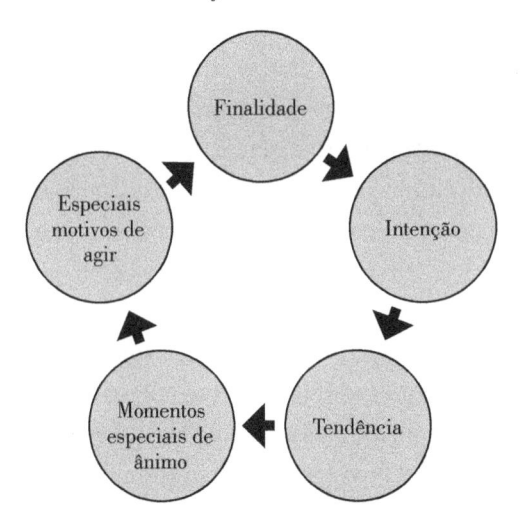

Dolo geral, dolo genérico e dolo específico

Para finalizar a análise dos crimes dolosos, cumpre apresentar uma distinção dogmática importante e que, por vezes, pode gerar algumas confusões: a distinção entre *dolo geral* e *dolo genérico*, termos que, apesar da proximidade silábica, refletem categorias penais muito diversas.

O **dolo genérico** equivale à finalidade enquanto elemento subjetivo diverso do dolo, conforme vimos. É que somente é possível se falar em *elemento subjetivo diverso do dolo* a partir do finalismo, da teoria final da ação.

Antes, com a premência da teoria causal da ação, todos os elementos subjetivos estavam concentrados na culpabilidade. Pela teoria causal, segundo a qual a tipicidade é composta apenas por elementos objetivos, o dolo estava incluído na culpabilidade e nela subdividia-se em dolo genérico, quando o tipo penal exige apenas o dolo, ou dolo específico, quando para a caracterização do crime exige-se uma finalidade.

Enfim, dolo genérico e dolo específico estão para a teoria clássica assim como o dolo e a finalidade (como elemento subjetivo diverso do dolo) estão para a teoria penal moderna.

O **dolo geral** é uma categoria apartada. Também chamado de *erro sucessivo*, o dolo geral ocorre quando o agente supõe que já alcançou seu objetivo, que já atingiu o resultado que pretendia e, a partir desse entendimento pratica outra conduta, esta sim a causa do resultado que inicialmente ele pretendia.

É o que ocorre, por exemplo, no caso de o agente acreditar ter matado a vítima, mas esta somente vem a morrer por afogamento quando o agente, supondo que a vítima estava morta, a joga em algum rio. Ele acredita ter matado a vítima, mas não havia matado, acredita estar livrando-se da materialidade ao se livrar do corpo, mas, na verdade, está matando a vítima.

Isso tem repercussões teóricas relevantes porque, levando-se em consideração apenas os aspectos técnicos do dolo, poder-se-ia defender que, na primeira ação, teria ocorrido homicídio tentado e, na segunda situação, erro do tipo.

Na verdade, pela teoria do dolo geral, que hoje prevalece em casos dessa espécie, o dolo é analisado no aspecto global da conduta, e o agente responde por homicídio consumado.

Figura 4.33 – Dolos específico, geral e genérico

(Dolo específico / Dolo geral / Dolo genérico)

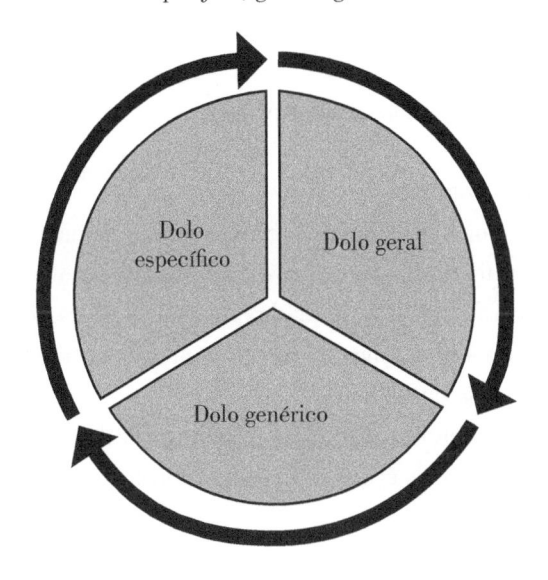

4.2.6 Crimes culposos

Após a apresentação dos crimes dolosos, como sequência dogmática lógica, cumpre apresentar a categoria dos crimes culposos. Inicialmente, trataremos das noções básicas do instituto, tentando conceituar essa importante categoria de crimes.

Em seguida, abordaremos os elementos do crime culposo, bem como as modalidades de culpa, vale dizer, imprudência, imperícia e negligência.

A partir da assimilação desses conceitos, teremos condições de desenvolver a ideia dos crimes preterdolosos, também chamados de *crimes preterintencionais*.

Ato contínuo, apresentaremos as espécies de culpa e, a partir de seu entendimento, evidenciaremos uma das questões mais tormentosas de Direito Penal, especialmente na convergência com a atividade policial cotidiana: a diferenciação entre dolo eventual e culpa consciente.

É o que passaremos a desenvolver.

Noção e conceito

Conforme temos insistido na presente obra, o Direito Penal não admite, ou tenta afastar sempre que possível, a chamada *responsabilidade objetiva*, de modo que somente haverá violação de uma norma penal incriminadora se houver a prática de uma conduta dolosa ou culposa.

No tópico anterior, tratamos da categoria dos crimes dolosos; ao lado dela, os crimes culposos, doravante objeto de nossa preocupação.

Em linhas gerais, *crime culposo* é aquele que envolve a inobservância de algum dever de cuidado, causadora de um resultado não desejado, mas objetivamente previsível. É a conduta mal dirigida, não diligente, descuidada.

O sujeito que age culposamente deixa de atender a um cuidado que lhe é exigível, provocando, mesmo contra a vontade, um resultado penalmente relevante, resultado que, segundo as regras ordinárias de experiência, seria um resultado previsível (mesmo que, individualmente, não tenha sido previsto pelo sujeito).

A base legal do crime culposo está insculpida no art. 18 o Código Penal, assim redigido:

> *Art. 18. Diz o crime:*
>
> **Crime doloso**
>
> *I – doloso, quando o agente quis o resultado ou assumiu o risco de produzi-lo;*

Crime culposo

II – culposo, quando o agente deu causa ao resultado por imprudência, negligência ou imperícia.

Parágrafo único. Salvo os casos expressos em lei, ninguém pode ser punido por fato previsto como crime, senão quando o pratica dolosamente. (BRASIL, 1940, grifos do original e nosso)

Diversamente do que ocorre no crime doloso, as condutas culposas somente serão puníveis se o tipo penal expressamente consignar a punição de forma culposa. Em outras palavras, as normas penais incriminadoras são dolosas, não necessitando de expressa menção nesse sentido. Os crimes culposos, por outro lado, para que possam estar caracterizados, necessitam de expressão previsão de punição por conduta culposa na norma penal incriminadora.

Quanto à nomenclatura, prevalece, na doutrina brasileira, o nome *crime culposo*, contudo, é comum encontrar referências na doutrina, especialmente na doutrina penal europeia, aos delitos de imprudência, por vezes, delitos de negligência ou, ainda, Direito Penal da negligência.

Por fim, ainda em sede de noções gerais dos crimes culposos, cumpre fazer rápidas observações sobre a compensação de culpas, pois, embora no campo extrapenal a compensação de culpas seja admita, no Direito Penal, isso não é possível, ou seja, se dois agentes agem, reciprocamente, com culpa, ambos poderão ser responsabilizados pelas condutas individuais.

Em um sinistro envolvendo veículos, por exemplo, em que ambos os motoristas tenham agido culposamente e tenham, na medida de suas respectivas culpabilidades, provocando o evento, no campo de reparação de danos, pode ocorrer a chamada *compensação de culpas*, e cada um pode arcar com seu próprio prejuízo. Contudo, no âmbito da responsabilidade penal, isso não será possível; se ambos incidirem em algum tipo penal culposo, ambos serão responsabilizados na medida de suas responsabilidades, isto é, independentemente da responsabilidade do outro.

■ Elementos do crime culposo

Podemos, agora, extrair os elementos do crime culposo, os quais são apresentados conforme segue:

Figura 4.34 – Elementos do crime culposo

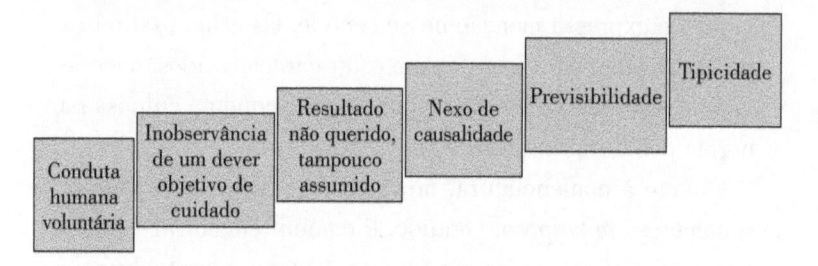

Conduta humana voluntária → Inobservância de um dever objetivo de cuidado → Resultado não querido, tampouco assumido → Nexo de causalidade → Previsibilidade → Tipicidade

O primeiro dos elementos é a **conduta humana voluntária**. Como dissemos nas noções gerais, o Direito Penal somente se ocupa das condutas humanas, *ubi societas ibi jus*. Além de humana, a conduta necessita ser voluntária.

Já tivemos a oportunidade de apresentar algumas circunstâncias que retiram a voluntariedade da conduta e, por isso, não têm significância para o Direito Penal, tal como ocorre na coação física irresistível, em estados anímicos de inconsciência ou no ato ou movimento reflexo. O crime culposo exige a voluntariedade da conduta.

O segundo elemento é a **inobservância de um dever objetivo de cuidado**. A culpa sempre envolve uma forma de falta de cuidado, a não observância de uma regra mínima para evitar um resultado lesivo a bem jurídico penalmente protegido. Para a caracterização da culpa, analisa-se a circunstância concreta a partir de uma razoável exigência, bem por isso, trata-se de dever objetivo de cuidado.

Em terceiro lugar, é necessária a ocorrência de um **resultado lesivo não querido**, tampouco assumido. A caracterização de um crime culposo exige a produção de algum resultado típico, lesivo a bem jurídico penalmente protegido. Esse resultado normalmente não é desejado pelo agente, se não caracterizaria dolo direto, tampouco o agente assume o risco de produzi-lo, o que caracterizaria o dolo eventual.

O quarto elemento é o **nexo de causalidade**, nos moldes que já analisamos ao tratar dos crimes culposos, ou seja, a conduta culposa, para a caracterização do crime culposo, necessita ser a causa do resultado tipificado – elemento essencial sem o qual o resultado não teria ocorrido ou não teria ocorrido como se deu.

O quinto elemento é a **previsibilidade**. Eventos imprevisíveis não podem ser imputados ao agente causador, pois se trata de mero acidente. A culpa exige que o evento proporcionado pela conduta seja minimamente previsível, por esse motivo exige-se maior cautela no agir.

Por fim, para a caracterização do crime culposo, é necessário que haja **tipicidade**, aliás, como para a caracterização dos crimes em geral em face do caro princípio da legalidade estrita. Somente são puníveis as condutas culposas que foram descritas como tal em normas penais incriminadoras específicas.

Modalidades de culpa

Como temos insistido, o crime culposo envolve sempre uma falta de cuidado. É por isso que a doutrina costuma elencar as modalidades de culpa ou as formas de falta de cuidado, de acordo com a própria previsão do Código Penal, em imprudência, negligência ou imperícia. Visualmente, temos:

Figura 4.35 – Modalidades de culpa

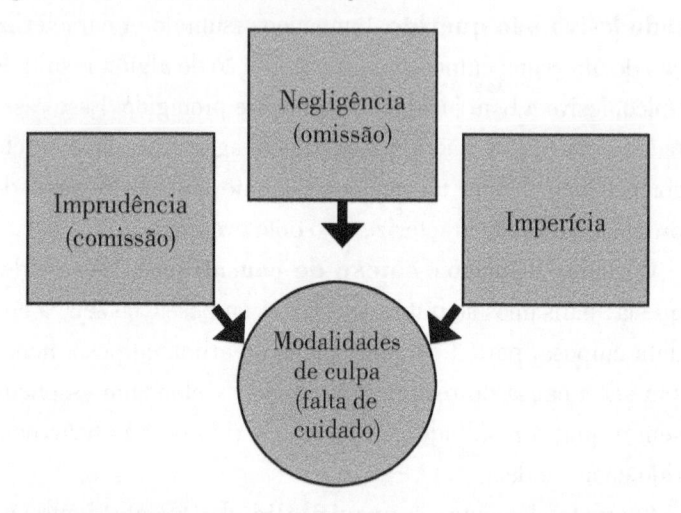

A **imprudência** está relacionada a um agir displicente, um agir açodado, bem por isso envolve uma ação, uma conduta positiva.

A **negligência**, por outro lado, envolve uma omissão, uma conduta negativa, omissiva. É a falta de observância de uma cautela, a omissão em algum dever de cuidado, o deixar de adotar alguma postura de segurança exigível para não produzir o resultado típico.

A **imperícia**, por sua vez, envolve a falta de cuidado em áreas que exigem conhecimento técnico científico em determinada área do saber. É a culpa dos *experts*.

Essas são as modalidades de culpa, ou falta de cuidado, defendidas por boa parte da doutrina e expressamente previstas no Código Penal. Porém, parcela da doutrina tem criticado essa classificação, na medida em que nem sempre é fácil distinguir, no caso concreto, a negligência da imperícia, ou, ainda, nebulosa é a fronteira entre o que seja ou não conhecimento técnico para a caracterização da imperícia.

Nas sociedades modernas, caracterizadas pela complexidade crescente das relações sociais, o agir imprudente, no mais das vezes, envolve um misto de imprudência, negligência e imperícia. Por isso, alguns países abandonaram a ideia tríplice e têm adotado terminologia única para a definição dos crimes culposos, ora como delitos de negligência, ora como delitos de imprudência, somente.

■ Crimes preterdolosos ou preterintencionais
Os crimes preterdolosos, também chamados de *preterintencionais* ou *crimes qualificados pelo resultado*, são crimes em que convergem dolo e culpa. Isso porque, no crime preterdoloso, a conduta do agente é guiada, inicialmente, pela intenção do agente, mas produz resultado diverso do pretendido, em razão de culpa, ou seja, a incidência de alguma postura imprudente, imperita ou negligente. O agente pratica um crime distinto daquele mentalmente projetado, provocando um resultado mais grave. Em termos simplórios, ocorre dolo no antecedente e culpa no consequente. O agente age dolosamente, mas produz resultado diverso por culpa.

Exemplo de crimes dessa natureza é a lesão corporal seguida de morte, quando o agente apresenta dolo de causar lesão corporal, mas acaba, por culpa, provocando a morte da vítima:

Lesão corporal

Art. 129. Ofender a integridade corporal ou a saúde de outrem.

Pena – detenção, de três meses a um ano.

[...]

Lesão corporal seguida de morte

§ 3º Se resulta morte e as circunstâncias evidenciam que o agente não quis o resultado, nem assumiu o risco de produzi-lo.

Pena – reclusão, de quatro a doze anos. (BRASIL, 1940, grifo do original)

Notemos que, no caso de lesão corporal seguida de morte, ocorre um clássico exemplo de crime preterdoloso, com dolo na lesão corporal antecedente e culpa na morte produzida por imprudência, imperícia ou negligência.

O próprio dispositivo ressalva que, para ocorrer a lesão corporal seguida de morte, ou seja, a morte preterintencional, a conduta deve ser culposa, isto é, as circunstâncias do caso concreto evidenciam que o agente não quis o resultado, nem assumiu o risco de produzi-lo, hipótese que se trataria de crime doloso, direto ou eventual.

Esquematicamente, temos:

Figura 4.36 – Crimes preterdolosos

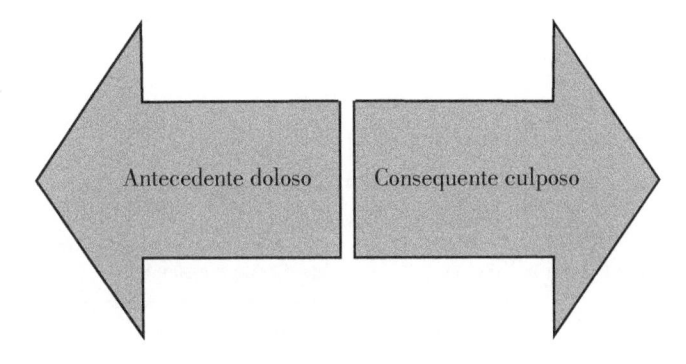

```
[ Antecedente doloso  <——>  Consequente culposo ]
```

▪ Espécies de culpa

Entre as diversas classificações de culpa, apresentaremos as espécies mais aceitas na doutrina. Assim, existem duas espécies de culpa: a consciente e a inconsciente.

Como vimos ao tratar dos elementos do crime culposo, exige-se a previsibilidade, não importando diretamente se o agente prevê ou não prevê especificamente o resultado. Até porque é muito difícil aferir o elemento anímico do agente durante a prática delitiva, com sói ocorrer em outras hipóteses de Direito Penal.

A **culpa consciente**, ou com representação, é aquela em que o sujeito conhece o perigo, ou seja, representa o resultado como possível, porém, mesmo assim, age sem a diligência necessária.

Na **culpa inconsciente**, ou sem representação, ao contrário, o agente, apesar da possiblidade objetiva, o sujeito não prevê o resultado.

Importante repetir que, para a caracterização do crime doloso, é exigível uma previsibilidade objetiva, ou seja, a possibilidade de previsão diante das circunstâncias do caso concreto. Se o agente efetivamente prevê o resultado e, mesmo assim, age, estaremos diante da culpa consciente. Por outro lado, se não prevê, como é o modelo clássico de culpa, estaremos diante da culpa inconsciente, ou sem representação.

Esquematicamente, temos:

Figura 4.37 – Espécies de culpa

Culpa consciente ou com representação	Culpa inconsciente ou sem representação
» Sujeito conhece o perigo » Representa o resultado como possível » Mesmo assim age sem diligência necessária	» Culpa clássica » Apesar da possibilidade objetiva, o sujeito não prevê

Dolo eventual e culpa consciente

Após desenvolver o tema do dolo e apresentada a categoria da culpa consciente, há condições de tratar de um dos temas mais controvertidos e complexos das ciências penais, vale dizer, a diferenciação entre o dolo eventual e a culpa consciente.

Como constatamos ao enfrentar especificamente tais categorias, em ambos, há a previsão do resultado, assim como, em ambos, o agente não intenciona provocá-lo. Em outras palavras, tanto no dolo eventual quanto na culpa consciente, o agente não pretende a produção do resultado obtido com sua conduta, porém, essa conduta é prevista ou facilmente previsível como decorrente do agir do sujeito.

A diferença básica, no entanto, está na ligação jurídica dos elementos anímicos do sujeito com o resultado proporcionado. No **dolo eventual**, o descaso do sujeito com a produção do resultado é tamanho que provocar ou não provocar o resultado torna-se algo praticamente indiferente ou, na expressão da lei, o sujeito assume o risco de produzir o resultado.

No exemplo da roleta russa que utilizamos para explicar o dolo eventual, o agente não deseja a morte de outrem, mas, pela previsibilidade e probabilidade de sua ocorrência, provocar ou não a morte da vítima torna-se algo próximo ao indiferente.

Já na **culpa consciente**, da mesma forma, o agente não pretende o resultado obtido, mas prevê esse resultado como possível, porém essa possibilidade não o impede de agir embora o agente espere, levianamente, não provocar o resultado. Ao prever o resultado como possível decorrência de sua conduta, o agente prossegue em seu agir e espera, como em uma torcida, que o resultado não ocorra.

No plano teórico, a questão é relativamente simples: no dolo eventual, o resultado é indiferente e, na culpa consciente, há a espera leviana de não produção do resultado. O difícil é adaptar tais categorias diante de algumas situações concretas limítrofes.

Não há critério seguro, pois, como temos insistido, o Direito Penal amplia sua própria complexidade sempre que deve enfrentar os elementos anímicos da conduta e, diante da impossibilidade de aferir com segurança a psicologia do agir criminoso, só lhe resta partir para a análise de elementos externos à conduta.

É justamente o que ocorre na diferenciação em análise. Casos haverá em que a produção do resultado é tão provável que só podemos concluir que o resultado é absolutamente indiferente ao agente, como ocorre no caso da roleta russa. Há outros casos, também, em que a culpa e o resultado são previstos e o agente nutre a esperança de não provocá-lo, na fórmula "espera levianamente que não ocorra".

Assim, o grau de previsibilidade é um dos importantes fatores de análise para o caso concreto. Quanto maior a probabilidade de ocorrência do resultado, maior a proximidade com o dolo eventual, bem como quanto menor essa previsibilidade, mediante mera possiblidade de ocorrência, mais próximo estaremos à culpa consciente.

Obviamente, somente a riqueza do caso concreto para fornecer os elementos necessários e suficientes para a solução jurídica, máxime no âmbito da repressão policial imediata, onde, como vimos, as soluções jurídicas devem ser adotadas em medida de compressão temporal.

Os exemplos dos eventos de trânsito são aqueles que mais geram perplexidades na atividade policial. De fato, normalmente, é juridicamente complexa a atividade de diferenciar um acidente de um ato criminoso, doloso (dolo eventual) ou culposo (mesmo culpa consciente). Somente a incidência e a análise dos inúmeros elementos do caso concreto para aferir, em cognição correspondente à repressão policial imediata, elementos indicativos de acidente (ausência de dolo ou de culpa), elementos indicativos de indiferença quanto ao resultado (dolo eventual) ou espera leviana de não produção (culpa consciente).

Esquematicamente, temos:

Figura 4.38 – Dolo eventual versus culpa consciente

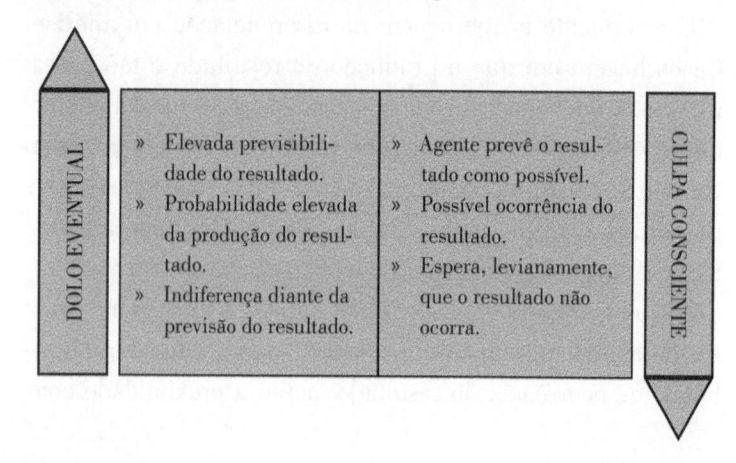

DOLO EVENTUAL	CULPA CONSCIENTE
» Elevada previsibilidade do resultado. » Probabilidade elevada da produção do resultado. » Indiferença diante da previsão do resultado.	» Agente prevê o resultado como possível. » Possível ocorrência do resultado. » Espera, levianamente, que o resultado não ocorra.

4.2.7 Teoria do erro do tipo

Existem algumas situações, relevantes para o Direito Penal, em que o agente pratica a conduta sob condição de engano, sob erro ou ignorância a respeito de alguma circunstância essencial constitutiva do tipo penal. É a ideia básica de erro do tipo. O erro do tipo tem base legal no art. 20 do Código Penal, assim transcrito:

> **Erro sobre elementos do tipo**
>
> *Art. 20. O erro sobre elemento constitutivo do tipo legal de crime exclui o dolo, mas permite a punição por crime culposo, se previsto em lei.*
>
> **Discriminantes putativas**
>
> *§ 1º É isento de pena quem, por erro plenamente justificado pelas circunstâncias, supõe situação de fato que, se existisse, tornaria a ação legítima. Não há isenção quando o erro deriva de culpa e o fato é punível como crime culposo.*
>
> **Erro determinado por terceiro**
>
> *§ 2º Responde pelo crime o terceiro que determina o erro.*
>
> **Erro sobre a pessoa**
>
> *§ 3º O erro quanto à pessoa contra a qual o crime é praticado não isenta de pena. Não se consideram, neste caso, as condições ou qualidades da vítima, senão as da pessoa contra quem o agente queria praticar o crime.*
> (BRASIL, 1940, grifo do original)

O Direito Penal não diferencia *erro* de *ignorância*. Em teoria, o erro seria a falsa representação da realidade, e a ignorância, a falta de representação dessa realidade.

Para o Direito Penal, seja agindo por erro (falsa representação de algum fato), seja ignorando elemento essencial para a configuração de um tipo penal, haverá relevância para aferir o grau de erro ou ignorância. É o que disciplina o dispositivo penal em análise.

Pelo que vimos, o erro sobre algum elemento essencial do tipo penal, ou seja, sobre algum elemento do tipo, sempre excluirá o dolo. Essa é até uma consequência lógica, sendo o dolo a consciência e a vontade ou anuência sobre o tipo penal objetivo, o erro sobre algum de seus elementos afasta a mesma consciência ou vontade.

Se uma pessoa, por exemplo, subtrai um aparelho celular idêntico ao seu, imaginando que está apanhando o próprio aparelho, objetivamente pratica o fato definido como furto, porém, age em erro sobre um dos elementos essenciais do tipo penal de furto, especificamente sobre o elemento "coisa alheia móvel", uma vez que acredita que está na posse de coisa própria.

O que necessita ser aferido no caso concreto é se esse erro é justificável ou não. É necessário verificar se os fatores que levaram o agente ao erro, na prática do fato definido como crime, são juridicamente justificáveis ou não. Não há regra absoluta, somente a riqueza do caso concreto para fornecer os elementos necessários e suficientes de análise a fim de se estabelecer como justificável, ou não, o erro ou a ignorância sobre fato constitutivo do tipo penal.

Assim, o **erro do tipo essencial**, isto é, sobre elemento constitutivo do tipo penal, poderá ser invencível, também chamado de *escusável*, *justificável* ou *inevitável*, quando as circunstâncias do caso concreto indicam a razoabilidade das condições objetivas que levaram o agente a engano.

Por outro lado, será vencível, também chamado de *inescusável*, *injustificável* ou *evitável*, quando não houver essa razoabilidade das condições indutoras do erro.

Pela dicção do dispositivo analisado, tanto em um caso quanto em outro, haverá a exclusão do dolo, mas, tratando-se de erro vencível, inescusável, injustificável ou evitável, será possível a punição por crime culposo, se houver previsão específica nesse sentido. Isso porque, conforme já vimos, o crime culposo necessita de expressa previsão nesse sentido para permitir a punição, uma vez que, em regra, a previsão do tipo penal é de crime doloso.

Utilizemos o exemplo do homicídio para explicar as categorias apresentadas. Imaginemos uma hipótese em que o agente policial dirige-se ao estande de tiros de seu estabelecimento para praticar tiro prático. Tudo devidamente autorizado e, obviamente, no local adequado para a prática profissional. Após adotar todas as medidas de estilo relativas à segurança, começa a efetuar disparos em direção à silhueta de papelão, disposta ao fundo do estande, local de praxe. O que não imaginava o agente policial é que o vigilante noturno havia ingerido bebida alcoólica na noite anterior e, a fim de não ser surpreendido, resolveu dormir justamente no fundo do estande, logo atrás da silhueta. Os disparos efetuados causaram a morte do infeliz ébrio vigilante noturno.

Notemos que, objetivamente, o agente policial realizou o tipo penal de homicídio, uma vez que matou alguém, contudo, agiu em erro, pois ignorava a circunstância de estar matando alguém, elemento essencial do tipo penal de homicídio. E mais, ninguém questionaria o fato de esse erro específico ser invencível, escusável, justificável, inevitável, afastando, portanto,

tanto o dolo quanto a culpa pelo evento proporcionado, eis que adotadas todas as medidas razoavelmente exigíveis no caso concreto.

No mesmo exemplo, agora, imaginemos que, um pouco antes de efetuar os disparos, o agente policial percebesse o movimento atrás da silhueta, imaginando ser algum animal que ali pernoitava. Em vez de interromper imediatamente a prática de tiro e certificar-se da situação, resolve "dar um susto" no bichano e efetua disparos próximo ao local de repouso do infeliz, com a finalidade de "tirar uma fina", confiando na própria habilidade no tiro prático. Acontece que o policial não era tão preparado assim, logo, no primeiro disparo, atingiu fatalmente a vítima, no caso, nosso ébrio trabalhador noturno.

Nessa hipótese, persiste o erro, o agente não imagina que está efetuando disparos contra alguém, mas sim estar efetuando disparos contra um animal, com intenção de assustá-lo. No entanto, provocou a morte do vigilante, praticou, objetivamente, o crime de homicídio. Aqui, incidirá no crime de homicídio culposo, uma vez que agiu em erro (o que exclui o dolo), mas em erro vencível, inescusável, injustificável, evitável, tendo, por culpa, no caso, imperícia, provocado a morte da vítima. Como há a previsão de homicídio culposo, o agente policial responderá pela prática de tal conduta típica, uma vez que não restará afastada a punição por culpa.

Mas não podemos esquecer que, no caso de erro do tipo essencial, somente haverá punição se o crime for punido na forma culposa, eis que o erro do tipo essencial sempre exclui o dolo, e a punição por crime culposo exige expressa previsão legal, como vimos.

Ao lado do erro do tipo essencial, que incide sobre elemento constitutivo do tipo penal (que afasta o dolo), temos o

erro do tipo acidental, que, ao seu turno, não afasta o dolo. A ideia é a mesma: erro ou ignorância sobre algum elemento de relevância do tipo penal, desconhecimento ou falsa cognição sobre algum dos elementos criminais, porém, nesse caso, não de algum elemento essencial, constitutivo do tipo penal, mas de algum elemento secundário, acidental, embora também relevante para fins penais.

Não aprofundaremos as questões afetas ao erro do tipo acidental, seja por envolver a necessidade de elementos jurídico-penais, que não serão aprofundados aqui, seja pela menor significância em termos de atividade policial no âmbito da repressão imediata.

Mas não deixaremos de tratar dos contornos dogmáticos principais.

Existem, basicamente, quatro possibilidades de erro do tipo acidental: erro sobre o objeto (*error in objeto*), erro sobre a pessoa (*error in personae*), erro na execução (*aberratio ictus*) e resultado diverso do pretendido (*aberratio delicti*).

O erro sobre o objeto, em latim *error in objeto*, ocorre quando o agente se equivoca, age em erro, sobre o objeto do ilícito.

O agente, por exemplo, pretende furtar uma joia, contudo, após a subtrair, percebe que se tratava de bijuteria. Nessa hipótese, não há influência na definição jurídica, o máximo que poderá ocorrer é eventual alteração na dosimetria da pena por conta da circunstância do ilícito (circunstância judicial).

No erro sobre a pessoa, *error in personae*, como o próprio nome indica, o agente age em erro relativo à pessoa sobre o qual direciona a conduta. Já apresentamos a base legal dessa hipótese, mas vale a repetição do dispositivo:

Art. 20. [...]

Erro sobre a pessoa

§ 3º o erro quanto à pessoa contra a qual o crime é praticado não isenta de pena. Não se consideram, neste caso, as condições ou qualidades da vítima, senão as da pessoa contra quem o agente queria praticar o crime. (BRASIL, 1940, grifo do original)

Assim, na hipótese de erro sobre a pessoa, haverá uma ficção jurídica, considerando que o crime tenha ocorrido em face da pessoa contra quem o agente pretendia direcionar sua conduta, desprezando-se as características da pessoa realmente atingida.

O feminicídio, por exemplo, é uma das hipóteses de homicídio qualificado.

Se o agente, na intenção de matar a própria esposa, acaba por ceifar a vida da irmã gêmea dela, por erro, responderá por feminicídio, na medida em que serão consideradas as condições e as qualidades jurídicas da pessoa contra quem o agente desejava praticar o crime.

O erro na execução (*aberratio ictus*) e o resultado diverso do pretendido (*aberratio criminis ou aberratio delicti*) têm previsão, respectivamente, nos arts. 73 e 74 do Código Penal:

Erro na execução

Art. 73. *Quando, por acidente ou erro no uso dos meios de execução, o agente, ao invés de atingir a pessoa que pretendia ofender, atinge pessoa diversa, responde como se tivesse praticado o crime contra aquela, atendendo-se ao disposto no § 3º do art. 20 deste Código. No caso de ser também atingido a pessoa que o agente pretendia ofender, aplica-se a regra do art. 70 deste Código.*

Resultado diverso do pretendido

Art. 74. Fora dos casos do artigo anterior, quando, por acidente ou erro na execução do crime, sobrevém resultado diverso do pretendido, o agente responde por culpa, se o fato é previsto como crime culposo; se ocorre também o resultado pretendido, aplica-se o art. 70 deste Código.
(BRASIL, 1940, grifo do original)

Tanto o erro na execução quanto o resultado diverso do pretendido apresentam outras mediações e aprofundamentos que não realizaremos na presente obra, pelos motivos já expostos.

Enfim, nas hipóteses de erro ou ignorância acidental, persistem a ocorrência do crime, com a incidência eventual de ficção jurídica sobre o objeto ou sobre a pessoa visada com a conduta do agente.

Dessa forma, vejamos o quadro esquemático a seguir:

Figura 4.39 – Erro de tipo

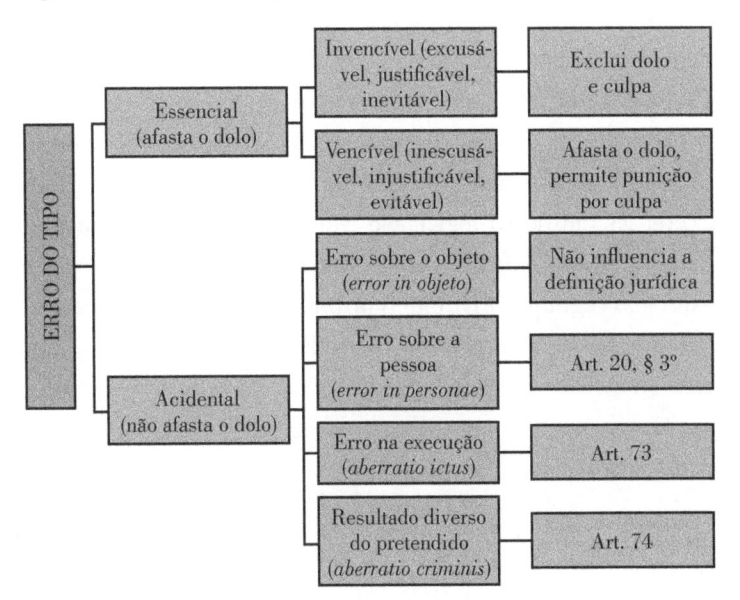

```
                        ┌─ Invencível (excusável, justificável, inevitável) ─── Exclui dolo e culpa
            ┌─ Essencial ─┤
            │ (afasta o dolo)
            │           └─ Vencível (inescusável, injustificável, evitável) ─── Afasta o dolo, permite punição por culpa
ERRO DO TIPO┤
            │           ┌─ Erro sobre o objeto (error in objeto) ─── Não influencia a definição jurídica
            │           │
            │           ├─ Erro sobre a pessoa (error in personae) ─── Art. 20, § 3º
            └─ Acidental ┤
              (não afasta o dolo)
                        ├─ Erro na execução (aberratio ictus) ─── Art. 73
                        │
                        └─ Resultado diverso do pretendido (aberratio criminis) ─── Art. 74
```

4.3 Ilicitude (antijuridicidade)

Como temos enfatizado, o estudo do conceito analítico do crime constitui principal elemento de apoio para o desenvolvimento das categorias e dos institutos jurídico-penais em estudo, nunca perdendo de vista a dogmática penal na convergência com a atividade policial cotidiana, especialmente no campo da chamada *repressão policial imediata*, restrito intervalo correspondente à recém-ocorrência de alguma infração penal, a exigir a atuação do aparato estatal pela sua estrutura com maior poder coercitivo, vale dizer, aparato dos agências policiais de segurança pública.

Após desenvolver a problemática que orbita as questões relativas à conduta típica, chega o momento de abordarmos os aspectos relacionados à ilicitude da conduta típica, ou seja, a antijuridicidade, na qualidade de violação da ordem jurídica.

Em um primeiro momento, apresentaremos o contorno dogmático básico da ilicitude ou antijuridicidade, incluindo a base legal direta.

Em seguida, evidenciaremos as causas em espécie de exclusão da ilicitude ou antijuridicidade. Iniciaremos com as causas expressas em nossa legislação, vale dizer, estado de necessidade, legítima defesa, estrito cumprimento do dever legal e exercício regular do Direito. Por fim, destacaremos as causas supralegais de exclusão da ilicitude, especificamente o consentimento do ofendido, nas situações em que juridicamente aceitas.

É o que passaremos a expor.

4.3.1 Entendimento

Já tivemos a oportunidade de mencionar os contornos gerais da ilicitude ou antijuridicidade.

A ocorrência de uma conduta típica não significa, necessariamente, a concretização de algum crime, já que predomina a ideia no sentido que a tipicidade é um indício de ilicitude. Portanto, a *contrario sensu*, existem algumas hipóteses em que a conduta típica não significa a ocorrência de um ilícito penal, na medida em que há certas hipóteses em que se verifica a exclusão do caráter ilícito da conduta típica, por não significarem, em essência, uma violação à ordem jurídica.

Assim, como regra, a conduta típica será uma conduta criminosa, mas existem algumas circunstâncias aceitas pela legislação que retiram o caráter ilícito da conduta típica: são as causas excludentes da ilicitude ou antijuridicidade. Isso porque a ilicitude, ou antijuridicidade, é a relação de antagonismo, ou seja, de contrariedade entre a conduta praticada pelo agente (tipificada como crime por uma norma penal incriminadora) e o ordenamento jurídico.

Assim, pela teoria que predomina nas ciências penais, como vimos, a tipicidade é a *ratio cognoscendi*, a razão de conhecer a ilicitude. Em outras palavras, uma vez verificada uma conduta típica, cabe perquirir se aquela conduta encontra-se eventualmente agasalhada por alguma causa excludente de seu caráter ilícito.

Uma questão interessante, e até curiosa, debatida na doutrina diz respeito à necessidade ou não de elemento subjetivo nas causas de exclusão da ilicitude ou antijuridicidade. É dizer, para abrir mão de uma legítima defesa, o agente deverá ou não estar movido por um ânimo de defesa, ou bastaria uma situação objetiva de perigo, independentemente da pretensão de defesa ou não do sujeito.

Questão interessante, porém acadêmica, sem maiores consequências ou importância para o foco dado à presente obra, que analisa a dogmática penal a partir da perspectiva da atividade policial no espectro da repressão imediata.

Por fim, cumpre apresentar a base legal da ilicitude ou antijuridicidade, prevista nos arts. 23, 24 e 25 do Código Penal, assim redigidos:

Exclusão de ilicitude

Art. 23. Não há crime quando o agente pratica o fato:

I – em estado de necessidade;

II – em legítima defesa;

III – em estrito cumprimento de dever legal ou no exercício regular de direito.

Excesso punível

Parágrafo único. O agente, em qualquer das hipóteses deste artigo, responderá pelo excesso doloso ou culposo.

Estado de necessidade

Art. 24. Considera-se em estado de necessidade quem pratica o fato para salvar de perigo atual, que não provocou por sua vontade, nem podia de outro modo evitar, direito próprio ou alheio, cujo sacrifício, nas circunstâncias, não era razoável exigir-se.

§ 1º Não pode alegar estado de necessidade quem tinha o dever legal de enfrentar o perigo.

§ 2º Embora seja razoável exigir-se o sacrifício do direito ameaçado, a pena poderá ser reduzida a um a dois terços.

Legítima defesa

Art. 25. Entende-se em legítima defesa quem, usando moderadamente os meios necessários, repela injusta agressão, atual ou iminente, a direito seu ou de outrem.

Parágrafo único – Observados os requisitos previstos no caput deste artigo, considera-se também em legítima defesa o agente de segurança pública que repele agressão ou risco de agressão a vítima mantida refém durante a prática de crimes. (BRASIL, 1940, grifo do original)

Fica muito claro, pelos dispositivos apresentados, que a incidência de alguma das causas excludentes da ilicitude afasta o próprio caráter criminal da conduta. Não é por outra razão que o dispositivo penal utiliza a expressão: "não há crime".

Conforme veremos oportunamente, não é tão clara a opção do legislador nacional ao tratar da culpabilidade.

Apresentados os contornos gerais da ilicitude ou antijuridicidade e suas causas jurídicas de exclusão, cumpre, a partir de agora, ainda que brevemente, tecer algumas considerações analíticas sobre cada uma das causas previstas e implícitas na legislação penal nacional. É o que faremos em seguida.

4.3.2 Causas de exclusão da ilicitude ou antijuridicidade

A partir dos dispositivos já transcritos, podemos extrair as chamadas *causas legais de exclusão da ilicitude* ou *antijuridicidade*. São elas: o estado de necessidade, a legítima defesa, o estrito cumprimento do dever legal e o exercício regular de direito.

Para além das causas expressamente previstas na legislação, temos, ainda, as chamadas *causas supralegais de justificação* ou de *exclusão da ilicitude*, com especial destaque para o consentimento do ofendido, quando juridicamente possível.

Estudemos cada uma delas separadamente, não sem antes apresentar um esquema visual sobre o assunto:

Figura 4.40 – Causas de exclusão da ilicitude

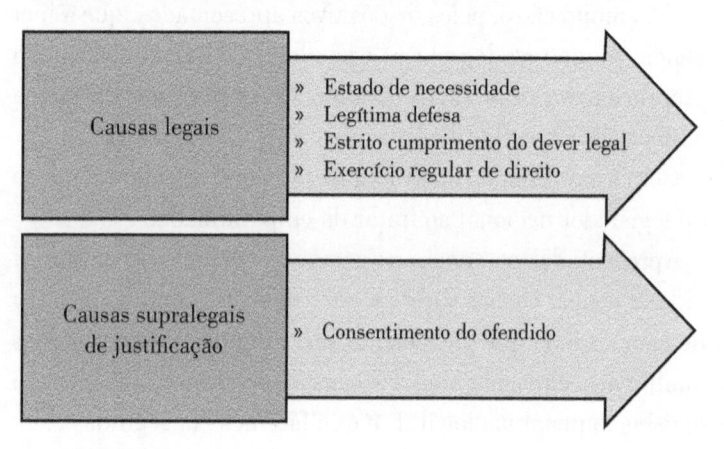

- Causas legais
  - » Estado de necessidade
  - » Legítima defesa
  - » Estrito cumprimento do dever legal
  - » Exercício regular de direito
- Causas supralegais de justificação
  - » Consentimento do ofendido

■ **Estado de necessidade**

O estado de necessidade está previsto no art. 24 do Código Penal:

Estado de necessidade

Art. 24. Considera-se em estado de necessidade quem pratica o fato para salvar de perigo atual, que não provocou por sua vontade, nem podia de outro modo evitar, direito próprio ou alheio, cujo sacrifício, nas circunstâncias, não era razoável exigir-se.

§ 1º Não pode alegar estado de necessidade quem tinha o dever legal de enfrentar o perigo.

§ 2º Embora seja razoável exigir-se o sacrifício do direito ameaçado, a pena poderá ser reduzida a um a dois terços.
(BRASIL, 1940, grifo do original)

Trata-se, em essência, de uma ponderação de bens e valores, ambos amparados pelo Direito.

Na tensão entre dois bens igualmente protegidos pela ordem jurídica, o sacrifício de um deles, atendidos os demais requisitos, acaba por ser considerado lícito. Em outras palavras, a agressão a bem jurídico protegido, porém, para proteger outro bem jurídico de igual proteção, está amparada pelo sistema jurídico penal.

Em seguida, veremos os elementos do estado de necessidade, mas não sem antes diferenciar o estado de necessidade real (ou autêntico) do estado de necessidade imaginário (ou putativo).

O estado de necessidade **real**, ou autêntico, é aquele em que estão efetivamente presentes os elementos constitutivos do estado de necessidade. De fato, há uma situação de perigo atual a bem penalmente protegido.

Já no estado de necessidade **imaginário ou putativo**, há uma falsa representação da realidade, de modo que o agente imagina que está em situação de perigo, próprio ou alheio, mas que, na verdade, não está. O agente imagina, age em erro, ignora ou tem uma falsa representação de alguma situação que, se de fato existisse, tornaria legítima a conduta, agasalhada pelo estado de necessidade. Desde que em situação justificável, invencível, o erro estará legitimado, a depender das circunstâncias do caso concreto.

É o que pode ocorrer, por exemplo, nas famosas "pegadinhas televisivas". A vítima pode imaginar estar em alguma situação de perigo, que, na verdade, é uma encenação, mas que ela não sabe e, razoavelmente, não teria como saber.

A partir do dispositivo apresentado, podemos extrair os elementos do estado de necessidade, a saber.

A um, **prática de fato para salvar de perigo atual**. Como mencionamos, o estado de necessidade envolve uma ponderação de dois bens jurídicos, ambos amparados pelo Direito de modo geral, pelo Direito Penal em particular.

O fato praticado em estado de necessidade, portanto, sempre será voltado à proteção, ao salvamento, de um bem jurídico exposto a perigo, e mais, um perigo atual.

Há uma discussão interessante na doutrina acerca da possibilidade, ou não, do estado de necessidade em caso de perigo iminente, ou seja, que esteja prestes a ocorrer. Existem posicionamentos para ambos os lados. A polêmica surgiu porque, ao contrário do que ocorreu na legítima defesa, o legislador penal apenas faz referência ao perigo atual, não consignando expressamente o perigo iminente como requisito para se abrir mão da legítima defesa. Discussão teórica interessante, mas sem maiores problematizações práticas no cotidiano policial. Fica o registro doutrinário.

O segundo elemento do estado de necessidade é **o perigo não ter sido provocado por vontade do agente**. Ora, se o agente provocou a situação de perigo, logicamente, não poderá alegar estado de necessidade para salvar-se do perigo por ele mesmo provocado.

Nesse requisito, também há uma questão teórica interessante. Discute-se na doutrina se o perigo provocado pelo agente que veda a possibilidade de estado de necessidade seria o perigo provocado dolosamente, ou dolosa e culposamente. Mais uma vez, diante das dificuldades de aferição de dolo e de culpa em situações como tais, máxime na compressão temporal da repressão policial imediata, deixemos a questão dogmática para o cenário teórico, dada a diminuta possibilidade de aplicação prática do tema na atividade policial cotidiana.

O terceiro elemento é a **evitabilidade do dano**, ou seja, podendo o dano ser evitado, sem o sacrifício do bem jurídico, não se poderá alegar estado de necessidade. Tratando-se de uma situação excepcionalmente acolhida pelo Direito Penal, a lesão ao bem jurídico deve ser inevitável, ou seja, não deve haver opção razoável à disposição do agente.

O quarto elemento diz respeito ao **titular do bem jurídico**. Assim, o bem jurídico protegido pode ser o bem jurídico da pessoa que pratica o ato, ou bem jurídico de terceiros, surgindo a classificação de estado de necessidade próprio ou estado de necessidade de terceiros.

O quinto elemento do estado de necessidade é a **razoabilidade do sacrifício do bem**. Trata-se de um conceito vago que deve ser valorado de acordo com as circunstâncias do caso concreto. Muitas vezes, é difícil aferir se o sacrifício de determinado bem seria razoável diante da proteção de outro bem jurídico.

Conforme salientamos, no estado de necessidade haverá sempre uma ponderação de bens, ambos protegidos pelo Direito. O que se veda é uma flagrante desproporção entre tais bens, mas, repetimos, tudo a depender da riqueza do caso concreto.

Por fim, como último elemento jurídico do estado de necessidade temos um conceito negativo, vale dizer, a **ausência do dever de enfrentar o perigo**. De fato, conforme já tratamos ao desenvolver a omissão penalmente relevante, existem algumas situações em que o agente é obrigado, por lei, a enfrentar o perigo, como ocorre nos casos dos agentes policiais de segurança pública e, especialmente, dos bombeiros militares.

Havendo o dever jurídico de ação, de enfrentar o perigo, não se pode alegar estado de necessidade. Todavia, repita-se, deve-se razoavelmente exigir o enfrentamento ao perigo, sem se exigir a realização de algum ato heroico. Sempre a depender das circunstâncias concretas.

Há uma polêmica interessante sobre eventual dever contratual, e não legal, de enfrentar o perigo. Tal ocorreria, por exemplo, no caso de empresas privadas de vigilância patrimonial, ou escolta armada. A questão tem efeitos práticos relevantes, pois pode significar o amparo ou a ausência de amparo no estado de necessidade em situações de perigo. Há posições doutrinárias em ambas as direções, por limitações de fôlego acadêmico, não aprofundaremos a matéria.

Esquematicamente, com relação aos elementos do estado de necessidade, temos:

Figura 4.41 – Elementos do estado de necessidade

- Prática de fato para salvar de perigo atual
  - » Polêmica: perigo iminente
- Perigo não provocado por vontade do agente
  - » Polêmica: dolo ou culpa
- Evitabilidade do dano
- Estado de necessidade próprio ou de terceiros
- Razoabilidade do sacrifício do bem
- Ausência do dever de enfrentar o perigo
  - » Polêmica: dever contratual

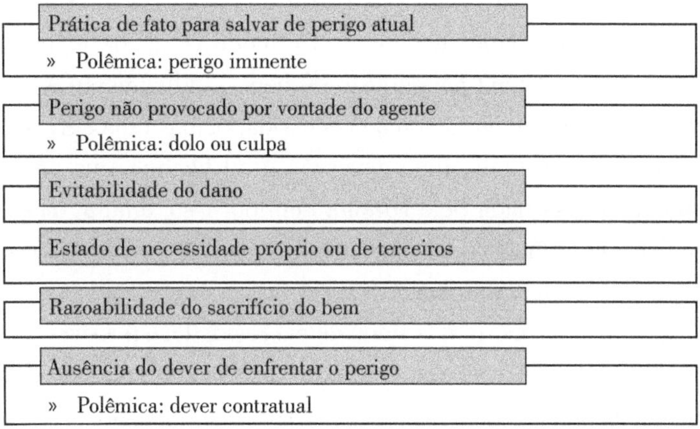

Legítima defesa

Entre as causas excludentes da ilicitude, a legítima defesa é, indubitavelmente, a de maior importância teórica e prática para a atividade policial, especialmente no espectro da repressão imediata. A base legal da legítima defesa, de que podemos extrair seu contorno principal e seus elementos, encontra supedâneo no art. 25 do Código Penal:

> **Legítima defesa**
>
> Art. 25. Entende-se em legítima defesa que, usando moderadamente dos meios necessários, repele injusta agressão, atual ou iminente, a direito seu ou de outrem. Parágrafo único - Observados os requisitos previstos no caput deste artigo, considera-se também em legítima defesa o agente de segurança pública que repele agressão ou risco de agressão a vítima mantida refém durante a prática de crimes. (BRASIL, 1940, grifo do original)

A noção básica da legítima defesa é relativamente simples, embora seja possível uma complexa problematização a partir das particularidades concretas. De modo geral, na legítima defesa, não há uma ponderação de bens juridicamente tutelados, como ocorre no estado de necessidade, mas uma agressão a um deles, e mais, uma agressão qualificada, uma agressão não agasalhada pelo Direito, bem por isso, uma agressão injusta, legitimadora de uma resposta, reação, no sentido de repelir tal agressão injusta.

Assim como ocorre no estado de necessidade, é possível classificar a legítima defesa em **legítima defesa real**, quando objetivamente existentes todos seus elementos, e **legítima defesa putativa ou imaginária**, quando o agente imagina uma situação de ameaça que, se existente, tornaria legítima a ação.

Como traumático, mas prático exemplo de legítima defesa putativa ou imaginária, temos os trágicos exemplos de infeliz brincadeira em que uma pessoa simula um roubo a um conhecido, por vezes, policial, que, imaginando estar sendo assaltado, reage com disparos de arma de fogo à suposta agressão atual, a qual, na verdade, tratava-se de uma brincadeira de algum colega policial. Na hipótese, o agente atua em erro, imaginando estar em perigo injusto atual, que, na verdade, não existe.

Questão de interesse teórico e prático é a **legítima defesa sucessiva**, que se verifica quando o agente, atuando inicialmente acobertado pela causa excludente da legítima defesa, excede na resposta, passando a atuar, durante o excesso, de maneira ilegítima. Ao se exceder, permite ao agressor originário, a partir de então vítima do excesso, utilizar-se da legítima defesa diante da ação que, em excesso, passou a ser injusta. Em outras palavras, o agente atua inicialmente em legítima defesa, mas, ao se exceder, passa a atuar ilegitimamente, dando azo ao agressor inicial tornar-se vítima e poder utilizar-se, na medida do excesso, de legítima defesa.

A situação pode ocorrer no caso do agente policial de segurança pública que repele injusta agressão diante de resistência à prisão, por exemplo, mas excede ao torturar o flagranteado, permitindo que este possa, legitimamente, resistir e reagir em razão da tortura de que passa a ser vítima, embora, inicialmente, tenha tido uma postura ilegal motivadora da prisão em flagrante delito.

Outra questão interessante diz respeito aos chamados *ofendículos*, ou seja, dispositivos predispostos para a defesa patrimonial, tais como cercas elétricas, cacos de vidros em muros etc. Segundo a doutrina dominante, os ofendículos são dispositivos preordenados de legítima defesa, especialmente para a defesa do patrimônio, embora haja certa dissonância na doutrina acerca de sua natureza jurídica.

Apresentados os aspectos gerais da legítima defesa e, a partir da definição legal, vejamos, ainda que brevemente, os elementos da legítima defesa.

A um, a **injusta agressão**. Como vimos, diferentemente do que ocorre no estado de necessidade, em que há uma ponderação de bens ambos protegidos, na legítima defesa há sempre uma agressão repelida pelo Direito, uma agressão considerada injusta. Portanto, somente é possível a legítima defesa em face de comportamento humano, este sim que pode ser considerado injusto, ao passo que, no estado de necessidade, o perigo pode provir de fenômeno natural ou ato de animal.

A dois, **meios necessários**. Para repelir a injusta agressão, o agente deve utilizar-se dos meios necessários, ou seja, dos meios de que dispõe diante da situação perigosa proporcionada pela injusta agressão.

A três, **moderação**. Além de utilizar os meios necessários, ou seja, à sua disposição, o agente deve utilizar-se moderadamente destes meios, ou seja, empregá-los até repelir a injusta agressão, nos limites do afastamento do perigo. Se exceder no uso dos meios, poderá responder pelo excesso, doloso ou culposo.

Essa talvez seja uma das questões mais problemáticas dentro da ideia do dilema policial que apresentamos. Muitas vezes, há questionamento da resposta policial, principalmente pela via da não moderação dos meios. É necessário, então, o prévio conhecimento dos limites jurídicos de atuação para não incorrer em erro punível.

A quatro, **atualidade ou iminência da agressão**. Para que possa estar caracterizada a legítima defesa, o perigo deve ser atual estar ocorrendo, ou iminente de ocorrência próxima, não podendo ser um perigo abstrato ou de remota probabilidade.

A cinco, **defesa de direito próprio ou alheio**. A legítima defesa pode ser própria quando para defesa de bem jurídico do próprio agente, ou legítima defesa de terceiros quando na defesa de bem jurídico de outrem que não o agente que atua em legítima defesa.

Importante observar que o legislador, por meio do chamado *pacote anticrime* (Lei n. 13964/2019), quis deixar bem clara a situação jurídica de legítima defesa ao agente de segurança pública que age em caso de gerenciamento de crises com refém durante a prática criminosa. Como o dispositivo remete aos requisitos do *caput*, para esta situação especial de legítima defesa, permanecem os mesmos requisitos e elementos para a legítima defesa de forma geral.

Esquematicamente, temos os seguintes elementos da legítima defesa:

Figura 4.42 – Elementos da legítima defesa

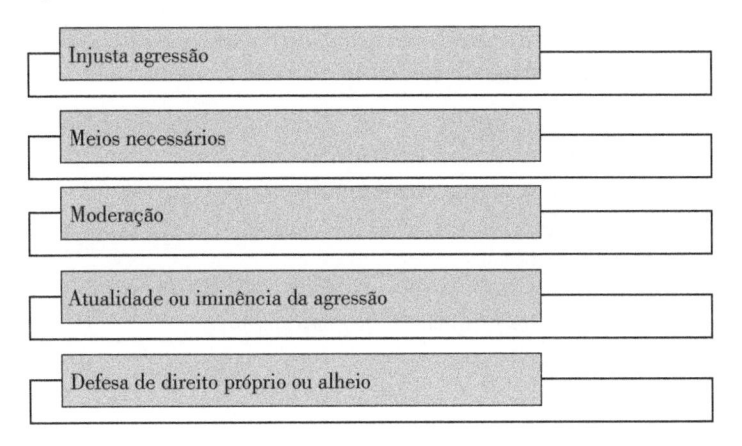

- Injusta agressão
- Meios necessários
- Moderação
- Atualidade ou iminência da agressão
- Defesa de direito próprio ou alheio

■ Estrito cumprimento do dever legal

O estrito cumprimento do dever legal, para a profundidade didática que estamos imprimindo na presente obra, é de relativo fácil entendimento. Em linhas gerais, é a situação que se encontra acobertada por norma jurídica permissiva do comportamento aparentemente lesivo à bem jurídico.

A conduta do agente aparentemente enquadra-se em algum tipo penal incriminador, porém, está amparada por outra norma jurídica que legitima a atuação. É o que ocorre, por exemplo, nas buscas pessoais ou domiciliares realizadas por agentes policiais de segurança pública.

Em uma primeira análise, até poderia parecer algum tipo de constrangimento ilegal, de abuso de poder, ou violação de domicílio, porém, encontra-se amparada em norma prevista no Código de Processo Penal:

Art. 240. A busca será domiciliar ou pessoal.

§ 1º Proceder-se-á a busca domiciliar, quando fundadas razões a autorizem, para:

a) prender criminosos;

b) apreender coisas achadas ou obtidas por meios criminosos;

c) apreender instrumentos de falsificação ou de contrafação e objetos falsificados ou contrafeitos;

d) apreender armas e munições, instrumentos utilizados na prática de crime ou destinados a fim delituoso;

e) descobrir objetos necessários à prova de infração ou à defesa do réu;

f) apreender cartas, abertas ou não, destinadas ao acusado ou em seu poder, quando haja suspeita de que o conhecimento do seu conteúdo possa ser útil à elucidação do fato;

g) apreender pessoas vítimas de crimes;

h) colher qualquer elemento de convicção.

§ 2º Proceder-se-á à busca pessoal quando houver fundada suspeita de que alguém oculte consigo arma proibida ou objetos mencionados nas letras b a f e letra h do parágrafo anterior. (BRASIL, 1941b)

Os elementos do estrito cumprimento do dever legal podem ser extraídos da própria nomenclatura do instituto, isto é, agirá sob o manto da excludente da ilicitude; sempre que o agente estiver nos contornos permissivos de norma penal autorizadora ou disciplinadora; determinando o agir e seus contornos jurídicos; ou, nas mesmas palavras da categoria, enquanto estiver no estrito cumprimento de seu dever legal.

■ Exercício regular do direito
Assim como a categoria anterior, o exercício regular do direito, enquanto causa excludente de ilicitude, é de fácil entendimento, uma vez que se assemelha muito ao estrito cumprimento do dever legal, com a diferença de que, no exercício regular de direito, ao contrário de um dever legal, há uma norma permissiva, uma norma que autoriza, que faculta a atuação do agente.

Como exemplo podemos citar a faculdade do cidadão insculpida no art. 301 do Código de Processo Penal:

> *Art. 301. Qualquer do povo poderá e as autoridades policiais e seus agentes deverão prender quem quer que seja encontrado em flagrante delito.* (BRASIL, 1941b)

Portanto, qualquer cidadão que se depare com alguma situação flagrancional poderá dar voz de prisão ao flagranteado, sem que isso signifique o cometimento do crime de constrangimento ilegal, pois a norma citada autoriza o ato, ou seja, permite que o ato seja praticado na qualidade de direito do cidadão.

Da mesma forma, os elementos do exercício regular do direito são facilmente extraídos da própria nomenclatura do instituto. Agirá sob o manto da excludente da ilicitude o agente que, de modo regular (nos limites legais), desempenhar alguma faculdade de ação prevista na lei.

■ Consentimento do ofendido
A última hipótese que analisaremos de causa de exclusão da ilicitude é o consentimento do ofendido. É considerada uma causa supralegal de justificação, haja vista não estar expressa no Código Penal, mas uma causa aceita na doutrina e na jurisprudência.

Em linhas gerais, tratando-se de direito disponível, o sujeito passivo da conduta pode consentir com a prática da conduta aparentemente típica. É o que ocorre, por exemplo, na autorização para a realização de algum procedimento estético ou de alguma tatuagem corporal. Objetivamente, ocorrerá a lesão corporal, na medida de ofensa à integridade corporal, contudo, não se tratará de conduta criminosa, considerando o consentimento do agente.

No entanto, um cuidado teórico é necessário. Mister que o bem jurídico lesado seja disponível. O agente não pode consentir, por exemplo, com a lesão à vida, como ocorre nos casos de eutanásia, hipótese repelida pelo nosso sistema legal, independentemente do consentimento da vítima.

Outro cuidado: se a norma penal incriminadora apresentar o dissenso como elemento típico, o consentimento passa a ser questão de tipicidade, não mais de exclusão da ilicitude. É o que ocorre, por exemplo, no crime de violação de domicílio:

> *Art. 150. Entrar ou permanecer, clandestina ou astuciosamente, ou contra a vontade expressa ou tácita de quem de direito, em casa alheia ou em suas dependências.*
> *Pena – detenção, de um a três meses, ou multa.*
> (BRASIL, 1940)

Se o sujeito adentra o domicílio, com o consentimento do morador, não haverá sequer conduta típica. Nesse caso, a falta de consentimento excluirá a própria tipicidade, eis que o dissenso é elementar do tipo.

Assim, a depender de como formulada a norma penal incriminadora, o consentimento do ofendido poderá excluir a tipicidade ou a ilicitude.

4.4 Culpabilidade

Finalizando a parte dogmática da teoria do crime, especificamente a partir do conceito analítico do crime, cumpre analisar o terceiro fragmento referente à culpabilidade.

Logo no início, apresentaremos as noções gerais do instituto a partir de sua inserção no conceito analítico de crime, seu conteúdo com base em uma perspectiva da teoria final da ação, bem com os contornos teóricos básicos da culpabilidade.

Em seguida, abordaremos os elementos integrantes da culpabilidade, é dizer, o conteúdo da ideia de culpabilidade segundo a dogmática penal.

Nessa esteira, em primeiro lugar, desenvolveremos os aspectos relacionados à imputabilidade, ou seja, as condições jurídicas necessárias e suficientes para ser punível enquanto violador de uma norma penal incriminadora.

Ao analisar a imputabilidade, *a contrario sensu*, evidenciaremos as situações jurídicas que afastam essa condição jurídica, bem por isso, a inimputabilidade, como nos casos, por exemplo, de menoridade e algumas doenças mentais que afetem o entendimento sobre o caráter ilícito da conduta perpetrada.

Em seguida, aprofundaremos a análise do elemento subjetivo da culpabilidade, isto é, a consciência, ainda que potencial, do caráter ilícito do comportamento. Veremos, *a latere*, que algumas hipóteses excepcionais, como o erro de proibição, afastam a consciência potencial da ilicitude, afastando, por conseguinte, a própria culpabilidade.

O terceiro e último elemento da culpabilidade é a exigibilidade de conduta diversa, ou seja, a exigibilidade de comportamento adequado à ordem jurídica. A ideia de exigibilidade de conduta diversa é um tanto quanto vaga, a partir de algumas categorias que o Direito Penal afasta a culpabilidade por entender que, nas circunstâncias concretas, não se pode exigir outro comportamento do agente.

É o que ocorre, por exemplo, nos casos de coação moral irresistível ou, ainda, de obediência hierárquica, atendidos os requisitos legais que serão oportunamente desenvolvidos.

Esquematicamente:

Figura 4.42 – Culpabilidade

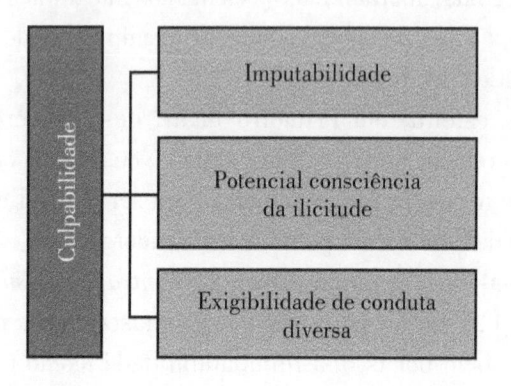

Culpabilidade
- Imputabilidade
- Potencial consciência da ilicitude
- Exigibilidade de conduta diversa

4.4.1 Noções gerais

Nunca é demais lembrar que estamos aprofundando a teoria do crime com base no conceito analítico da infração penal, que serve justamente de instrumental teórico para análise fracionada do fenômeno criminal global.

Em um primeiro momento, analisamos a conduta típica, passando pela análise da conduta em si e sua correspondência à norma penal incriminadora (tipicidade).

Em seguida, abordamos as hipóteses que, apesar de típicas, não lesionam a ordem jurídica por estarem amparadas em algumas das causas excludentes da ilicitude ou antijuridicidade.

Então, é chegado o momento de examinarmos o terceiro e último espectro de interesse do conceito analítico: a culpabilidade.

Ainda que forçando um pouco o aspecto dogmático, podemos dizer que as causas excludentes da ilicitude afastam a própria ideia de lesão à ordem jurídica, na medida em que uma conduta, mesmo que típica, mas acobertada por alguma causa excludente da ilicitude, não viola o ordenamento jurídico.

Já na culpabilidade, ocorre consequência diversa. A conduta típica, ilícita, constitui violação à ordem jurídica, porém, o agente, em razão de alguma situação jurídica específica, não é punível pelo seu ato, ou seja, não tem culpabilidade necessária e suficiente para sofrer alguma sanção de natureza penal. Isso tudo seja porque é inimputável penalmente, seja por desconhecer o caráter ilícito de seu próprio comportamento, seja, ainda, por não lhe ser exigível um comportamento diverso dadas as circunstâncias concretas da conduta.

É nesse sentido que a *culpabilidade* pode ser definida com um juízo jurídico de reprovação pessoal que se faz sobre uma conduta típica e ilícita. A natureza jurídica da culpabilidade repousa, portanto, sobre a reprovação jurídico-penal da conduta na perspectiva da liberdade de ação do sujeito que a pratica.

Nesse cenário, clássica, complexa e perplexa é a discussão sobre os fatores determinantes do comportamento criminoso, a partir de extremos que sugerem tipos ideais de ação: de um lado o livre arbítrio, caracterizado pela liberdade de ação do sujeito que, optando pela retidão, prefere a prática criminosa e, em outro extremo, o determinismo, embasado na ideia de fatores determinantes ou impulsionadores de condutas delitivas.

Figura 4.43 – Livre arbítrio versus determinismo

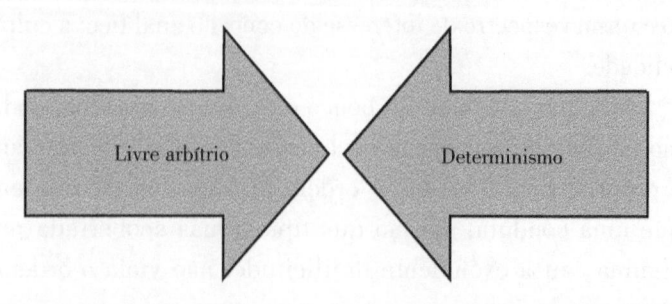

[Livre arbítrio ⇄ Determinismo]

Obviamente, em razão do caráter dogmático da presente obra, não aprofundaremos esses aspectos.

Ainda nas noções gerais acerca da culpabilidade, cumpre retomar o que já apresentamos na visão panorâmica da teoria do crime. Segundo a concepção teórica que atualmente predomina na dogmática penal, elementos como o dolo e a culpa foram transferidos para a esfera da tipicidade. Bem por isso se fala em tipicidade objetiva e subjetiva, conforme já tratamos.

Em termos de elemento subjetivo, a consciência da ilicitude permaneceu no campo da culpabilidade, porém, não a real consciência, senão a mera possibilidade de alcançar esse entendimento, ou seja, "potencial" consciência da ilicitude.

Para nossos fins didáticos, destacaremos a doutrina predominante. A diferença de concepção tem interações e mediações bem interessantes, muitas vezes com implicações práticas de relevância. Contudo, leais ao fôlego e ao objetivo desta obra, não aprofundaremos a questão.

4.4.2 Elementos da culpabilidade

Como mencionamos, desenvolveremos os elementos da culpabilidade a partir da perspectiva da teoria finalista. Isso porque, segundo a explicação causal naturalista da conduta, a culpabilidade era o local onde se concentravam os elementos subjetivos, dolo e culpa.

Com maior ou menor variação e evolução histórica em cada sistema jurídico, predomina a ideia de culpabilidade composta pela imputabilidade, potencial consciência da ilicitude e exigibilidade de conduta diversa, categorias que servirão de base para nossos estudos dogmáticos.

Essa é concepção da teoria final da ação, para esses propósitos nomeada como *teoria normativa pura*.

■ Imputabilidade

De maneira muito simples , *imputabilidade* é a capacidade jurídica de sofrer alguma consequência de natureza penal, a possibilidade jurídica de ser responsabilizado pela prática de algum fato típico e ilícito, ou seja, por fato definido como crime, sem a incidência de quaisquer causas excludentes da ilicitude.

A imputabilidade é composta por dois elementos que se complementam: um intelectual, ou seja, a capacidade de entender o caráter ilícito da conduta, e outro volitivo, de vontade, isto é, condições físicas e psíquicas de se determinar de acordo com esse entendimento.

Esquematicamente, temos:

Figura 4.44 – Imputabilidade

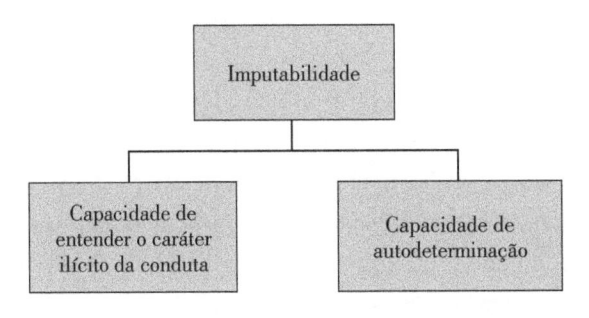

```
                    ┌──────────────────┐
                    │  Imputabilidade  │
                    └────────┬─────────┘
              ┌──────────────┴──────────────┐
    ┌─────────┴─────────┐         ┌─────────┴─────────┐
    │   Capacidade de   │         │   Capacidade de   │
    │ entender o caráter│         │  autodeterminação │
    │ ilícito da conduta│         │                   │
    └───────────────────┘         └───────────────────┘
```

A imputabilidade é a regra, porém, o sistema penal prevê algumas situações jurídicas que afastam tal capacidade de responsabilização; estas são as hipóteses de inimputabilidade.

O sistema penal brasileiro estabelece duas hipóteses de **inimputabilidade**, a saber: por deficiência mental (ou desenvolvimento mental incompleto ou retardado) e por imaturidade. Esquematicamente, vejamos:

Figura 4.45 – Inimputabilidade

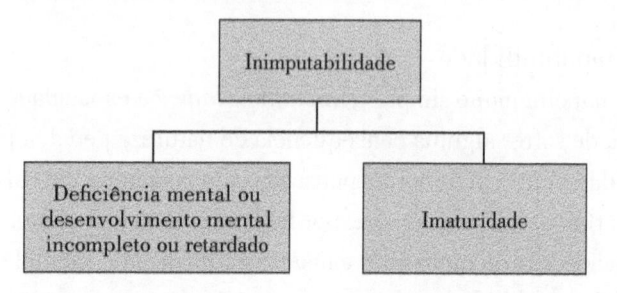

A inimputabilidade por deficiência mental ou desenvolvimento mental incompleto ou retardado está prevista no art. 26 do Código Penal, com a seguinte redação:

> Art. 26. *É isento de pena o agente que, por doença mental ou desenvolvimento mental incompleto ou retardado, era, ao tempo da ação ou da omissão, inteiramente incapaz de entender o caráter ilícito do fato ou de determinar-se de acordo com esse entendimento.* (BRASIL, 1940)

Para que possa incidir a inimputabilidade, ou seja, a isenção de pena, é necessária a conjugação dos fatores previstos no dispositivo, deficiência mental ou desenvolvimento mental incompleto ou retardado, somada à incapacidade (total, absoluta) de entender o caráter ilícito da conduta ou de determinar-se de acordo com esse entendimento.

O legislador penal, portanto, adotou o critério biopsicológico para a determinação da inimputabilidade, isto é, a conjugação de fatores biológicos (deficiência mental ou desenvolvimento mental incompleto ou retardado) e fatores psicológicos, vale dizer, incapacidade absoluta de entender o caráter ilícito da conduta ou de determinar-se segundo esse entendimento.

À míngua de ambos os elementos, ou não presentes de forma absoluta, o máximo de benefício penal é a possibilidade de redução de pena, prevista no parágrafo único do mesmo dispositivo:

Art. 26. [...]

Redução de pena

Parágrafo único. A pena pode ser reduzida de um a dois terços, se o agente, em virtude de perturbação de saúde mental ou por desenvolvimento mental incompleto ou retardado não era inteiramente capaz de entender o caráter ilícito do fato ou de determinar-se de acordo com esse entendimento. (BRASIL, 1940, grifo do original)

A segunda hipótese de inimputabilidade está prevista tanto na Constituição Federal quanto no Código Penal, senão vejamos:

Constituição Federal:

Art. 228. São penalmente inimputáveis os menores de dezoito anos, sujeitos às normas da legislação especial.
(BRASIL, 1988)

Código Penal:

Art. 27. Os menores de 18 (dezoito) anos são penalmente inimputáveis, ficando sujeitos às normas estabelecidas na legislação especial. (BRASIL, 1940)

Trata-se da inimputabilidade por imaturidade natural. A lei penal parte da presunção de desenvolvimento incompleto e incapacidade de pleno conhecimento do ato ilícito relativamente às condutas praticadas por menores de 18 anos. Na hipótese, portanto, o critério adotado é puramente biológico, ou seja, tão somente a partir do critério etário.

Ainda com relação à imputabilidade, é importante abordar duas categorias relacionadas, ambas tratadas na legislação penal: a emoção ou paixão e a embriaguez.

O Código Penal expressamente deixa claro que a **emoção ou paixão** não exclui a imputabilidade penal (art. 28, inciso I). Assim, os chamados *crimes passionais* são plenamente puníveis, embora haja a possibilidade de redução da resposta penal em tais casos.

Quanto à **embriaguez**, o legislador, da mesma forma, não exclui a imputabilidade. Porém, nesse caso, faz ressalva da embriaguez completa involuntária, proveniente de caso fortuito ou força maior.

A embriaguez completa, embora torne o agente inteiramente incapaz de determinar-se, permite a punição com base na teoria da *actio libera in causa*, situação em que o elemento subjetivo (dolo ou culpa) é antecipado para o momento da embriaguez, embora, no momento da ação ou da omissão, não haja mais voluntariedade na conduta. Vejamos os dispositivos legais:

Art. 28. Não excluem a imputabilidade penal:

I – a emoção ou paixão;

Embriaguez

II – a embriaguez, voluntário ou culposa, pelo álcool ou substância de efeitos análogos.

§ 1º É isento de pena o agente que, por embriaguez completa, proveniente de caso fortuito ou força maior, era, ao tempo da ação ou da omissão, inteiramente incapaz de entender o caráter ilícito do fato ou de determinar-se de acordo com esse entendimento.

§ 2º A pena pode ser reduzida de um a dois terços, se o agente, por embriaguez, proveniente de caso fortuito ou força maior, não possuía, ao tempo da ação ou da omissão, plena capacidade de entender o caráter ilícito do fato ou de determinar-se de acordo com esse entendimento. (BRASIL, 1940, grifo do original)

A questão da imputabilidade, especialmente a partir das interações psicológicos, como no caso de embriaguez, permite maior aprofundamento.

Contudo, no mais das vezes, exigem-se exames de psiquiatria forense, não aplicáveis no caso de repressão policial imediata, haja vista que o agente policial, no atendimento cotidiano de ocorrências policiais, dificilmente vai dispor de todos os elementos jurídicos necessários e suficientes para a análise psicológica da inimputabilidade, salvo questões objetivas ou evidentes.

■ **Potencial consciência da ilicitude**

Conforme já enfrentamos em diversas oportunidades, com o predomínio da teoria final da ação no sistema penal brasileiro, não se exige mais uma concreta consciência da ilicitude da conduta, senão uma mera potencial consciência dessa ilicitude a partir de critérios do caso concreto.

Assim, erros sobre situações de fato previstas no tipo penal passam a ser analisados como erro do tipo, conforme fizemos oportunamente.

Por outro lado, restou o erro de proibição, a ser examinado na esfera da culpabilidade. A partir da ideia do erro de proibição, afere-se se o agente tinha condições de compreender que estava praticando um ato ilícito. Mais uma vez, não se ele concretamente sabia se estava ou não praticando um ilícito penal, mas se tinha condições de atingir tal entendimento, bem por isso, *potencial consciência da ilicitude*.

Nesse aspecto incide a presunção de conhecimento da lei, de forma que, em regra, ninguém pode alegar desconhecimento da lei penal como forma de se escusar da devida responsabilidade.

Contudo, em hipóteses excepcionais, quando evidente que o agente não tinha conhecimento que estava praticando um ilícito penal, poderá eventualmente tornar-se inculpável por falta de potencial consciência da ilicitude.

Vejamos o tratamento legal dado à matéria:

> ***Erro sobre a ilicitude do fato***
>
> Art. 21. *O desconhecimento da lei é inescusável. O erro sobre a ilicitude do fato, se inevitável, isenta de pena; se evitável, poderá diminuí-la de um sexto a um terço.*

Parágrafo único. Considera-se evitável o erro se o agente atua ou se omite sem a consciência da ilicitude do fato, quando lhe era possível, nas circunstâncias, ter ou atingir essa consciência. (BRASIL, 1940, grifo do original)

Assim, trata-se de um requisito normativo, é dizer, basta a mera possibilidade concreto do conhecimento para estar presente o requisito de culpabilidade.

Como situação excepcional, somente tem guarida em hipóteses concretas especiais, a exemplo do caso de condutas praticadas por indígenas sem maiores contatos com a legislação e a cultura predominantes em solo nacional.

Exigibilidade de conduta diversa

O último elemento da culpabilidade, segundo a doutrina predominante, é a chamada *exigibilidade de conduta diversa*. Trata-se de uma categoria necessariamente aberta, na medida em que nela se inserem todas as hipóteses em que o sistema penal afasta a culpabilidade do agente que praticou alguma conduta típica e ilícita em virtude de alguma situação jurídica exculpante. Em linhas gerais, analisa-se a situação pessoal do agente, no momento da ação ou da omissão, a fim de aferir se poderia ou deveria agir daquela forma.

Como se trata de um conceito aberto, muitas são as causas excludentes desse elemento, ou seja, descriminalização pela via da inexigibilidade de conduta diversa. Nada obstante, o Código Penal prevê expressamente algumas hipóteses de inexigibilidade de conduta diversa, como é o caso da coação moral irresistível e da obediência hierárquica. Assim é a disciplina do art. 22 do Código Penal:

Coação irresistível e obediência hierárquica

Art. 22. *Se o fato é cometido sob coação irresistível ou em estrita obediência a ordem, não manifestamente ilegal, de superior hierárquico, só é punível o autor da coação ou da ordem.* (BRASIL, 1940, grifo do original)

Vejamos cada uma delas rapidamente.

A **coação física irresistível**, para fins penais, afasta a própria ideia de conduta. Assim, no caso de inexigibilidade de conduta diversa, referimo-nos sempre à coação moral (irresistível). São exemplos clássicos de coação moral irresistível o sequestro da família do gerente de banco, para que ele possa sacar ou transferir ativos em benefício dos membros da quadrilha. Muitas vezes, também são alegadas situações de coação moral para a realização de ilícitos como forma de proteção em estabelecimentos prisionais ou como requisito para a permanência em organização criminosa.

Tratando-se de coação resistível, a ser aferida em cada caso concreto, não haverá a exclusão da culpabilidade, pela via da inexigibilidade de conduta diversa, mas, no máximo, será considerada alguma circunstância atenuante, *ex vi* do art. 65, inciso III, alínea "c", primeira parte, do Código Penal.

A **obediência hierárquica** é a outra hipótese expressa de exclusão da culpabilidade por inexigibilidade de conduta diversa. Da dicção do dispositivo apresentado, são requisitos da obediência hierárquica: a um, que a ordem seja emanada se superior hierárquico; a dois, que a ordem não seja manifestamente ilegal; a três, que a conduta do agente esteja nos limites da ordem.

O poder hierárquico é o do Direito Público, especificamente do Direito Administrativo, especialmente visível nas organizações militares. Não haverá poder hierárquico em relações particulares, privadas, como nas empresas.

Ordem não manifestamente ilegal é um conceito aberto que faz depender a situação de acordo com a riqueza do caso concreto. A lei procura deixar na espécie as hipóteses em que a ordem seja claramente legal ou possa gerar ao menos uma presunção de legalidade, não permitindo abrir mão da causa exculpante no caso de ordem evidentemente ilegal.

Por fim, para que possa estar amparado na inexigibilidade de conduta diversa, o agente deve pautar sua conduta nos exatos limites da ordem recebida, sem extrapolá-la.

Assim como na hipótese da ilicitude, na culpabilidade, mais especificamente no campo da inexigibilidade de conduta diversa, temos as chamadas *causas supralegais de exclusão da culpabilidade*, ou seja, as hipóteses não expressas na legislação penal, mas que podem fundamentar a exclusão da culpabilidade.

Como afirmamos, a inexigibilidade de conduta diversa é um conceito vago. Embora deva ser encarado com parcimônia, o legislador penal não tem a capacidade de prever todas as possibilidades concretas de exclusão, de forma que somente a riqueza do caso concreto (aliada ao razoável conhecimento da jurisprudência) poderá apresentar algumas hipóteses supralegais.

Nesse sentido, por exemplo, temos o chamado *conflito de deveres*, que foi utilizado na doutrina alemã para afastar a responsabilidade de alguns médicos do regime nazista que deveriam escolher as pessoas que seriam assassinadas pelo regime. Se eles não apresentassem os mais debilitados, as vítimas seriam escolhidas aleatoriamente, conforme indicam algumas fontes históricas.

Esquematicamente, assim podemos apresentar as causas que afastam a exigibilidade de conduta diversa:

Figura 4.45 – Inexigibilidade de conduta diversa

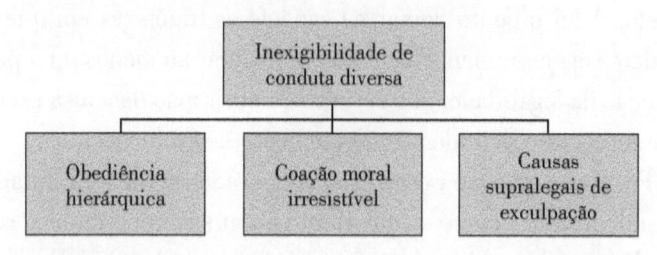

```
                    ┌─────────────────────┐
                    │   Inexigibilidade de │
                    │    conduta diversa   │
                    └──────────┬──────────┘
            ┌──────────────────┼──────────────────┐
   ┌────────┴────────┐ ┌───────┴────────┐ ┌───────┴────────┐
   │   Obediência    │ │  Coação moral  │ │    Causas      │
   │   hierárquica   │ │  irresistível  │ │  supralegais de│
   │                 │ │                │ │   exculpação   │
   └─────────────────┘ └────────────────┘ └────────────────┘
```

É importante consignar, contudo, que, na atividade policial cotidiana, dificilmente haverá condição hábil para se aferir os completos contornos de uma situação de inexigibilidade de conduta diversa, cabendo ao agente policial de segurança pública procurar documentar, ao máximo possível, a ocorrência policial, a fim de permitir às autoridades jurídicas uma análise completa da situação jurídico penal que lhe é apresentada.

Com isso, concluímos a análise dogmática das principais categorias de interesse para a atividade policial, na esteira do conceito analítico do crime, critério operacional a fim de facilitar a compreensão e a atuação no cotidiano policial que lida, basicamente, com a repressão penal/policial imediata, nos moldes que desenvolvemos na presente obra.

V

Conclusões e as regras de ouro da atividade policial

Como já apresentamos nos capítulos introdutórios, menos um manual de Direito Penal puro, mais uma análise dogmática penal a partir da perspectiva de interesse da atividade policial – esse foi o principal objetivo das linhas desenvolvidas na presente obra.

Bem por isso, algumas categorias penais de importância para as ciências penais não foram analisadas, dado o diminuto interesse na atividade policial.

Foi o que ocorreu, por exemplo, na esfera da punibilidade e suas hipóteses de exclusão. Isso porque, embora seja um tema de interesse, não afeta o cotidiano policial que lida com a repressão penal policial imediata, em que essas situações são praticamente indiferentes.

A prescrição, por exemplo, como fenômeno que afasta a punibilidade em virtude da conjugação do tempo e da inatividade do Estado, não tem qualquer repercussão no âmbito da atividade policial.

Além disso, a partir dos cânones do que denominamos *dilemas da atividade policial*, os agentes policiais de segurança pública responsáveis pela repressão policial imediata necessitam de conhecimentos dogmáticos de interesse direto, a fim de pautarem sua correta e republicana atuação.

A propósito, dada a importância social e a responsabilidade institucional dos órgãos e das agências de defesa social, o preparo técnico, jurídico, profissional constitui esteira pretensamente segura no difícil dia a dia policial, quando afloram situações dramáticas e juridicamente complexas, cuja atuação policial deve ser cirurgicamente precisa, sob pena de responsabilidade por ação ou omissão.

Nada obstante, após décadas de atuação direta com a atividade policial, seja no exercício direto da atividade, seja no controle externo da atividade policial, ousamos apresentar alguns padrões de conduta que poderão auxiliar no cotidiano policial, sempre ao lado do preparo profissional.

Voltamos a insistir, a boa vontade e o preparo são as melhores receitas para a atividade profissional policial, contudo, após muito observar pessoas de boa vontade respondendo, às vezes criminalmente, pelos seus atos, sem qualquer intensão criminosa, verificamos que, em pelo menos três situações/precauções, boa parte do problema poderia ter sido contornado.

São regras, ou melhor, mensagens que a observação empírica da realidade policial indica como importantes norteadores de atuação, ao lado do constante preparo policial e do presente espírito de bem servir à comunidade na qual está inserido e onde desempenha essencial missão.

Sem maiores delongas, vamos às mensagens, ou regras de ouro, aos agentes policiais de boa vontade.

Figura 5.1 – Regras de ouro

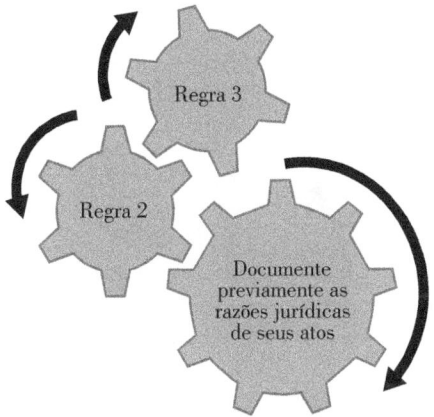

(Regra 3 / Regra 2 / Documente previamente as razões jurídicas de seus atos)

A primeira mensagem ou regra de outro diz respeito à **documentação da diligência policial** no âmbito da repressão imediata. Apesar dos esforços e discussões teóricas, nosso sistema processual penal apresenta uma tendência ao formal, ao escrito.

Como já fizemos referência no dilema do agente policial de segurança pública, por vezes, os agentes necessitam realizar, em compressão temporal, importantes e irreversíveis decisões, não raro, com intenso conteúdo jurídico.

Para uma maior transparência no agir e para que não haja uma justificação *pos factum*, é importante que as razões jurídicas das decisões tomadas durante o atendimento de ocorrência sejam, ainda que brevemente, documentadas.

A experiência profissional tem demonstrado que os agentes policiais mais preparados são aqueles que, quando questionados em audiência por exemplo, reportam-se às razões e às medidas adotadas a partir dos documentos lavrados na proximidade dos fatos, nos quais demonstram, por exemplo, as razões (jurídicas) por que deram voz de prisão, adentraram no domicílio, deixaram de apreender etc.

Figura 5.2 – Regras de ouro

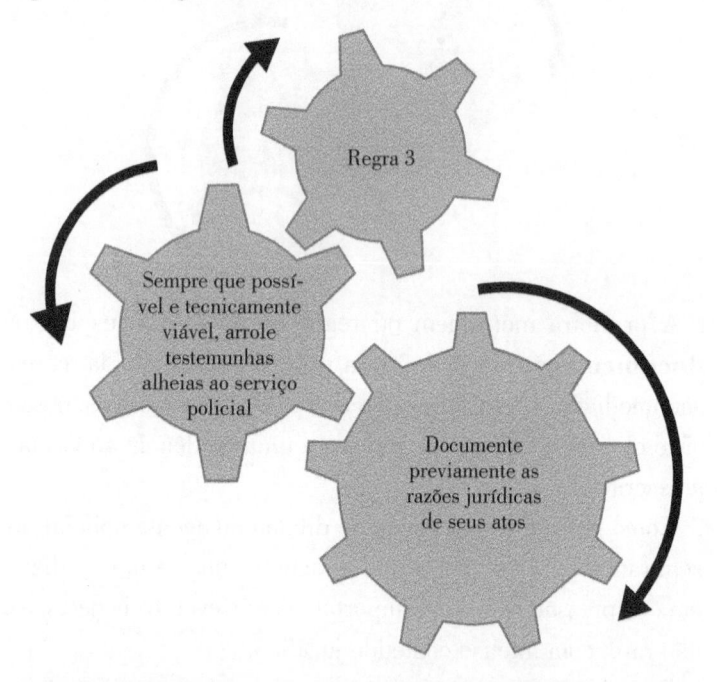

- Regra 3
- Sempre que possível e tecnicamente viável, arrole testemunhas alheias ao serviço policial
- Documente previamente as razões jurídicas de seus atos

A segunda mensagem pode ser assim sentenciada: sempre que possível e tecnicamente viável, **arrole testemunhas alheias ao serviço policial**.

As diligências policiais, dada a responsabilidade e a importância da atividade, são necessariamente muito controladas. Já tivemos a oportunidade de expor, por exemplo, que o ato de prisão em flagrante delito é um dos atos públicos mais controlados no sistema estatal brasileiro.

O acompanhamento de diligências por testemunhas sempre auxilia na credibilidade e na lisura do ato. Porém, conforme consta no enunciado, algumas ressalvas fazem-se necessárias.

Em virtude da própria natureza do serviço policial, nem sempre será possível indicar ou arrolar tais testemunhas, justamente pelo local e pelo horário da ocorrência policial, ou, ainda, por questão de segurança da própria testemunha. Por esse motivo, sendo tecnicamente possível, sem risco, a medida é recomendável.

Temos observado, porém, que muitos agentes policiais indicam como testemunhas de seus atos e de suas diligências os próprios colegas de corporação, o que faz diminuir seu valor jurídico enquanto elemento de transparência.

Figura 5.3 – Regras de ouro

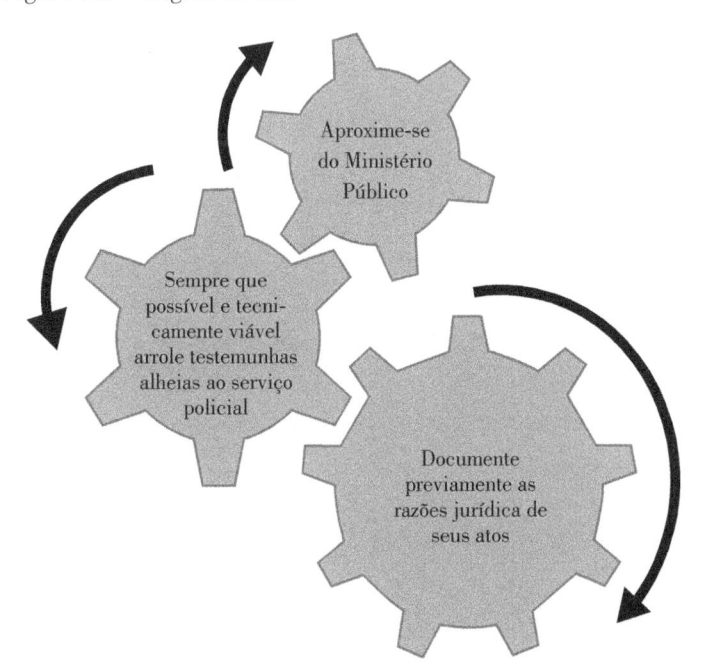

- Aproxime-se do Ministério Público
- Sempre que possível e tecnicamente viável arrole testemunhas alheias ao serviço policial
- Documente previamente as razões jurídica de seus atos

Enfim, a regra de ouro n. 3: **aproxime-se do Ministério Público**.

Os órgãos e as agências policiais integram um sistema maior de segurança pública, onde se inserem o Judiciário e o Ministério Público, todos com atribuições pretensamente harmônicas de defesa social.

O Judiciário é, por contorno constitucional, inerte e não pode adotar posturas proativas no combate à criminalidade. Bem por isso, o Ministério Público, a partir de sua missão institucional, constitui importante parceiro dos órgãos policiais, não somente como seus controladores, mas também como elemento de convergência diante do fenômeno criminal.

O sistema processual penal brasileiro privilegia a ação penal pública, atribuição exclusiva do Ministério Público.

A aproximação entre instituição da Polícia e Ministério Público constitui essencial elemento catalizador das políticas públicas envoltas no complexo fenômeno da segurança pública, *rectius*, defesa social.

ACKERMAN, B. **A nova separação dos poderes**. Tradução de Isabelle Maria Campos Vasconcelos e Eliana Valadares Santos. Rio de Janeiro: Lumen Juris, 2009.

ARENDT, H. **Entre o passado e o futuro**. São Paulo: Perspectiva, 2002.

ARAÚJO, L. A. D.; NUNES JÚNIOR, V. S. **Curso de direito constitucional**. 6. ed., São Paulo: Saraiva, 2002.

ASSIS, J. C. de. **Comentário ao Código Penal Militar**: parte geral. 5. ed. Curitiba: Juruá. v. 1.

____. **Direito militar**: aspectos penais, processuais penais e administrativos. 2. ed. Curitiba: Juruá, 2004.

ÁVILA, H. **Teoria dos princípios**: da definição à aplicação dos princípios jurídicos. São Paulo: Malheiros, 2003.

AZKOUL, M. A. **A polícia e sua função constitucional**. São Paulo: Juarez de Oliveira, 1998.

BAJER, P. **Processo penal e cidadania**. Rio de Janeiro: Jorge Zahar, 2002.

BALTAZAR JÚNIOR, J. P. **Crimes federais**. 5. ed. Porto Alegre: Livraria do Advogado, 2010.

BARATTA, A. **Criminologia crítica e crítica do direito penal**: introdução à sociologia do direito penal. Tradução de Juarez Cirino dos Santos. 3. ed. Rio de Janeiro: Revan; Instituto Carioca de Criminologia, 2002.

BARBOSA, R. **Oração aos moços**. Rio de Janeiro: Casa de Rui Barbosa, 1999.

BARBOSA, G. S. O Ministério Público na investigação criminal. **Revista do Ministério Público/Ministério Público do Estado do Rio de Janeiro**, n. 11, p. 129-140, jan./jul. 2000.

BARCELLOS, C. **Rota 66**: a história da polícia que mata. 7. ed. Rio de Janeiro: Record, 2006.

BASTOS, M. L. **A investigação nos crimes de ação penal de iniciativa pública**: papel do Ministério Público – uma abordagem à luz do sistema acusatório e do garantismo. Rio de Janeiro: Lumen Juris, 2004.

BATISTA, N. **Introdução crítica ao direito penal brasileiro**. Rio de Janeiro: Revan, 2005.

BATISTA, N.; ZAFFARONI, E. R. **Direito penal brasileiro**: teoria geral do direito penal. 2. ed. Rio de Janeiro: Revan, 2003. v. 1.

BATISTA, W. M. **Direito penal e direito processual penal**. Rio de Janeiro: Forense, 1996.

BERGER, P. L.; LUCKMANN, T. **A construção social da realidade**: tratado de sociologia do conhecimento. Tradução de Floriano de Souza Fernandes. 19. ed. Petrópolis: Vozes, 2000.

BICUDO, H. P. A investigação criminal. **Revista da Universidade Católica de Campinas**, v. 15, n. 34, p. 37-53, dez. 1971.

_____. **Meu depoimento sobre o esquadrão da morte**. São Paulo: Martins Fontes, 2002.

BITENCOURT, C. R. **Tratado de direito penal**: parte geral. 23. ed. São Paulo: Saraiva, 2017. v. 1.

_____. **Tratado de direito penal**: parte especial. 8. ed. São Paulo: Saraiva, 2003. v. 2.

BORGES, E. de H. O sistema processual acusatório e o juizado de instrução. **Boletim Científico da Escola Superior do Ministério Público da União**, v. 2, n. 6, p. 47-56, jan./mar. 2003.

BOTTINI, P. C; BADARÓ, G. H. **Lavagem de dinheiro**: aspectos penais e processuais penais, comentários à Lei 9.613/1998, com alterações da Lei 12.683/2012. São Paulo: Revista dos Tribunais, 2012.

BRASIL. Constituição (1988). **Diário Oficial da União**, Brasília, DF, 5 out. 1988. Disponível em: <http://www.planalto.gov.br/ccivil_03/constituicao/constituicaocompilado.htm>. Acesso em: 2 nov. 2019.

_____. Decreto-Lei n. 2.848, de 7 de dezembro de 1940. **Diário Oficial da União**, Poder Executivo, Brasília, DF, 31 dez. 1940. Disponível em: <http://www.planalto.gov.br/ccivil_03/decreto-lei/Del2848compilado.htm>. Acesso em: 3 nov. 2019.

BRASIL. Decreto-Lei n. 3.688, de 3 de outubro de 1941. **Diário Oficial da União**, Poder Executivo, Brasília, DF, 3 out. 1941a. Disponível em: <https://www.planalto.gov.br/ccivil_03/decreto-lei/del3688.htm>. Acesso em: 2 out. 2019.

_____. Decreto-Lei n. 3.689, de 3 de outubro de 1941. **Diário Oficial da União**, Poder Executivo, Brasília, DF, 13 out. 1941b. Disponível em: <http://www.planalto.gov.br/ccivil_03/decreto-lei/del3689compilado.htm>. Acesso em: 3 nov. 2019.

_____. Decreto-Lei n. 3.914, de 9 de dezembro de 1941. **Diário Oficial da União**, Poder Executivo, Brasília, DF, 11 dez. 1941c. Disponível em: <http://www.planalto.gov.br/ccivil_03/decreto-lei/Del3914.htm>. Acesso em: 2 out. 2019.

_____. Lei n. 5.970, de 11 de dezembro de 1973. **Diário Oficial da União**, Poder Legislativo, Brasília, DF, 13 dez. 1973. Disponível em: <http://www.planalto.gov.br/ccivil_03/LEIS/1970-1979/L5970.htm>. Acesso em: 3 nov. 2019.

_____. Lei n. 8.069, de 13 de julho de 1990. **Diário Oficial da União**, Poder Legislativo, Brasília, DF, 13 jul. 1990a. Disponível em: <http://www.planalto.gov.br/ccivil_03/leis/l8069.htm>. Acesso em: 2 nov. 2019.

_____. Lei n. 9.099, de 26 de setembro de 1995. **Diário Oficial da União**, Poder Legislativo, Brasília, DF, 27 set. 1995. Disponível em: <http://www.planalto.gov.br/ccivil_03/LEIS/L9099.htm>. Acesso em: 2 nov. 2019.

_____. Lei n. 9.503, de 23 de setembro de 1997. **Diário Oficial da União**, Poder Legislativo, Brasília, DF, 24 set. 1997. Disponível em: <http://www.planalto.gov.br/ccivil_03/leis/l9503.htm>. Acesso em: 2 nov. 2019.

_____. Lei n. 9.605, de 12 de fevereiro de 1998. **Diário Oficial da União**, Poder Legislativo, Brasília, DF, 13 fev. 1998. Disponível em: <http://www.planalto.gov.br/ccivil_03/leis/l9605.htm>. Acesso em: 2 nov. 2019.

_____. Lei n. 11.343, de 23 de agosto de 2006. **Diário Oficial da União**, Poder Legislativo, Brasília, DF, 24 ago. 2006. Disponível em: <http://www.planalto.gov.br/ccivil_03/_ato2004-2006/2006/lei/l11343.htm>. Acesso em: 2 nov. 2019.

BRASIL. Superior Tribunal de Justiça. Súmula n. 17, de 20 de novembro de 1990. **Diário da Justiça**, Brasília, 28 nov. 1990b. Disponível em: <https://ww2.stj.jus.br/docs_internet/revista/eletronica/stj-revista-sumulas-2005_1_capSumula17.pdf>. Acesso em: 3 nov. 2019.

BRASIL. Superior Tribunal de Justiça. Súmula n. 501, de 23 de outubro de 2013. **Diário da Justiça**, Brasília, 28 out. 2013. Disponível em: <https://scon.stj.jus.br/SCON/sumanot/toc.jsp?materia=%27DIREITO%20PENAL%27.mat.#TIT2TEMA0>. Acesso em: 3 nov. 2019.

BRASIL. Supremo Tribunal Federal. Súmula n. 711, de 24 de setembro de 2003. **Diário da Justiça**, Brasília, 9 out. 2003. Disponível em: <http://www.stf.jus.br/portal/jurisprudencia/menuSumarioSumulas.asp?sumula=2551>. Acesso em: 2 nov. 2019.

_____. Súmula n. 145, de 19 de novembro de 2009. **Diário da Justiça**, Brasília, 18 dez. 2009. Disponível em: <http://www.stf.jus.br/portal/jurisprudencia/menuSumarioSumulas.asp?sumula=2119>. Acesso em: 2 nov. 2019.

BREUNIG, A. E.; SOUZA, V. de. **Sociologia do crime e da violência**. Curitiba: InterSaberes, 2018.

CALAMANDREI. **Introduzione allo Studio Sistemático dei Provedimento Cautelari**. Padova: CEDAM, 1936.

_____. **Eles, os juízes, vistos por um advogado**. São Paulo: Martins Fontes, 1997.

CÂMARA, L. A. (Coord.). **Crimes empresariais**: não incriminação, cautelares pessoais e sigilo processual. Curitiba: Juruá, 2012.

CAPEZ, F. **Curso de direito penal**: parte geral 14. ed. Editora Saraiva, 2010. v. 1.

CARNELUTTI, F. **Derecho procesal civil y penal**. Tradução de Enrique Figueroa Alfonzo. México: Episa, 1997.

_____. **Principi del processo penale**. Napoli: Morano Editore, 1960.

CARVALHO, P. P. Uma incursão do Ministério Público à luz do direito comparado: França, Itália, Alemanha, América do Norte e União Soviética. **Ministério Público, Direito e Sociedade**, Porto Alegre: Fabris, p. 82-89, 1986.

CASTILHO, E. W. V. de. Investigação criminal pelo Ministério Público. **Boletim dos Procuradores da República**, v. 1, n. 11, p. 3-5, mar. 1999.

CHOUKR, F. H. **Garantias constitucionais na investigação criminal**. 2. ed. São Paulo: RT, 1995.

CIRINO DOS SANTOS, J. **Crime organizado**. Palestra proferida no 1º Fórum Latino-Americano de Política Criminal, promovido pelo IBCCRIM, de 14 a 17 de maio de 2002, Ribeiro Preto (SP).

_____. **Direito penal**: parte geral. Curitiba: ICPC; Lumen Juris: 2006.

_____. **A moderna teoria do fato punível**. Belo Horizonte: Forum, 2004.

COLOMER, J.-L. G. **El processo penal aleman**: instroducción y normas basicas. Barcelona: Bosch Casa Editorial, 1985.

CONDE. F. M. **Introdución al derecho penal**. Julio César Faira Editor, 2003.

_____. **La búsqueda de la verdad en el proceso penal**. 3. ed. Buenos Aires: hammurabi, 2007.

COSTA, P. B. F. M. da. Sobre a posição da polícia judiciária na estrutura do direito processual penal brasileiro da atualidade. **Revista Brasileira de Ciências Criminais**, v. 7, n. 26, p. 213-220, abr./jun. 1999.

COUTINHO, J. N. de M. A inconstitucionalidade de lei que atribua funções administrativas do inquérito policial ao Ministério Público. **Revista de Direito Administrativo Aplicado**, n. 2, Curitiba, p. 447-451, 1994.

CLÈVE, C. M. Investigação criminal e Ministério Público. **Jus**, Teresina, a. 8, n. 450, 30 set. 2004. Disponível em: <http://jus2.uol.com.br/doutrina/texto.asp?id=5760>. Acesso em: 3 nov. 2019.

DAL POZZO, A. A. F. Democratização da justiça: atuação do Ministério Público. **Justitia**, n. 127, p. 42-49.

DELMAS-MARTY, M. El processo penal en Europa: perspectivas. **Revista del Poder Judicial**, n. 37, 2ª época, p. 79-91, marzo 1995.

_____. **Os grandes sistemas de política criminal**. Tradução de Denise Radanovic Vieira. Barueri, SP: Manole, 2004.

DOTTI, R. A. **Curso de direito penal**: parte geral. 5. ed. Colaboração de Alexandre Knopfholz e Gustavo Brita Scandelari. São Paulo: Revista dos Tribunais, 2013.

GRECO, R. **Curso de direito penal**: parte geral. 2. ed. Rio de Janeiro: Impetrus, 2003.

HAMILTON, S. D. **Temas de processo penal**. 2. ed. Rio de Janeiro: Lúmen Júris, 2000.

_____. A amplitude das atribuições do Ministério Público na investigação penal. **Revista do Ministério Público do Rio de Janeiro**, n. 6, p. 226-243, jul./dez. 1997.

HEFENDEHL, R. **La teoria del bien jurídico**. Barcelona: Marcial Pons, 2007.

HENDLER, E. S. **Sistemas procesales penales comparados**: los sistemas nacionales europeos – temas procesales comparados. Buenos Aires: Ad Hoc, 1997.

INCARATO, M. A. Função do Ministério Público na repressão ao crime atribuições, poderes e meios de atuação. **Revista dos Tribunais**, São Paulo, v. 63, n. 462, p. 312-321, abril 1974.

JARDIM, A. S. **Direito processual penal**. Rio de Janeiro: Forense, 2001.

JAKOBS, G. **Ciência do direito e ciência do direito penal**. São Paulo: Manole, 2003. v. 1. (Coleção Estudos de Direito Penal).

_____. **Ação e omissão no direito penal**. São Paulo: Manole, 2003. v. 2. (Coleção estudos de Direito Penal).

LEMOS JÚNIOR, A. P. de. A investigação criminal diante das organizações criminosas e o posicionamento do Ministério Público. **Revista dos Tribunais**, fascículo penal, São Paulo, v. 91, n. 795, p. 411-451, jan. 2002.

LIMA, C. F. dos S. Os poderes investigatórios do Ministério Público: o caso Banestado. **Correio Brasiliense**, Brasília, Caderno de Direito e Justiça, n. 14890, p. 2, 23 fev. 2004.

LIMA, M. P. O Ministério Público pode ou não investigar? Uma análise da recente decisão do STF. **Revista Brasileira de Ciências Criminais**, v. 12, n. 46, p. 371-390, jan./fev. 2004.

LISZT, F. V. **A ideia do fim do direito penal**. Rideel, 2005.

LOMBROSO, C. **O homem delinquente**. Tradução de Sebastião José Roque. São Paulo: Icone Editora.

LOPES JÚNIOR, A. C. L. **Sistemas de investigação preliminar no processo penal**. Rio de Janeiro: Lúmen Júris, 2001.

_____. A crise do inquérito policial: breve análise dos sistemas de investigação preliminar no processo penal. **Revista da Ajuris**: doutrina e jurisprudência, v. 26, n. 78, p. 43-74, jun. 2000.

_____. **Introdução crítica ao processo penal**: fundamentos da instrumentalidade garantista. Rio de Janeiro: Lumen Juris Editora, 2006.

MACHADO, A. C. da C. **A intervenção do Ministério Público no processo civil brasileiro**. 2 ed. São Paulo: Saraiva, 1998.

MACHADO, L. A. Conversa com a polícia judiciária. **A & C Revista de Direito Administrativo e Constitucional**, v. 1, n. 4, p. 45-59, Curitiba: Juruá, 2000.

MAIA NETO, C. F. **O promotor de justiça e os direitos humanos**: acusação com racionalidade. Curitiba: Juruá, 2000.

MARCHI, C. **Fera de Macabu**. Rio de Janeiro: Best Seller, 2008.

MARCHI JÚNIOR, A. de P.; AMARAL, C. S. (Re)pensando a atribuição investigatória do Ministério Público: argumentos de ordem constitucional e limites funcionais. **Boletim do Instituto de Ciências Penais**, n. 46, ano III, p. 3-5, maio 2004.

MARINONI, L. G.; ARENHART, S. C. **Prova e convicção**: de acordo com o CPC de 2015. 3. ed. São Paulo: Revista dos Tribunais, 2015.

MARQUES, J. F. **Elementos de direito processual penal**. 2. ed. Campinas: Millennium, 2000. v. I-IV.

_____. **Tratado de direito processual penal**. São Paulo: Saraiva, 1980. v. 1.

MARX, K. **O capital**: crítica da economia capitalista. Rio de Janeiro: Civilização Brasileira.

MAZZILLI, H. N. **Regime jurídico do Ministério Público**. 3. ed. São Paulo: Saraiva, 1996.

_____. **Manual do promotor de justiça**. São Paulo: Saraiva, 1987.

MELLO, C. A. B. de. **Curso de direito administrativo**. São Paulo: Malheiros, 2000.

_____. **Introdução ao Ministério Público**. 2. ed. São Paulo: Saraiva, 1998.

MENDONÇA, A. B. de. **Prisão e outras medidas cautelares pessoais de acordo com a Lei 12403/2011**. Método, 2011.

MENDRONI, M. A. **Curso de investigação criminal**. 2. ed. São Paulo: Juarez de Oliveira, 2008.

MONET, J. C. **Polícias e sociedade na Europa**. Tradução de Mary Amazonas Leite de Barros. São Paulo: Ed. da Edusp, 2001.

MORAES, A. de. **Direito constitucional**. 6. ed. São Paulo: Atlas, 1999.

MORAES FILHO, A. E. de. O Ministério Público e o inquérito policial. **Revista Brasileira de Ciências Criminais**, n. 19, p. 105, 1997.

MORO, S. F. **Crime de lavagem de dinheiro**. São Paulo: Saraiva, 2010.

MÜLLER, F. **Métodos de trabalho do direito constitucional**. Porto Alegre: Síntese, 1999.

NASCIMENTO, R. B. P. M. Aspectos investigativos dos crimes contra o sistema financeiro nacional, de sonegação fiscal e lavagem de dinheiro. **Boletim dos Procuradores da República**, v. 4. n. 42, p. 20-28, out. 2001.

NUCCI, G. de S. **Código de processo penal comentado**. 3. ed. São Paulo: RT, 2004.

OLIVEIRA, A. J. F. de. Interação funcional entre as polícias e Ministério Público como necessária medida de política criminal. **Gazeta do Povo**, Caderno Justiça e Direito, 16 ago. 2013.

OLIVEIRA, A. J. F. de. **Estudos avançados de direito aplicado à atividade policial**. Rio de Janeiro: Lumen Juris, 2014.

OLIVEIRA, E. P. de; FICSHER, D. **Comentários ao código de processo penal e sua jurisprudência**. São Paulo: Atlas, 2012.

_____. **Curso de processo penal**. 16. ed. São Paulo: Atlas, 2012.

PAULINO, J. A. **A produção da prova externa e sua validade contra a criminalidade organizada transnacional**. Brasília: Fortium, 2008.

PEREYRA, R. M. de. Juicio oral: nuevo rol de los sujetos procesales. In: BUOMPADRE, J. E. (Coord.). **Derecho penal, derecho processual penal**: homenaje a Carlos Alberto Contreras Gómez. Buenos Aires: Abeledo-Perrot, p. 291-302, 1997.

PORTANOVA, R. **Motivações ideológicas da sentença**. 3. ed. Porto Alegre: Livraria do Advogado, 1997.

PROENÇA, L. R. Participação do Ministério Público no processo civil nos Estados Unidos da América. In: FERRAZ, A. A. de M. C. F. (Coord.). **Ministério Público**: instituição e processo. São Paulo: Atlas-IEDC, 1997.

QUEIROZ, P. **Funções do direito penal**. São Paulo: RT, 2008.

RAMOS, J. G. G. **A tutela de urgência no processo penal brasileiro**. Belo Horizonte: Del Rey, 1998.

_____. **A histeria que mata**. Disponível em <http://www.cirino.com.br/artigos/jggr/histeria_que_mata.pdf>. Acesso em: 17 nov. 2005.

_____. **Lavagem de dinheiro e os advogados**. Disponível em <http://www.cirino.com.br/artigos/jggr/lavagem_provocacoes.pdf >. Acesso em: 17 nov. 2005.

_____. **Curso de processo penal norte-americano**. São Paulo: RT.

RANGEL, P. **Investigação criminal direta pelo Ministério Público**: visão crítica. 2. ed. Rio de Janeiro: Lúmen Júris, 2005.

REMÉDIO, A. E. Sobre o inquérito e o projecto de código de processo penal. **Revista do Ministério Público**, Cadernos, n. 2, Sindicato dos Magistrados do Ministério Público, Lisboa: editorial Minerva, p. 105-113, 1988.

RIBEIRO, D. D. A intervenção do Ministério Público na investigação criminal: a figura do promotor-investigador. **Boletim IBCCRIM**, v. 10, n. 121, dez. 2002.

ROBINSON, J. **A globalização do crime**. Trad. de Ricardo Inojosa. Rio de Janeiro: Ediouro, 2001.

ROXIN, C. **Derecho penal**: parte general. Madrid: Civitas, 1997. t. I.

RUBIO, J. M. P. et al. **Ley de enjuiciamento criminal y ley del jurado.** 7. ed. Madrid: Colex, 1995.

RUSCHE, G.; KIRCHHEIMER, O. **Punição e estrutura social.** 2. ed. Rio de Janeiro: Revan, 2004.

SANTIN, V. F. **O Ministério Público na investigação criminal.** Bauru: EDIPRO, 2001.

_____. **Crime organizado.** Palestra proferida no 1º Fórum Latino-Americano de Política Criminal, promovido pelo IBCCRIM, de 14 e 17 de maio de 2002.

SAUWEN FILHO, J. F. **Ministério Público brasileiro e o Estado Democrático de Direito.** Rio de Janeiro: Renovar, 1999.

SILVA, A. F. G. da; ARAÚJO, M. E. M. de; CORRÊA, P. F. Ainda e sempre a investigação criminal direta pelo Ministério Público. **Jus,** Teresina, a. 3, n. 31, maio 1999. Disponível em: <http://jus2.uol.com.br/doutrina/texto.asp?id=1054>. Acesso em: 5 nov. 2019.

SILVA, K. C. A. As políticas criminais contemporâneas: ênfase nas reformas dos sistemas processuais europeus. **Boletim Científico da Escola Superior do Ministério Público da União,** v. 2, n. 8, p. 99-120, jul./set. 2003.

SIMON, J. A. Considerações sobre o Ministério Público americano. **Revista dos Tribunais,** São Paulo, v. 640, p. 8, 1989.

SOARES, L. E.; PIMENTEL, R.; BATISTA, A. **Elite da tropa.** Rio de Janeiro: Objetiva.

SOUZA, C. A.; ALBUQUERQUE, M. L. **Segurança pública contemporânea.** InterSaberes: Curitiba, 2016.

SOUZA, J. B. de. Investigação direta pelo Ministério Público. **Revista Brasileira de Ciências Criminais,** v. 11, n. 44, p. 361-371, jul./set. 2003.

_____. Notas sobre o projeto referente ao inquérito policial. **Revista Brasileira de Ciências Criminais,** v. 10, n. 38, p. 257-270, abr./jun. 2002.

STRECK, L. L.; FELDENS, L. **Crime e constituição:** a legitimidade da função investigatória do Ministério Público. Rio de Janeiro: Forense, 2005.

SUXBERBER, A. H. G. O papel do Ministério Público no crime organizado. **Revista da Fundação Escola Superior do Ministério Público do Distrito Federal e Territórios,** Brasília, ano 11, v. 22, p. 35-54, jul./dez. 2003.

TAQUARY, E. O. de B. A investigação criminal: atividade exclusiva da autoridade policial. **Revista Jurídica Consulex,** ano VII, n. 159, ago. 2003.

TAVARES. **Teoria do injusto penal.** Del Rey, 2003.

TEIXEIRA, A. A. D. A investigação criminal e o Ministério Público. **Jus**, Teresina, a. 6, n. 52, nov. 2001. Disponível em: <http://jus2.uol.com.br/doutrina/texto.asp?id=2292>. Acesso em: 5 nov. 2019.

_____. As questões relativas ao inquérito e a sua exata visão no direito brasileiro antes e após a CF/88. **Revista da Escola da Magistratura do Rio de Janeiro – EMERJ**, v. 5, n. 19, p. 190-196, 2002.

TORNAGHI, H. **Processo penal.** Rio de Janeiro: A. Coelho F. Editor, 1953.

TOURINHO FILHO, F. da C. **Processo penal.** São Paulo: Saraiva, 1990.

TUCCI, R. L. **Persecução penal, prisão e liberdade.** São Paulo: Saraiva, 1980.

_____. **Ministério Público e investigação criminal.** São Paulo: RT, 2004.

TURESSI, F. E. A atuação investigativa do Ministério Público no processo penal. **Repertório IOB de Jurisprudência.** Civil, Processual Penal e Comercial, v. III, n. 20, p. 540-538, 2. quinz., out. 2003.

VIEIRA, L. G. O Ministério Público e a investigação criminal. **Revista Brasileira de Ciências Criminais**, n. 46, p. 307, 2004.

WOLKMER, A. C. **Fundamentos de história do direito.** Belo Horizonte: Del Rey, 1996.

ZAFFARONI, E. R. Crime organizado: uma categorização frustada. **Discursos sediciosos**, v. 1, 1996.

_____. **En busca de las penas perdidas**: deslegitimación y dogmática jurídico penal. Buenos Aires: Ediar, 2009.

Alessandro José Fernandes de Oliveira é Procurador da República, atualmente membro do Grupo de Trabalho Lava Jato da Procuradoria-Geral da República, processos em tramitação no Supremo Tribunal Federal.

Graduado em Segurança Pública e especialista em Polícia Judiciária Militar pela Academia Policial Militar do Guatupê-PR, foi oficial da Polícia Militar do Estado do Paraná. Graduado e mestre em Direito pela Universidade Federal do Paraná.

Desde 2004, é Procurador da República, com atuações no norte do Brasil, Foz do Iguaçu (PR), Paranaguá (PR) e Curitiba (PR), com intensa atuação na área criminal e combate ao crime organizado, coordenando dezenas de operações policiais criminais.

Professor nas áreas de direito criminal e processual penal da Escola Superior do Ministério Público da União. Foi coordenador dos cursos superiores de tecnologia em Segurança Pública e Segurança Privada do Centro Universitário Internacional Uninter. Articulista, palestrante na área de Direito, subárea penal, processual penal e criminologia.

Prêmios e medalhas:
- » Prêmio Professor Teixeira de Freitas – primeira classificação geral do curso de Direito da Universidade Federal do Paraná
- » Prêmio Professor Laertes Munhoz – primeira classificação Direito Penal, UFPR
- » Prêmio Professor Alcides Munhoz Neto – primeira classificação Direito Processual Penal
- » Prêmio José Lamartine Corrêa – primeira classificação Direito Civil
- » Prêmio Ivan Ordine Righi – primeira classificação Direito Processual Civil
- » Prêmio João Régis Fassebender Teixeira – primeira classificação Direito do Trabalho
- » Medalha Coronel Dulcídio de Mérito Escolar
- » Medalha Coronel Sarmento – Polícia Militar do Estado do Paraná
- » Medalha Presidente Carlos Cavalcante de Albuquerque – Corpo de Bombeiros do Estado do Paraná
- » Medalha de Mérito Ambiental – Batalhão de Polícia Ambiental (PMPR)
- » Medalha Heróis da Radiopatrulha – 13º Batalhão de Polícia Militar do Estado do Paraná
- » Medalha Coronel João Gualberto – 12º Batalhão de Polícia Militar do Estado do Paraná
- » Comenda de Mérito Eleitoral – Tribunal Regional Eleitoral do Paraná

Os papéis utilizados neste livro, certificados por instituições ambientais competentes, são recicláveis, provenientes de fontes renováveis e, portanto, um meio responsável e natural de informação e conhecimento.

FSC
www.fsc.org
MISTO
Papel produzido
a partir de
fontes responsáveis
FSC® C103535

Impressão: Reproset
Julho/2021